O Último Stanislávski em Ação

5 CLAPS Centro Latino-Americano de Pesquisa Stanislávski

Conselho editorial	Alejandro González Puche [Colômbia]
	Debora Hummel [Brasil]
	Elena Vássina [Rússia/Brasil]
	Luciano Castiel [Brasil]
	Simone Shuba [Brasil]
	Tatiana Motta Lima [Brasil]
	Yana Elsa Brugal Amanda [Cuba]

Editora Perspectiva

Supervisão editorial	Gita Guinsburg
Coordenação de texto	Luiz Henrique Soares e Elen Durando
Edição de texto	Iracema A. de Oliveira
Revisão de provas	Adriano C.A. e Sousa
Capa e projeto gráfico	Sergio Kon
Produção	Ricardo Neves e Sergio Kon

Diego Moschkovich

O Último Stanislávski em Ação

ensaios para um novo método de trabalho

CIP-Brasil. Catalogação na Publicação
Sindicato Nacional dos Editores de Livros, RJ

M866u
    Moschkovich, Diego
    O último Stanislávski em ação : ensaios para um novo método de trabalho / Diego Moschkovich. - 1. ed. - São Paulo : Perspectiva : CLAPS - Centro Latino-Americano de Pesquisa Stanislávski, 2021.
    336 p. ; 21 cm. (CLAPS ; 5)

    Apêndice
    Inclui bibliografia
    ISBN 978-65-5505-060-8

    1. Stanislavski, Konstantin, 1863-1938 - Crítica e interpretação. 2. Representação teatral. 3. Método (Representação teatral). 4. Estúdio de Ópera e Arte Dramática - Rússia. I. Título. II. Série.

21-70979   CDD: 792.028
                                                                CDU: 792.028

Camila Donis Hartmann - Bibliotecária - CRB-7/6472
12/05/2021   14/05/2021

1ª edição

Direitos reservados à

EDITORA PERSPECTIVA LTDA.

Rua Augusta, 2445 cj. 1
01413-100 São Paulo SP Brasil
Tel: (11) 3885-8388
www.editoraperspectiva.com.br

2021

Para Ave Terrena, Diego Chilio
e Sophia Castellano, O LABTD –
Laboratório de Técnica Dramática.

Sumário

11   Nota da Edição

13   Introdução ou Houve um Último Stanislávski?

31   1:
O Estúdio de Ópera e Arte Dramática

O Último Estúdio de Stanislávski 33

O Trabalho de Stanislávski no Estúdio de Ópera
e Arte Dramática.................................... 61

Ensaios Sobre um "Novo Método" 99

Algumas Considerações 147

151   2:
Estenogramas

Aula Com os Assistentes (30 de Maio de 1935)............... 153

Aula Com os Assistentes (4 de Junho de 1935).............. 160

Conversa Com Assistentes (5 Novembro de 1935).......... 165

Conversa Com Assistentes (9 de Novembro de 1935) 169

Conversa Com Assistentes (11 de Novembro de 1935) 173

Primeira Aula Com o Grupo das Seções de Ópera e de Arte
Dramática do Estúdio (15 de Novembro de 1935)...... 180

Segunda Aula Com o Grupo das Seções de Ópera e de Arte
Dramática do Estúdio (17 de Novembro de 1935)...... 187

Aula Com os Assistentes Sobre "O Mal de Pensar"
(19 de Novembro de 1935)......................... 201

Aula Com os Assistentes do Estúdio (25 de Novembro de 1935)..203

Aula Com o Estúdio – Seções de Arte Dramática e Ópera
(5 de Dezembro de 1935)........................... 207

Aula Com o Grupo de Assistentes (7 de Dezembro de 1935) . 229

Aula Com o Grupo de Assistentes (13 de Dezembro de 1935). 237

Aula (27 de Abril de 1937)............................. 259

Aula (25 de Maio de 1937).............................. 276

Conversa Com os Formandos da Faculdade de Direção
do Gitis, Depois da Apresentação dos Atos I e II
de "As Três Irmãs".................................. 287

Conversa Com os Pedagogos Sobre o Método de Trabalho do
Estúdio (22 de Maio de 1938)....................... 294

323   **Apêndice**

Aula Com o Grupo de Assistentes (13 de Outubro de 1937) .. 325

329   Bibliografia

333   Agradecimentos

Nota da Edição

Todas as citações de arquivo estão dadas da seguinte forma: ᴋs (abreviatura de Fundo Konstantin Stanislávski) e o número do documento a que se refere. Mantivemos, logicamente, a numeração original em nossas traduções. No caso dos estenogramas, seus títulos foram reduzidos, cortando-se a informação redundante no caso desta publicação de que se trata de "estenograma" de aulas ou conversas de "K.S. Stanislávski".

Introdução ou Houve um Último Stanislávski?

Em 7 de maio de 1938, portanto, exatos três meses antes de sua morte, Stanislávski abria pela última vez as portas de seu Estúdio de Ópera e Arte Dramática. Naquele dia quente de primavera, os alunos do Estúdio, que ficaria conhecido como seu último, apresentariam a um seleto público de convidados os dois primeiros atos da peça *As Três Irmãs*, de Tchékhov, na qual trabalhavam há quase um ano e meio.

O Estúdio de Ópera e Arte Dramática[1], conduzido pelo próprio Stanislávski e por sua irmã Zinaída Sokolova, entre 1935 e 1938, funcionava principalmente na casa do próprio Stanislávski. Em 1921, ele e sua família haviam sido transferidos para uma mansão do século XVIII localizada na travessa Leóntievski, centro de Moscou, muito perto do Teatro de Arte e do Teatro de Ópera K.S. Stanislávski. O térreo do edifício havia sido remodelado para abrigar apartamentos comunitários dentro da política de habitação dos primeiros anos da revolução. O terceiro, por sua vez, também redividido em quartos, abrigava o *obschejítie*[2], ou os quartos coletivos para os estudantes

---

1 Estúdio de Ópera e Arte Dramática ou, em russo, *Operno-dramatítcheskaia stúdia*. Dado que este é apenas o último dos muitos estúdios que Stanislávski coordenou num longo período de tempo – aos quais se somam o Teatro Estúdio (1905), Primeiro Estúdio (1912) e o Estúdio do Bolshói (1919), adotamos por vezes apenas "Estúdio" para referir-nos ao objeto deste trabalho. Todos os outros estúdios, quando citados, serão citados com o nome completo.

2 Em russo, "moradia coletiva" é o nome que se dá, até hoje, às moradias estudantis.

do Estúdio. No segundo, Stanislávski e Maria Lílina dividiam seus aposentos privados, escritórios, cozinha e quartos de banho com a grande sala de ensaios onde Stanislávski dava aulas em seu último Estúdio.

A sala, a famosa "Onéguin", ampla, com chão de madeira e um pequeno tablado que fazia as vezes de palco, estava abarrotada. Entre os presentes havia atores e atrizes das primeiras gerações do Teatro de Arte de Moscou, professores do Estúdio, estudantes de direção de outras faculdades, altos funcionários do governo soviético e, inclusive, Nikolai Uliánov, pintor que, sabe-se lá por que cargas d'água, havia sido encarregado de desenhar, naquele dia, o retrato do velho Stanislávski.

O aluno Boris Levinson[3], nos seus dezenove anos de idade, era o diretor de cena da apresentação. Além de ser responsável pela montagem do "cenário" (que, de fato, consistia apenas de algumas mesas e cadeiras arranjadas para a cena), da coxia, durante o espetáculo, fazia a sonoplastia da apresentação: reproduzia o badalar do relógio na casa dos Prózorov, os latidos dos cachorros ao longe, o cantar do galo pelas manhãs, entre outros recursos tipicamente stanislavskianos. Ele conta, em suas memórias, sobre a atmosfera nervosa que reinava entre os estudantes-intérpretes no dia. Afirma que ele mesmo garantiu que todo o cenário tivesse sido montado muitas horas antes da apresentação, que todos estivessem prontos para começar na hora exata – pré-requisito para que Stanislávski assistisse a qualquer coisa – e que tudo estivesse nos conformes. Tudo pronto, verificado, preciso. Mas eis que, quando tudo está pronto para começar, um dos atores – inseguro, talvez? – entra e corrige em alguns milímetros a posição de uma das cadeiras, na qual faria uma das cenas. A voz de Stanislávski ecoou imediatamente.

– *Stop*! – disse, instaurando na sala o silêncio geral. Segundo Levinson, aqui bastou para que Stanislávski "fizesse conosco algo que

---

3   Boris Levinson (1919-2002) foi ator e diretor soviético e russo. O depoimento dele sobre a experiência do Estúdio de Ópera e Arte Dramática encontra-se em Irina Vinográdskaia, *Stanislávski Repetíruet*.

deixou perplexos não apenas a nós, intérpretes, mas também a todos os que assistiam de fora"[4].

Ao chamar Levinson para o palco, Stanislávski começa a mudar radicalmente toda a disposição dos móveis de cena. A mesa da sala (lembremos que grande parte do primeiro ato da peça ocorre aí), antes centralizada, é posta em um dos cantos, e virada de forma que parte dos intérpretes fiquem de costas para o público, encostada à janela que era antes a mesma do espaço físico da sala e agora passa a ser uma janela imaginária no centro do palco, e assim por diante. Em seguida, Stanislávski chama todos os intérpretes ao palco e mostra a nova disposição dos objetos. Caos e nervosismo. Como apropriar-se, em tão pouco tempo, depois de haver ensaiado tanto com uma marcação específica? "Qualquer um que tenha a mínima relação com o teatro", escreve Levinson, "entende o que significa estar nessa situação. Tudo o que já tinha virado habitual e sido verificado em ensaios longuíssimos, tudo a que já nos havíamos acostumado e encaixado, tudo destruído em um segundo."[5] Stanislávski, então, pede para que o trabalho comece imediatamente. Entre os espectadores, um grupo de estudantes de direção assiste incrédulo. As duas faculdades de teatro, o Gitis e o Estúdio de Ópera e Arte Dramática, haviam sido declaradas oficialmente "em competição socialista", pelo governo, o que significava que, no espírito da época, deveriam buscar a superação um do outro com novas e novas "conquistas teatrais"[6]. Mikhail Rékhels e Boris Pokróvski, eram, à época, dois desses estudantes. Eles escrevem, em suas memórias:

> Eram os mesmos alunos. Os mesmos, mas era como se fossem outros! Ou seriam as personagens de Tchékhov, que apareciam

4 Ibidem, p. 492.
5 Ibidem.
6 Na tentativa de "emular" a competição capitalista para desenvolver a tecnologia dentro de um Estado socialista, desenvolveu-se a categoria da "competição socialista", também aplicada à técnica teatral nos anos 1930. As diferentes escolas de teatro deveriam "competir" pela liderança no desenvolvimento da técnica teatral.

Introdução ou Houve um Último Stanislávski?

diante de nossos olhos completamente distintas do que até então imagináramos?

Ou então o fato de que não havia cenário, figurinos ou maquiagem e que maio entrava pelas janelas, e os raios de sol (e não refletores de teatro!) iluminavam o que ocorria em cena, que nos fazia parecer que não estávamos num espetáculo, mas no aniversário de Irina, na casa do Prôzorov... A impressão do que vi foi gigantesca. Os meninos atuavam maravilhosamente. Em nossa opinião, o espetáculo estava pronto. No entanto, não notávamos nenhum novo método ali. Obviamente: o segredo do novo método não estava na maneira de atuar, mas nos caminhos e procedimentos que geravam a mais elevada verdade das emoções.[7]

E:

No estúdio criava-se um milagre de teatro. Meninos e meninas pulando de um lado para o outro ao redor de Stanislávski, nos causando uma inveja tremenda e, de repente, quando percebemos, fazem na nossa frente um Tchékhov como então ninguém mais fazia. Até mesmo os espetáculos do TAM pareciam, diante daquela apresentação, velhos e falsos. Aquilo era o novo teatro! Onde foram parar essas conquistas importantíssimas? Por que não foram fortalecidas, desenvolvidas?[8]

É o próprio Stanislávski, depois de finalizada a apresentação, quem diz, satisfeito: "Hoje vocês espiaram, por um momento, o lugar para onde os tenho conduzido."[9] Que lugar seria este, capaz de causar tamanha impressão nos dois jovens estudantes de direção?

Alguns dias depois, no dia 15 de maio, os estudantes do Gitis voltariam à casa de Stanislávski para uma conversa sobre a apresentação

7   Apud I. Vinográdskaia, op. cit., p. 525. (Todas as traduções são minhas.)
8   Ibidem.
9   Ibidem, p. 495.

de *As Três Irmãs*. Nesse dia, Stanislávski pergunta "sobre o que lhes interessa falar?", ao que é imediatamente respondido: "Nos interessam suas últimas pesquisas no campo das ações físicas. Para nós, elas chegam às vezes um tanto deformadas. [...] A apresentação que vimos ilustra, de alguma forma, as buscas nesse campo?"[10] Este livro, de certa forma, busca algumas respostas possíveis à pergunta desse, quiçá ansioso, estudante de direção.

Durante meus anos de estudo com o professor Serguei Tcherkásski, pesquisador das origens do sistema de Stanislávski, comecei a perceber que certos conceitos fundamentais na pedagogia do Sistema eram tratados de maneira radicalmente diferente na Rússia e no Brasil. Em seguida, algumas experiências práticas confirmaram esse sentimento.

De 2010 a 2012, de volta ao Brasil, trabalhei como diretor-assistente de Adolf Shapiro nas montagens de *Tchékhov 4* e *Pais e Filhos*, de Ivan Turguêniev, realizadas com atores da Mundana Companhia. Durante os ensaios e conversas com o diretor – que foi aluno de Maria Knebel, como veremos uma das assistentes de Stanislávski no Estúdio de Ópera e Arte Dramática – percebi que os atores brasileiros tinham as mesmas dificuldades que eu ao estudarem o Sistema na prática.

A partir de 2012 comecei a trabalhar como tradutor e assistente de Anatóli Vassíliev, na Polônia, em um laboratório de teatro sediado no Instituto Grotowski. Ao lidar diariamente com atores de muitas nacionalidades (o grupo era formado por gregos, italianos, brasileiros, poloneses, russos), comecei a perceber algumas dificuldades similares em todos os atores não russos: muito hábeis em quase todos os elementos do Sistema, tinham grande dificuldade em entender alguns conceitos, como "ação", "sentir-a-si-mesmo" e "experiência do vivo", por exemplo. Então, sob a supervisão direta de Vassíliev, começamos, Marina Tenório e eu, o trabalho de preparação da tradução de *Análise-Ação*, de Maria Knebel, também sua mestra. Ao indagá-lo sobre as questões do entendimento dos conceitos do Sistema

10 Ibidem.

Introdução ou Houve um Último Stanislávski?

no trabalho prático, Vassíliev me chamou a atenção para uma prerrogativa importante do trabalho de Stanislávski, segundo Knebel: a ação como elemento estruturante da prática de ensaio. Ela dizia: "A primeira premissa para a mudança da prática dos ensaios foi a passividade do ator, contra a qual Stanislávski decidiu lutar."[11]

No entanto, qual mudança seria essa na prática dos ensaios? Como acontecera? Quando ocorrera?

Tanto Vassíliev como Shapiro e Tcherkásski coincidem em afirmar que esta "mudança na prática dos ensaios", que colocava a "ação" como elemento fundamental da mesma, se operara no período pouco conhecido em que Stanislávski conduziu os trabalhos e pesquisas no Estúdio de Ópera e Arte Dramática, laboratório de atores, cantores líricos e pedagogos teatrais, que manteve na casa onde viveu de 1935 até sua morte em 1938.

Passei então a me interessar pela investigação do período. Como, de fato, ocorrera a "mudança na prática de ensaios"? Como identificar os conceitos-chave postos em evidência por tal mudança?

Antes de mais nada, algumas considerações importantes.

O "Velho" Stanislávski, o "Último" Stanislávski

Grigori Kristi (1908-1973) e Vladímir Prokófiev (1910-1982) foram os primeiros organizadores das *Obras Escolhidas* de Stanislávski em oito volumes, que começaram a ser publicadas na União Soviética em 1953 e seguiram, assim, até 1962. Ambos haviam trabalhado no Estúdio de Ópera e Arte Dramática. Kristi havia sido um dos pedagogos-assistentes no Estúdio e Prokófiev, que terminara

---

11 M. Knebel, *Análise-Ação*, p. 20.

a faculdade de teatrologia do Gitis em 1933, acabara somando-se também aos trabalhos do Estúdio em 1935, como professor de teoria. Além disso, os dois foram responsáveis por estabelecer a figura que terminou conhecida como o "velho" ou o "último" Stanislávski, o Stanislávski do Estúdio de Ópera e Arte Dramática.

Assim, por exemplo, logo nos primeiros parágrafos da introdução de *O Trabalho Sobre o Papel*, Kristi e Prokófiev escrevem:

> Stanislávski passa [no período do Estúdio de Ópera e Arte Dramática] à criação de um método científico e de uma metodologia da criação cênica quando atinge a maturidade artística. Esse período foi precedido por sua experiência de vinte anos de trabalho como diretor e ator na Sociedade de Arte e Literatura, e no Teatro de Arte de Moscou. Já nos anos de sua juventude artística, Stanislávski impressionava seus contemporâneos com o frescor e a inovação de seus procedimentos cênicos, que derrubavam as velhas e tradicionais percepções sobre a arte teatral e indicava o caminho de seu posterior desenvolvimento.[12]

É difícil não criar, com esse trecho, a imagem de um Stanislávski velho e sábio, em sua "maturidade artística", completamente preocupado com a criação de uma metodologia científica para o trabalho cênico, contraposto a um outro, jovem, inovador, e (por que não?) romântico, que destruía "velhas e tradicionais" percepções sobre a arte teatral. A mesma imagem é explorada por Prokófiev, numa série de artigos sobre "Os Últimos Ensaios de K.S. Stanislávski", nos quais descreve uma série de aulas de Stanislávski, precisamente no Estúdio de Ópera e Arte Dramática. Publicados seriadamente de 1948 a 1951 na revista *Teátr* (Teatro), os artigos eram os primeiros a utilizar, além das anotações e lembranças pessoais do autor, parte dos estenogramas não publicados das aulas do Estúdio. No entanto, ao misturar o material documental com uma tentativa de narrar sua

---

12 G. Kristi; V. Prokófiev, Prefácio, em K. Stanislávski, *Sobránie Sotchinéni v 8 Tomakh, t. 4*, p. 8.

impressão pessoal das aulas, Prokófiev mais uma vez cria a imagem de um Stanislávski maduro, sábio e que inspira a todos um respeito quase místico. Pensamos ser interessante mostrar alguns exemplos. No primeiro artigo, sobre a entrada de Stanislávski no Estúdio para assistir a uma apresentação de *Romeu e Julieta*, em 25 de março de 1938, lemos:

> À entrada de seu gabinete, o dono da casa [ou seja, Stanislávski] recebe hospitaleiro os participantes da apresentação. De seus olhos levemente entreabertos, derrama-se um leve e amável sorriso. Ele educadamente faz uma reverência geral, aperta algumas mãos e, com um expressivo gesto artístico, convida todos a sentar. A simplicidade e a facilidade com que ele o faz age positivamente sobre os que estão em volta, ajudando-os a sentirem-se livres e leves na presença do grande mestre.[13]

Mais adiante, ele descreve a sutil mudança nas feições de Stanislávski ao assistir ao trabalho dos alunos:

> Stanislávski acompanha atentamente cada palavra e gesto dos alunos. Em seu rosto, como em um espelho, refletem-se todas as qualidades e defeitos nas interpretações dos jovens atores. Quando perdem a linha da ação orgânica viva, quando começam a representar personagens e paixões, seu rosto de imediato fecha-se, e a centelha criativa em seus olhos se apaga. O lábio inferior se abre e ele fica sentado, inerte, como totalmente ausente do que acontece em cena.
>
> Ao contrário, quando os atores atingem o tom adequado, distanciam-se do amadorismo e começam a ser humanos vivos em cena, a ver e a escutar de verdade o parceiro, seu rosto se transforma: rejuvenesce, em seus olhos aparece o brilho da juventude e ele, como o espectador mais inocente, vive junto

13 V. Prokófiev, Poslédnie Repetítsii K.S. Stanislavskogo, *Teatr*, p. 49.

e reage precisamente a cada manifestação da vida interior da alma do ator.[14]

O movimento intelectual dirigido à criação da imagem do "velho" cientista, ocorrido *pari passu* com a transformação de Stanislávski no inconteste ícone do teatro soviético acontece, sobretudo, nos relatos sobre as experiências do Estúdio de Ópera e Arte Dramática. Mais adiante, na já citada introdução ao *Trabalho Sobre o Papel*, escreve--se, por exemplo, que a experiência do Estúdio teria "convencido Stanislávski da exatidão do novo método"[15] e que, no Estúdio, ele "*rompe definitivamente* com os velhos procedimentos da abordagem psicológica unilateral do papel e supera as contradições que o impediam, nas etapas anteriores, de conduzir suas concepções às últimas consequências"[16].

A imagem é replicada e reforçada por alguns outros comentadores das experiências do Estúdio, e chegou a se estabelecer como a percepção geral sobre Stanislávski no teatro soviético e mundial ao longo do século xx[17]. Assim, não é difícil encontrar, ao longo do livro *Lições de Inspiração*, de Lídia Novítskaia – também pedagoga do Estúdio, diga-se de passagem –, trechos que afirmam: "entre seus colaboradores [do Estúdio] e alunos, Konstantin Serguêevitch era sempre um modelo de devotamento artístico e cidadão". Ou então: "A

14 Ibidem, p. 50.
15 G. Kristi, V. Prokófiev, op. cit., p. 47.
16 Ibidem. (Grifo meu.)
17 Um outro tema, também muito interessante, e que infelizmente fica de fora do escopo deste trabalho é a recepção do período do "velho" Stanislávski no Ocidente, em geral, e no Brasil, em particular. Em geral, o contato desse último período da vida de Stanislávski com a prática teatral ocidental se dá através da leitura que Jerzy Grotowski faz do livro de memórias de Vassíli Toporkov, *Stanislávski Ensaia*. No Brasil, no entanto, há duas outras vias, mais diretas e que reforçam nossa conexão com essa tradição teatral. A primeira é a do diretor e pedagogo brasileiro Eugênio Kusnet, que passa, na década de 1960, alguns meses estudando com Maria Knebel na urss, e, ao voltar para o Brasil traz as primeiras experiências com a metodologia da Análise Ativa, descritas em seu livro *Ator e Método* de 1985. A segunda é de Nair D'Agostini, que estudou na urss com Gueórgui Tovstonógov na década de 1980 e foi, em seguida, fundadora do curso de teatro na Universidade Federal de Santa Maria, Rio Grande do Sul, que se tornou um dos primeiros laboratórios brasileiros de experimentação com as propostas do "último Stanislávski" no final do século xx.

Introdução ou Houve um Último Stanislávski?   21

doutrina de Stanislávski exerceu gigantesca influência em qualquer um dos tipos de trabalho artístico do ser humano."[18] Mais adiante, citando o dramaturgo soviético Konstantin Trénev:

> A arte de Stanislávski e seu Sistema têm um significado enorme não apenas em relação ao teatro e ao ator, mas também ao comportamento, à criação de cada ser humano em cada campo da arte, seja um pintor, um músico, escritor, cientista, ou qualquer trabalhador soviético. Ambos convocam o ser humano à ação criativa, e purificando-o e enobrecendo-o moralmente, elevando-o à altura da humanidade autêntica. [...] O nome e a imagem de Stanislávski ficarão gravados nos séculos e na história da cultura do povo russo como o de um de seus grandes filhos, um dos lendários heróis milagrosos, que expressa autenticamente a riqueza e a beleza do espírito nacional russo.[19]

Mesmo na década de 1980, Gueórgui Tovstonógov, um dos mais importantes e prolíficos diretores de teatro da URSS, escreve: "Stanislávski não foi apenas um grande ator e pensador, criador de uma ciência da arte do ator, mas também um brilhante diretor, criador de uma corrente teatral específica", e pouco adiante "Stanislávski, para o teatro, é o mesmo que Pávlov para a fisiologia."[20]

Tcherkásski, ao escrever sobre as experiências iniciais no campo do Sistema, problematiza corretamente uma cisão forçada, artificial, de Stanislávski em dois seres distintos, o "velho" e o "jovem" Stanislávski. Segundo ele, se estabelecera, na tradição crítica acerca do pensamento de Stanislávski, uma ruptura que contrapunha um jovem experimentador, porém inocente, entusiasmado com as novidades teóricas de seu tempo, a um senhor sábio e convicto, preocupado, perante a morte, em tirar conclusões de sua trajetória artística e testar suas últimas descobertas. Nesse sentido, consideramos essencial a

18 L. Novítskaia, *Uróki Vdokhnovénia*, p. 9.
19 Ibidem, p. 10.
20 Ibidem, p. 45.

contribuição desse pesquisador, que, seguindo o caminho iniciado por Anatóli Smeliánski, tem feito um esforço enorme para retomar a seriedade e o rigor das pesquisas de Stanislávski nos anos iniciais da formação do Sistema.

Resta, no entanto, elucidar alguma coisa sobre o "velho" Stanislávski. A pesquisa nos arquivos do Estúdio de Ópera e Arte Dramática pode, nisso, jogar alguma luz.

A Pesquisa Sobre o Estúdio de Ópera e Arte Dramática (1935-1938)

Curiosamente, há uma certa escassez de material documental publicado sobre o último período da vida de Stanislávski e, em especial, sobre o trabalho do Estúdio de Ópera e Arte Dramática. Além da mencionada série de artigos publicados por Prokófiev na revista *Teátr*, entre 1948 e 1951, alguns poucos e valiosos documentos foram incluídos já na primeira edição das *Obras Escolhidas* de Stanislávski, como apêndices.

Os primeiros desses documentos publicados estão no volume 3, que contém a segunda parte de *O Trabalho do Ator Sobre Si Mesmo*. Além de *Para a Questão Acerca da Criação de uma Academia de Arte Teatral*, documento que, como veremos, elucida os planos de Stanislávski no período imediatamente anterior ao do Estúdio, há também a *Encenação do Programa do Estúdio de Ópera e Arte Dramática*, datado de 1938. O documento é uma espécie de roteiro composto por Stanislávski para uma demonstração de trabalho do Estúdio.

A encenação do "programa" aconteceu apenas após a morte de Stanislávski, mas o documento mostra, passo a passo, ano a ano o conteúdo programático e pedagógico das aulas. Nele podemos observar desde os exercícios iniciais para o exame de admissão do

Estúdio, passando pelos exercícios do primeiro, segundo, terceiro e quarto anos de estudos: uma parte especialmente interessante são as direções que Stanislávski dá à montagem de espetáculos através de um novo procedimento nos ensaios. Entre os documentos publicados, é possível também verificar o plano pedagógico de encenação de *O Jardim das Cerejeiras*, escrito por Stanislávski e realizado por Maria Lílina, atriz do TAM e pedagoga do Estúdio[21].

Outro documento que ajuda na composição do quadro das buscas teóricas e práticas de Stanislávski durante o período do Estúdio é *O Trabalho Sobre o Papel*, que deveria ser o título do quarto volume de escritos de Stanislávski, voltado para a aplicação prática de seu sistema na criação do espetáculo teatral (já que os dois anteriores, chamados de *O Trabalho do Ator Sobre Si Mesmo*, seriam dedicados ao trabalho anterior de preparação do ator). O livro, no entanto, jamais chegou a ser concluído. O quarto volume das já referidas *Obras Escolhidas*, intitulado *O Trabalho Sobre o Papel*, é uma compilação de textos escritos em diferentes épocas. Nele há versões da década de 1920, 1930 e a última parte, precisamente a que trata do trabalho sobre *O Inspetor Geral*, de Gógol, coincide com o trabalho do Estúdio (1936-1937). Não apenas isso, nesse material, Stanislávski, por meio de seus professores e alunos fictícios, expõe teoricamente alguns posicionamentos sobre um "novo método de ensaios", que era aplicado, simultaneamente, no Estúdio de Ópera e Arte Dramática.

No campo das memórias sobre os trabalhos do Estúdio é preciso mencionar novamente o livro de Lídia Novítskaia. Em 1953, ela publica um livro de memórias teatrais e exercícios práticos para o ator chamado *Lições de Inspiração*, no qual analisa pormenorizadamente a pedagogia do Estúdio na prática. Novítskaia fazia parte do grupo principal de pedagogos-assistentes do estúdio e havia estudado com Zinaída Sokolova, a irmã de Stanislávski. Entre 1937 e 1938, Novítskaia dirige, sob orientação de Stanislávski, uma montagem de *Romeu e*

---

21 Maria Ignátieva sistematiza e escreve a propósito do trabalho de Lílina sobre *O Jardim das Cerejeiras* em Stanislavski's Best Student Directs, *Stanislavski Studies*, v. 4.

Julieta com os estudantes, baseada apenas na nova metodologia de ensaios desenvolvida no estúdio.

Ainda de aspecto memorialístico, é preciso destacar os trabalhos de Maria Knebel, especialmente sua autobiografia *Toda a Vida,* que contém importantes relatos sobre o Estúdio.

Há também trechos sobre o Estúdio em diferentes livros de memórias. É o caso de *Ensaio Geral*, de Aleksándr Guinzburg (Gálitch)[22], um dos alunos do Estúdio e, posteriormente, músico soviético de grande sucesso, assim como o de Boris Zon, *Encontros Com K.S. Stanislávski*, diretor de ópera petersburguense que esteve com Stanislávski durante o período final de trabalhos do Estúdio. Também há os trechos já citados de Mikhail Rékhels e Bóris Pokróvski.

Como valioso material de apoio, principalmente no que diz respeito à composição do quadro histórico geral em que se dão as buscas conduzidas por Stanislávski no período, é preciso citar as correspondências publicadas no volume nove da nova edição das *Obras Escolhidas*, em especial as cartas do período 1935-1938 e *Vida e Obra de Stanislávski*, uma série de anais compilados por Irina Vinográdskaia que fornecem dados sobre o cotidiano de Stanislávski ao longo de sua vida.

---

22 A autobiografia de Guinzburg (Gálitch) é muito relevante, porque foi escrita fora da União Soviética (durante exílio forçado em 1974, o autor viria a falecer em Paris, três anos depois), e portanto tem reflexões que, obviamente, então, não poderiam ali ser publicadas. Seu ponto de vista é o de um adolescente estudante do Estúdio, o que deve ser levado em conta: "Era uma instituição muito estranha – o último estúdio do mestre genial, a última cria do grandioso ator e diretor, um dos fundadores do Teatro de Arte de Moscou, criador do 'Sistema de Stanislávski', famoso e estudado em todo o mundo. Estranha, aquela instituição, muito estranha! Bom, em primeiro lugar, quase um terço dos pedagogos era composto de familiares próximos e não tão próximos do próprio Konstantin Serguêevitch Stanislávski. [...] Mas claro, claro – havia Stanislávski, Leonidov, Podgorni, Knipper-Tchekhova, havia pedagogos experientíssimos, as noites do Estúdio, onde podíamos ver e escutar de perto os grandes atores Moskvín, Katchálov, Tarkhánov [...] E mais ainda: muitas pessoas que faziam parte – e eu aí incluso – não se faziam uma pergunta muito simples: como podia ser que de trinta pessoas escolhidas de três mil [...] não saiu nenhum ator importante, nem um pouquinho importante [...]? A resposta é simples: não interessava a ninguém de verdade se os alunos iam tornar-se atores ou não. Tínhamos aula de 'Arte do Ator' – como não? – mas éramos, em essência, bonequinhos de madeira num tabuleiro de xadrez chamado orgulhosamente de 'Teatro-Santuário', éramos ratinhos inexperientes com os quais Stanislávski testava sua última teoria – 'a Teoria das Ações Físicas'". *Generálnaia Repetítsia*, p. 349-350.

Em língua portuguesa, é preciso mencionar o trabalho *Stanislávski: Vida, Obra e Sistema*, de Elena Vássina e Aimar Labaki, que traz, pela primeira vez traduzidos, documentos sobre o que se convencionou chamar de "novo método" de Stanislávski (ainda que não relacionados diretamente com o Estúdio), além de preciosas informações históricas sobre o período e a vida do mestre russo.

Irina Vinográdskaia, uma das mais destacadas pesquisadoras da herança de Stanislávski, compilou e publicou, em 1987, documentos sobre a prática do Estúdio de Ópera e Arte Dramática. O livro chama-se *Stanislávski em Ensaio*, e reúne uma série de estenogramas de ensaios de Stanislávski, de diferentes épocas, com um capítulo dedicado ao Estúdio.

É precisamente daí que partimos. A última parte do livro de Vinográdskaia é uma seleção de quinze dos 38 estenogramas das aulas de Stanislávski no Estúdio de Ópera e Arte Dramática, guardados atualmente no Museu do Teatro de Arte de Moscou, dentre os quais encontram-se os ensaios sobre *Hamlet*[23]. A seleção de Vinográdskaia, no entanto, possibilita compreender só uma parte do trabalho do Estúdio, uma vez que abrange apenas ensaios sobre material dramático específico (o já citado *Hamlet*, de Shakespeare, e *Madame Butterfly*, de Puccini) e no período final do Estúdio, isto é, entre 1937 e 1938.

Nossa pesquisa, realizada principalmente nos Arquivos do Museu do TAM, em Moscou, possibilitou o acesso integral aos documentos, que foram selecionados, traduzidos e analisados com o objetivo de fornecer uma imagem panorâmica do trabalho prático realizado por Stanislávski no Estúdio entre 1935 e 1938.

Dessa forma, selecionamos e traduzimos dezesseis estenogramas que cobrem diferentes etapas do trabalho com a seção de Arte

---

23 É também preciso reconhecer e elogiar o pioneirismo de Nair D'Agostini, que, em *Stanislávski e o Método de Análise Ativa*, traduz para o português uma parte significativa dos estenogramas dos ensaios de Stanislávski sobre *Hamlet* com os alunos do Estúdio.

Dramática do Estúdio[24], e que, em nossa opinião, demonstram, de forma geral, as mudanças na prática de ensaios e os procedimentos testados por Stanislávski durante o período.

Cabe observar que os estenogramas isolados são material de difícil compreensão, pois tratam apenas da transcrição da oralidade das aulas, raramente contendo qualquer outra anotação sobre o que de fato se passava. Assim, propomos apresentar os estenogramas selecionados por partes, com um capítulo que introduz cada série selecionada.

O primeiro capítulo deste livro recolhe e articula alguns dados numa tentativa de reconstrução histórica da criação do Estúdio.

O segundo escolhe e disserta sobre alguns dos elementos e procedimentos principais das práticas de Stanislávski em 1935, e apresenta uma série de oito estenogramas sobre o período de preparação do corpo docente do Estúdio (abril-setembro de 1935) e as aulas propriamente ditas (novembro-dezembro de 1935).

O terceiro capítulo foca-se na polêmica sobre "o novo método" e discute, a partir de exemplos dos trabalhos de Stanislávski sobre peças clássicas, se é possível falar em um "novo método" de ensaios. Apresentamos, com ele, a série de mais oito estenogramas que documentam o trabalho sobre *O Mal de Pensar*[25], de Aleksándr Griboiêdov (novembro-dezembro de 1935), *Romeu e Julieta*, de Shakespeare (abril de 1937-maio de 1938) e as conversas finais de Stanislávski no Estúdio (maio de 1938). Por fim, tentamos esboçar algumas conclusões de nossas observações sobre o período.

---

24 O Estúdio de Ópera e Arte Dramática dividia-se em duas seções, a de ópera, com trinta alunos, e a de arte dramática, também com trinta. Como veremos, algumas aulas (especialmente as de Stanislávski) eram comuns aos dois grupos, mas, na maioria do tempo, trabalhavam separados. Decidimos, como dito, focar-nos no trabalho com a seção de arte dramática.

25 A peça *Góre ot Umá*, de Aleksándr Griboiêdov, ainda não tem tradução publicada em português. Assim, algumas referências oriundas do francês adotam a tradução *A Desgraça de Ter Espírito*, o que nos parece errado, já que a palavra "espírito" na língua francesa tem uma conotação totalmente diversa. Durante a tradução de *Análise-Ação*, de Maria Knebel, eu e Marina Tenório adotamos a opção *O Mal de Pensar*, que é a escolhida para este trabalho.

Como apêndice incluímos a tradução de um documento: uma conversa de Stanislávski datada de 13 de outubro de 1937 com seus assistentes sobre o plano pedagógico do Estúdio. Pensamos ser interessante colocá-lo aqui como mais uma prova do caráter experimental do Estúdio. Mesmo tendo sido oficialmente criado em 1935, o estabelecimento obtivera a permissão para funcionar sem um plano pedagógico definido, precisamente com a tarefa de desenvolvê-lo ao longo do trabalho prático. Essa conversa, a primeira registrada sobre tal plano, guarda, ainda, semelhanças com os programas das universidades de artes cênicas russas até hoje.

Algumas impressões gerais, antes de passarmos ao trabalho propriamente dito. A primeira coisa que cai por terra, ao tomarmos contato com o material inédito e original dos estenogramas – e aqui é preciso dizer que mesmo Vinográdskaia, publicando em 1987, teve de redigir, editar e censurar algumas partes dos documentos –, é a imagem do "velho" Stanislávski sábio, seguro, cientista a que nos referimos anteriormente.

Logo no estenograma que documenta o segundo encontro preparatório com os pedagogos, Stanislávski declara não ter programa nenhum nem saber como ensinar:

> Como eu posso saber, como ensinar? Foi para isso que nos reunimos todos aqui, para criar uma espécie de programa. Agora não tenho programa nenhum. O Narkompros confiou em nós, que começássemos o trabalho sem um programa, e colocou uma enorme responsabilidade sobre a gente. Nós mesmos devemos criar o programa.[26]

O trecho acima citado rebate, logo de cara, a imagem onisciente do "velho" cientista Stanislávski em seu laboratório, trabalhada na narrativa oficial, quando vemos que já na segunda aula ele diz não saber como ensinar, e que qualquer programa do estúdio deveria ser criado coletivamente. Na mesma aula, ele prossegue:

26 KS 21138.

Estamos em busca, em pesquisa. Não sou profeta. Eu apenas pressinto que vocês devem seguir tais e tais pistas. Não estou falando que o sistema existe como um tesouro selado e ponto final etc. O sistema fica distorcido quando sua abordagem é formal, e não deve haver nenhum tipo de formalismo.

Continuem fazendo tudo como faziam, enquanto não disserem a si mesmos: "não vou mais fazer isso assim". Não tenham medo de mudar. Confundam-se, percam-se, isso é a criação, isso é a busca. Devemos nos sentir em solidão pública de forma que caminhamos, caminhamos e de repente percebemos que podemos criar.

Como ensinar daqui em diante? Da mesma forma como agora, não pensem sobre o futuro. Estamos fazendo testes, podemos mudar e continuar a buscar. Estou apenas lhes prevenindo acerca de uma deslizada muito superficial sobre o sistema.[27]

Essa citação, fundamental para entendermos o trabalho radicalmente experimental conduzido por Stanislávski no Estúdio de Ópera e Arte Dramática, deve ser contraposta à tendência a explicar, sistematizar e criar uma imagem completamente estática e sem contradições da prática teatral de Stanislávski nos últimos anos de sua vida.

O caráter experimental das buscas conduzidas por Stanislávski fica mais claro ainda por meio de outro trecho dos estenogramas, datado de 22 de maio de 1938, ou seja, apenas três meses antes de sua morte. Numa conversa com os pedagogos assistentes em torno de um possível método de trabalho sobre o papel, ele diz que "Agora já está tudo perdido... A técnica, e todo o resto. Eu já não vejo mais fundamento nenhum."[28]

O Stanislávski que vemos aproxima-se muito mais de um experimentador autêntico do que de um grande professor, educador sapiente dos novos quadros teatrais da jovem república soviética.

27 Ibidem.
28 KS 21179.

A quantidade de temas e de procedimentos práticos utilizados por Stanislávski nas aulas é impressionante. Assim, num momento vemos como ele insiste para que o ator "aja a partir de si mesmo" e, no outro, que aprenda com grandes atores como Duse, Salvini ou Ostújev[29]. Certamente, uma análise mais abrangente dos documentos, devido à quantidade de temas presentes nas aulas de Stanislávski, requer uma investigação de muito maior fôlego. Essa constatação, logo que tivemos o primeiro contato com os estenogramas do Estúdio, fez com que o interesse por traçar um panorama da prática de Stanislávski com o Estúdio de Ópera e Arte Dramática ganhasse novo fôlego, para que a pesquisa pudesse, no futuro, continuar de forma mais aprofundada.

Sem mais, passemos à história sobre a criação daquele considerado o último Estúdio de Stanislávski, ou o Estúdio de Ópera e Arte Dramática do "último" Stanislávski.

---

29 Os italianos Eleonora Duse (1858-1924) e Tommaso Salvini (1829-1915) e o ator russo Aleksándr Ostújev (1874-1953) eram alguns dos exemplos de atores "clássicos" que Stanislávski admirava. Os dois primeiros considerados modelos do "teatro da experiência do vivo", a que se filiava Stanislávski, o último, do "teatro de representação".

O Estúdio de Ópera
e Arte Dramática

O Último Estúdio
de Stanislávski

Em 1934, Pável Novítski era o dirigente da seção teatral do Narkompros[1]. Crítico teatral e um dos novos marxistas militantes do campo da cultura, lançara, no ano anterior, o livro *Sistemas Teatrais Contemporâneos*, em que criticava duramente o que se conhecia então por "Sistema de Stanislávski", em suas palavras "um sistema teatral subjetivo-psicológico", um "sistema de psicologismo subjetivo auto-opressor"[2]. Completo entusiasta das propostas de revolução teatral da Proletkult, Novítski talvez não imaginasse que, como secretário da seção teatral do equivalente ao Ministério da Cultura soviético, caberia a ele próprio lançar a pedra fundamental do último estúdio de Stanislávski, ironicamente, aquele que estabeleceria as bases pedagógicas para a continuidade das

---

1 Narkompros é a sigla para Narodnii Komissariat Po Prosviascheniio (Comissariado do Povo Para a Instrução Pública). Trata-se de um órgão, sob alguns aspectos, equivalente a um ministério da educação e cultura.

2 Pável Ivánovitch Novítski (1888–1971), crítico teatral e responsável, à época, pela seção teatral do Narkompros. Seu livro, *Sovremennie Teatral'nie Sistemi* contém, de fato, material muito rico para quem deseja estudar o teatro soviético do início anos 1930. Recheado de terminologia pseudo-marxista, Novítski não esconde a simpatia pelos teatros ligados ao Proletkult (abreviação de Proletárskaia Kultura, Cultura Proletária), organização de massas criada à época da revolução de 1917 com o objetivo de produzir uma cultura efetivamente proletária. No entanto, dotado de um faro extremo para as mudanças de rumo na direção da política cultural soviética, prenuncia no livro a necessidade de uma "síntese marxista" das tendências teatrais até então existentes. No que diz respeito ao Teatro de Arte de Moscou e a Stanislávski, conclui ele: "o teatro subjetivo-psicológico deve rever e reconstruir radicalmente sua metodologia criativa, ou seja, sua visão de mundo idealista". (Ver, na obra citada, p. 39 e 42.)

pesquisas iniciadas com a fundação do Teatro de Arte de Moscou, em 1898.

Stanislávski, numa carta de 30 de maio de 1934 a Leonid Sóbinov, seu amigo e colaborador, não esconde sua alegria após uma visita de Novítski, alguns dias antes:

> Agora, a notícia principal. De repente vem me visitar Pável Novítski. Ele sempre foi meu mais odioso inimigo, desesperadamente contrário àquilo que chamamos de sistema. Pelo jeito ele antes abordava-o "um tanto superficialmente". Mas nos últimos tempos "aprofundou-se" na questão e encontrou no sistema [...] Então começa uma enxurrada de alegrias. Veio pedir, em nome do Narkompros, que criemos uma escola para a formação de quadros. Essa escola deverá ser modelo, para toda a União [Soviética]. Ou seja: alguém deu a ordem! Passaram um orçamento de 150 mil rublos para o primeiro ano, para o início. Agora há a questão dos professores e alunos. Esses últimos, devemos buscar não apenas em Moscou, mas em toda a URSS [...] Estou ocupado e interessado em tudo isso.[3]

A criação do Estúdio de Ópera e Arte Dramática, no entanto, era apenas uma pequena vitória, depois de longos anos em luta para conseguir fixar as bases pedagógicas e materiais para a continuidade de suas buscas quando já não estivesse mais presente.

---

3   *Sobránie Sotchinéni v 9 Tomakh, t. 9*, p. 541.

O Projeto de Academia

Maksim Górki, antigo amigo e colaborador de Stanislávski e do TAM, sugerira, ainda em setembro de 1931, numa conversa com os "velhos" atores do teatro, a criação de uma Academia de Arte Teatral ligada ao Teatro de Arte de Moscou. A conversa, ocorrida no ápice do embate das "organizações culturais proletárias"[4] contra os métodos de criação do Teatro de Arte, marcava uma "virada" de posição dos círculos governantes na direção de Stanislávski e do teatro. Pável Márkov, crítico teatral e então responsável pela seção de dramaturgia do TAM, conta a Nemiróvitch-Dântchenko, numa carta de 16 de setembro daquele ano

> Nessa conversa, Górki definiu a posição do Teatro [de Arte] como sendo uma academia da arte cênica, ao anunciar que essa é a opinião dos círculos dirigentes e que ao teatro serão dadas todas as possibilidades, e que ele pessoalmente utilizará todas as suas forças para que isso aconteça na prática.[5]

Desde o final dos anos 1920, começara a "transformação forçada"[6] do Teatro de Arte em teatro modelo de toda a URSS. Em 1932, mais ou menos ao mesmo tempo que o realismo socialista era proclamado doutrina estética oficial do país, o TAM passara da administração do Narkompros para a do TSIK (em russo, Tsentrálni Ispolnítelni Komitet, Comitê Executivo Central), então o órgão máximo de governo da URSS[7].

---

4 As diferentes associações de escritores e artistas conhecidas como "proletárias" (Rapp, Voapp etc.) vinham da linha do Proletkult. As organizações que faziam parte dele eram abertamente contrárias ao sistema de Stanislávski e aos métodos de criação do Teatro de Arte de Moscou, classificando-os de "idealistas". A "virada" a que nos referimos seria completada em 23 de abril de 1932, quando uma decisão do Comitê Central do PCR(b) liquidou as referidas organizações. Ver I. Vinográdskaia, *Stanislávski: Létopis*, v. 4.

5 Markov apud I. Vinográdskaia, op. cit., p. 161.

6 S. Tcherkásski, *Masterstvó Arktióra*, p. 507.

7 Essa mudança é muito importante, deve-se dizer. Mantidas as especificidades históricas, mas a título de ilustração, era como se o TAM saísse da jurisdição de um Ministério da Cultura e passasse a ser administrado por algum gabinete especial da presidência da República.

No mesmo ano, Avel Enukidze, presidente da comissão teatral do TSIK fala "definitivamente sobre a Academia"[8] e inicia um debate público acerca de sua criação. A possibilidade de uma Academia Teatral baseada nos princípios que estudara e pesquisara continuamente e por tanto tempo, lógico, animou Stanislávski. Numa carta a Górki, de 10 de fevereiro de 1933, ele diz estar "muito empolgado e ocupado com as questões sobre a criação da Academia. Vai ser preciso criar tudo desde o início, desde os professores – que não existem – até a estrutura geral e o método de ensino"[9]. Há, também, algumas cartas diretamente dele a Enukidze, em que toca no assunto. A primeira delas, de 27 de dezembro de 1932, permite uma compreensão acerca do que Stanislávski vislumbrava para a Academia:

> Estou convencido de meu ponto de vista, principalmente atendendo as diretivas que recebi de você, que aceito completamente e que definem a linha que tento instaurar no teatro. Você me deu a indicação sobre a necessidade de criar um Teatro-Academia, e sobre a não obrigatoriedade da corrida para estrear peças, pelo privilégio da qualidade, sobre o profundo conteúdo dos espetáculos, sobre a educação de grandes mestres-atores, interiormente enriquecidos. Eu estou de acordo que é apenas dessa forma que se pode criar o teatro de que nosso país precisa, em nossos tempos.[10]

Stanislávski começava a tomar medidas práticas para organizar uma Academia diferente. Em setembro de 1932, descansando num sanatório na cidadezinha alemã de Badenweiler, começa uma série de correspondências com Vassíli Sakhnóvski[11] e Nikolai Egórov[12]

8 I. Vinográdskaia, *Stanislávski: Létopis, v. 4.*
9 K. Stanislávski, *Sobránie Sotchinéni v 9 Tomakh, t. 9*, p. 469.
10 Ibidem, p. 456-458.
11 Vassíli Grigórievitch Sakhnóvski (1886-1945), diretor do TAM a partir de 1926, nomeado diretor administrativo da parte artística do teatro em 1932.
12 Nikolai Vassílievitch Egórov (1873-1955) trabalhou antes como gerente na fábrica da família Stanislávski, e em 1926 foi convidado a dirigir a parte administrativa do TAM.

sobre a estrutura da Academia. Numa delas, descreve pelo menos onze comissões diferentes que deveriam ser criadas para a elaboração do projeto:

> É preciso organizar uma série de comissões sobre a Academia. Por enquanto, pensei nas seguintes: 1. Financeiro-administrativa. 2. Bases e tarefas principais da Academia. Meios e formas de consegui-lo. Formação de quadros. 3. Psicotécnica (sistema). 4. Educação física, plasticidade (ligadas à psicotécnica). Treinamento e adestramento. Criação de um livro de exercícios e de um livro-texto. 6. História da arte... (?) mas não como sempre, na forma de palestras tediosas. Devem ter um papel importante aqui os depoimentos sobre o passado do teatro e os atores. 7. História do figurino – em ligação com a habilidade de costurá-los e vesti-los. 8. Arquitetura e estilo – em ligação com a produção de maquetes. 9. História da literatura? – também não como sempre. 10. Ética, disciplina e coletividade no trabalho. Princípios. 11. Comissão de produção. Tem mais algumas, mas de que agora não me lembro.[13]

Num outro documento, datado de 13 de maio de 1933, provisoriamente chamado pelos organizadores das Obras de Stanislávski *Para a Questão Acerca da Criação de uma Academia de Arte Teatral*, ele explica para onde deveria se desenvolver o trabalho das comissões, por exemplo:

> Os exercícios e études, segundo a possibilidade, devem ser escolhidos a partir das peças do futuro repertório. Mesmo assim: não se trabalha com o texto, e apanha-se apenas a linha da ação física, com a ajuda da qual se conduz a linha da ação transversal.
>
> A supertarefa de cada peça é indicada pelo professor sem nomeá-la, já que não se pode fazer isso, pelo menos no começo

13 Ibidem, p. 743.

das aulas, enquanto os alunos não estiverem prontos para o entendimento e a recepção da supertarefa.

Nesse método, o importante é que cada pequeno exercício ou étude tenha sempre a sua supertarefa e ação transversal, de forma que o pior é evitado – o erro e a dificuldade dos études escolares.

Ele, por si só, não pode ter sentido ou vida. Nesse método que proponho todos os études, até mesmo os menores, devem de uma vez por todas ser vividos desde dentro pela supertarefa e pela ação transversal.[14]

Ou, então, num outro parágrafo, em que lemos:

Durante a formação se preparam não apenas os atores da futura trupe, mas também seus diretores e mesmo seu futuro administrador, que, ao estudar junto com os outros alunos, é também o representante e coordenador do grupo de alunos. Para o estudo de todas as facetas da arte teatral, ele deverá fazer estágios em diferentes seções do TAM e, pode ser, até mesmo em outros teatros.[15]

Outro aspecto enfatizado por Stanislávski no plano é o da inovação no que diz respeito às aulas consideradas "teóricas". No bilhete a Sakhnóvski anteriormente citado, notamos a expressão "não como sempre", ao se referir às aulas de história do figurino e de história da cenografia, por exemplo. Aqui podemos ver concretamente qual era a sua proposta:

Aulas de História do Figurino: Geralmente vêm à sala professores entediantes e sonolentamente falam sobre a "história do figurino". Alguns alunos anotam, fazem resumos, depois os

---

14 Idem, *Sobránie Sotchinéni v 9 Tomakh, t. 3*, p. 326.
15 Ibidem.

vendem para outros alunos, que decoram, passam nas provas e quando terminam a escola as folhas de anotações vão sabe-se lá para onde.

Proponho fazer diferente: cada um dos alunos, durante seu tempo na escola, é obrigado a costurar com as suas próprias mãos, segundo as indicações do professor (sob sua direção, melhor dizendo, assim como com a supervisão do figurinista do teatro), e levando em conta os acervos dos museus de figurinos.

Um, por exemplo – França, século XI. Outro, do século XVIII. Outros, nesse mesmo tempo, estarão costurando figurinos da Itália no século XII, Alemanha século XV etc. Assim, se dividirmos os figurinos entre cinquenta ou cem alunos, então poderemos passar por todas as épocas e todos os países.

Ao trabalharem todos juntos, numa sala coletiva, ouvindo constantemente as observações do professor de história e do figurinista, vendo como se cria cada um dos figurinos e como ele é realizado, os alunos poderão não apenas conhecer aquilo que eles mesmos estão fazendo, mas também todos os outros trabalhos; além disso, como são figurinos de quase todas as épocas, então os alunos saberão, na prática, toda a "história do figurino".

Mas isso ainda é pouco. É preciso não apenas costurar o figurino, mas vesti-lo e saber usá-lo. É preciso conhecer os hábitos de cada época, a etiqueta, as reverências, como usar um leque, florete, bastão, chapéu, capa. Para isso, há uma aula especial.

No exame de formatura, cada aluno deve mostrar seu trabalho (o figurino costurado) e mostrar a habilidade de portá-lo e usar os acessórios não apenas de sua época, mas também de todas as outras, exploradas pelos outros alunos. Isso fará com que eles acompanhem um aos outros durante todo o período escolar.

O mesmo método deve ser aplicado ao estudo da arquitetura e do estilo de cada época. Cada um dos alunos deve confeccionar duas maquetes de quartos, prédios, parques etc. (de diferentes épocas) e explicar, no exame final, com todos os comentários históricos.[16]

Um mês mais tarde, em 15 de abril de 1933, em nova carta a Enukidze, Stanislávski sintetizava o projeto da nova instituição:

> Para concluir, algumas palavras sobre nosso trabalho acerca da Academia. Foram criadas algumas comissões que trabalham com afinco e dedicação, com grande inspiração e fé no interessantíssimo trabalho proposto.
>
> Depois, apresentaremos um programa-máximo e tentaremos transmitir nele tudo o que foi desenvolvido por nossa prática e cultura teatrais até o momento. Se não for possível realizar esse plano agora, que o programa vá para o museu, ou seja cumprido apenas em parte. Esse programa é a mostra da execução prática, de fato, do que chamamos de "sistema".
>
> A base principal que colocamos nesse programa é que a escola não deve formar alunos individualmente, separados, mas trupes inteiras, com seus administradores, diretores, cenógrafos, produtores, maquiadores e mesmo os técnicos principais; com seu repertório de algumas peças.
>
> Todo o processo de ensino acontece não em sala, não em palestras, mas na própria produção escolar. Assim, por enquanto, para estudar a literatura – a história do figurino, as épocas, o cotidiano – os alunos fazem leituras coletivas de fragmentos de peças escolhidas com esse objetivo. No entanto, antes de apresentar-se publicamente, precisam conhecer muitos fatos literários, históricos, artísticos, cotidianos e outros. A partir disso, uma série de especialistas devem contar para os alunos esses fatos, fatos que o ator deve saber. Recebendo e materializando-os ali mesmo, na prática, os alunos se

16 Ibidem, p. 327.

relacionarão com essas "explicações" não como sendo aulas tediosas que devem decorar e depois esquecer, mas como material artístico que se torna necessário para o trabalho e para a apresentação pública da escola. Todo conhecimento adquirido, imediatamente aplicado à prática, fixa-se mais fortemente na memória. Esses novos métodos requerem uma análise cuidadosa dos programas antigos e a educação de novos professores. Tanto esse trabalho como essa preparação estão sendo organizados pelas comissões.[17]

De fato, o trabalho das comissões fervia e era supervisionado diretamente por Stanislávski. Vinográdskaia, em seu *Vida e Obra de K.S. Stanislávski* conta, entre março e abril de 1933, ao menos seis reuniões gerais das comissões com a presença de Konstantin Serguêevitch[18].

Em 31 de agosto o projeto final seria entregue a uma comissão especial do TSIK, à frente da qual se encontrava Enukidze. Apesar do nervosismo de Stanislávski sobre a questão, expresso em algumas cartas a pessoas próximas, como seus irmãos Vladímir e Zinaída[19], um ano mais tarde a resposta viria na forma da já mencionada visita de Pável Novítski, em maio de 1934.

17 K. Stanislávski, *Sobránie Sotchinéni v 9 Tomakh*, t. 9, p. 475.
18 Ver I. Vinográdskaia, *Stanislávski: Létopis*, v. 4, p. 247, p. 249-250.
19 Em outubro do mesmo ano Stanislávski escrevia a seu irmão Vladímir: "Não sei mais nada. A Academia... O projeto foi entregue, mas ainda não falaram nada..." (*Sobránie Sotchinéni v 9 Tomakh*, t. 9, p. 484.) Já em dezembro, numa carta ao mesmo Vladímir e a sua irmã Zinaída: "A Academia afundou, e ninguém escreve mais nada sobre ela. Não entendo qual a questão. Mudaram de ideia, ou o projeto não agradou? Se souberem de algo – me escrevam." (Ibidem, p. 491.) Em janeiro de 1934, Stanislávski escrevia a sua assistente Elizaveta Telésheva: "A Academia afundou. Por quê? Daqui, me parece que minha presença é necessária para que as coisas andem. Em nosso teatro não tenho nada para fazer esse ano e, para dizer a verdade, isso me deixa feliz." (Ibidem, p. 494.)

O Último Estúdio de Stanislávski

A Preparação do Estúdio de Ópera e Arte Dramática

A Moscou de 1935 parecia-se cada vez menos com a dos anos anteriores. O rápido desenvolvimento econômico obtido pela URSS com o fim do primeiro plano quinquenal em 1932 trazia uma certa calma, uma relativa melhora no nível de vida[20].

No plano da cultura, e em particular no do teatro, as coisas pareciam seguir o mesmo rumo. O ano de 1935 festejava, por exemplo, o décimo aniversário de criação do Caixa Teatral Central, órgão responsável por contabilizar, vender e distribuir os ingressos para todos os teatros do país. A revista mensal *Dekada Teatra* (Década Teatral), trazia, em sua edição de abril de 1935 uma impressionante prospecção do órgão para o ano: 22 milhões de espectadores, em todo o país.

Outro evento de grande importância na virada entre 1934 e 1935 havia sido o II Festival Internacional de Teatro da URSS. Charles Norris Houghton[21], diretor, produtor e pesquisador do teatro estadunidense havia sido convidado a Moscou entre 1934-1935 para acompanhar as atividades. Depois, passou um ano acompanhando os trabalhos dos teatros moscovitas. Em seu livro *Os Ensaios de Moscou*, publicado em 1936, fornece uma descrição detalhada dos teatros e métodos de trabalho na capital soviética, à época. Curiosamente, no capítulo onde narra seu encontro pessoal com Stanislávski, escreve:

> Antes de encerrar essa seção [...] penso que deveria fazer uma breve menção a um outro projeto, ainda não realizado, mas muito nobremente concebido. A primeira vez que ouvi

---

20 Ver S. Fitzpatrick, *Everyday Stalinism*, p. 6.

21 Charles Norris Houghton (1909-2001), produtor e diretor teatral estadunidense, foi parte ativa do University Players Guilde do movimento teatral progressista dos anos 1930 nos Estados Unidos. Em 1934, ganhou uma bolsa do governo soviético para assistir ao II Festival Internacional de Teatro da URSS e para passar um ano no país estudando os diferentes teatros moscovitas.

falar dele foi quando, uma semana antes de partir de Moscou, fui fazer minha última visita ao primeiro professor do teatro soviético – Stanislávski. Trata-se de um projeto dele. Ele ofereceu seus serviços para o governo e estabelecerá cursos especiais para diretores que trabalharão direta e pessoalmente com ele por seis meses, e que depois começarão dois estúdios – de drama e ópera –, que continuarão sob sua supervisão geral enquanto permanecer vivo. Quando deixei Moscou, em fevereiro de 1935, os planos ainda não estavam prontos, e o projeto pode mesmo não se concretizar, mas foi uma graciosa e generosa oferta de alguém que já não é jovem ou forte, e o que Stanislávski oferece – ninguém em Moscou pode recusar.[22]

Em 16 de março, no entanto, o projeto se concretizaria. Nesse dia, era publicado no *Izvestia*, o diário oficial da URSS, um decreto oficial do Narkompros que estabelecia o Estúdio de Ópera e Arte Dramática K.S. Stanislávski, cujas aulas deveriam começar no segundo semestre do mesmo ano.

Era preciso, assim, apressar os preparativos, uma vez que, para começar a funcionar em outubro-novembro do mesmo ano, por volta de setembro a turma de ingressantes deveria estar selecionada. Voltando às preocupações de Stanislávski externadas a Sóbinov depois do encontro com Novítski: quem seriam esses alunos? Quem seriam os professores?

Eis que Stanislávski volta-se para uma das maiores entusiastas da escola, e de fato uma das mais ativas propagandeadoras de seu Sistema: Zinaída Sokolova, sua irmã mais nova.

---

22 C. Houghton, *The Moscow Rehearsals*, p. 49-50.

Zinaída Sokolova,
Irmã de Stanislávski

Uma das personagens fundamentais para obter compreensão mais ampla do que foi a fundação do Estúdio de Ópera e Arte Dramática é, certamente, Zinaída Serguêevna Sokolova (nascida Aleksêeva), irmã mais nova de Stanislávski. Tida habitualmente pela historiografia contemporânea do teatro soviético e russo como "uma atriz fracassada"[23], ou, pelos participantes do Estúdio, como "a *ajudante* mais próxima de Stanislávski", a compreensão acerca de Sokolova e do seu papel no desenvolvimento do Sistema está longe de ser esgotada ou compreendida completamente[24].

Nascida em 1865, ou seja, três anos depois de Stanislávski, Sokolova participou ativamente da organização do teatro familiar dos Aleksêev (o círculo Aleksêev), sendo uma de suas mais proeminentes ativistas, junto com os irmãos Konstantin (Stanislávski) e Vladímir[25]. Em 1894, casa-se com Konstantin Sokolov, um típico médico russo da época, cujo sonho era partir da cidade grande e instalar-se na província, levar uma vida comunitária e cuidar da saúde dos camponeses pobres. Assim, após o falecimento de Serguei Aleksêev, pai de Zinaída, em 1893, ambos decidem investir a herança, até então recusada, em seu projeto de ilustração[26]. Os dois partem imediatamente para a aldeia de Nikólskoe, na região de Vorônej, a seiscentos quilômetros de Moscou. Ali, a atividade dos Sokolov tornar-se-ia

---

23 Ver A. Gálitch, *Generálnaia Repetítsia*.

24 É preciso dizer que falta, ainda, uma pesquisa mais substancial sobre a vida e a contribuição de Zinaída Seguêevna Sokolova para o desenvolvimento do Sistema de Stanislávski. Tivemos, devido ao escopo desta pesquisa, de limitar-nos ao material relacionado ao Estúdio de Ópera e Arte Dramática. Mas há muito mais a ser descoberto, tanto nos arquivos mantidos no museu do Teatro de Arte de Moscou, quanto nos do Teatro Musical Stanislávski e Nemiróvitch-Dântchenko.

25 Fundo de Grigori Kristi (Arquivo do Museu do Teatro de Arte de Moscou), pasta 5, documento 28.

26 KS 16904:2.

similar às dos mais celebrados heróis da literatura russa até então, como o Bazárov, de Turguêniev, o Lióvin de Tolstói, ou mesmo o doutor Ástrov, de Tchékhov. Anos depois, Zinaída escreveria um livro de memórias intitulado *Nossa Vida em Nikólskoe*, em que diz:

> Nós nos sentíamos tão felizes, estávamos repletos de energia, éramos fortes fisicamente, saudáveis, cheios de esperança e de planos, com calor e amor sincero pelos camponeses, ainda abstrato, já que ainda não conhecíamos Nikólskoe, tendo conversado apenas rapidamente com alguns, quando fôramos olhar o chalé onde moraríamos. Nós nos amávamos fervorosamente, respeitávamo-nos, acreditávamos um no outro, e nossas aspirações, ideias e convicções coincidiam e nos juntavam ainda mais. A ideia da mudança [para a aldeia] nos atraía e nos empolgava. Nós queríamos tanto a melhora dos camponeses para o que havia de melhor na vida! Ficávamos felizes, pois nossas crianças iriam crescer entre os camponeses, em meio à natureza, que nos atraía tanto![27]

Ali, no interior, paralelamente à prática médica de seu companheiro, Zinaída passaria imediatamente à construção do projeto conjunto de ilustração dos camponeses. Um rascunho autobiográfico[28], escrito em 1941 e não publicado, traz importantes contribuições para a reconstituição de Sokolova:

> Nos anos da fome (ao todo, em diferentes épocas, foram cinco) com a ajuda de pessoas voluntárias e de diferentes instituições, organizamos pontos de alimentação, de entrega de farinha,

27 Z. Sokolova, *Nasha Jízn v Nikólskom*, p. 9.
28 Ao todo, pudemos encontrar quatro documentos escritos por Sokolova sobre sua vida, todos os três nunca publicados. O primeiro, sob o nome de *Kharakterística Sokolovoi, Z.S.* (Característica de Sokolova, Z.S.), e é uma descrição curta, datada de 1935, para a obtenção do título de Artista Popular da União Soviética. O segundo, chama-se *Avtobiográfia Príznanogo Artísta R.S.F.R.Z.S. Sokolóvoi* (Autobiografia da Artista Reconhecida da RSFR Z.S. Sokolova), e data de 1941. O terceiro chama-se *Opisánie Jízni Z.S. Sokolóvoi* (Descrição da Vida de Z.S. Skolova), de 1941 também, e o quarto, *Khudójestvennaia Biográfia Sokolóvoi, Z.S.* (Biografia Artística de Z.S. Sokolova), de 1949.

O Último Estúdio de Stanislávski

refeitórios para as crianças e para os alunos da escola. Num ano muito duro lembro-me de ter relações com cerca de 35 aldeias diferentes. Alimentávamos os animais de criação na primavera, entregávamos sementes de painço.[29]

Em 1895, ou seja, três anos antes da fundação do Teatro de Arte em Moscou por seu irmão, Sokolova funda e dirige o primeiro teatro camponês da Rússia, o Teatro Nikólski. A descrição da trupe por Sokolova impressiona pelo tamanho das encenações:

> A trupe principal [do Teatro Nikólski] era formada por doze camponeses, doze camponesas, doze professores, eu e meu marido. Para as cenas de massa nos dramas, como o primeiro ato de *O Túmulo de Askoldov* ou a ópera *Rusalka* (A Sereia) [de Púchkin], a quantidade aumentava. O coro era composto de quarenta camponeses. Essa trupe existiu até a morte de meu marido, ou seja, até 1919. Ele cuidava dos camponeses durante uma epidemia de tifo e acabou contagiado.[30]

Os espetáculos ocorriam entre abril e outubro, os meses entre o começo da primavera e o início do outono, com funções toda semana, aos domingos, durante o dia, e uma extra à ocasião dos feriados[31].

Em 1896, os Sokolov já haviam construído duas escolas para a alfabetização dos camponeses, e alugado um *izbá* (dormitório) para os alunos que vinham das aldeias mais distantes[32]. Ainda sobre o projeto de alfabetização, Sokolova conta:

> Quando nos mudamos não havia uma só mulher na aldeia que soubesse ler ou escrever. As primeiras sete meninas que decidiram começar a ler e escrever não moravam em nossa pobre aldeia, mas numa outra que ficava a cinco *verstas* de

29 KS 16904: 3.
30 Ibidem.
31 Ibidem, 4.
32 Ibidem, 3.

distância. Elas vinham à nossa casa e ficavam por três dias, e eu trabalhei com elas por um ano e meio, até que foram dadas em casamento. Ainda não tínhamos construído as escolas. Essas sete meninas acabaram trazendo mais, dessa vez de nossa aldeia, algumas mães e senhoras mais velhas. Dentro de alguns anos haviam sobrado muito poucas mulheres analfabetas. Os homens e mulheres adultos estudavam à noite, na maior parte do tempo durante o outono e o inverno.[33]

E quando diz: "Para os que terminavam a escola, organizei [...] para ambos, meninos e meninas, uma horta coletiva, um apiário e um pomar. Propagandeava com entusiasmo a igualdade de direitos das mulheres."[34]

Em 1905, antes do início da primeira revolução russa, Sokolova volta a Moscou para os exames de admissão de seus filhos na escola. Ali, entre 1911 e 1913, trabalha na direção da Seção Colaborativa para a organização de espetáculos rurais e operários da Universidade Popular de Moscou A.L. Chaniávski[35] e, a partir de 1918 e, por onze anos mais, no estúdio teatral da antiga fábrica dos Sapójnikov[36] como diretora e professora de arte dramática. Entre 1921 e 1922, trabalha como diretora-professora no estúdio dramático do Narkomzdrav[37] "Pássaro Azul", onde dirige peças de *sanprosvet*[38]. Ainda, por um ano e meio, dirige, na casa dos Trabalhadores da Instrução Pública,

33 Ibidem.
34 KS 16905: 2.
35 A Universidade Popular de Moscou L.A. Chaniávski foi uma universidade municipal criada em 1908 com os recursos da herança de Alfons Leónovitch Chaniávski (1837-1905), ex-general do exército russo e proprietário de minas de ouro, que sonhara com uma universidade aberta para todos, independentemente do gênero, fé ou posicionamento político. Existiu até 1920. (KS 16905:4).
36 A Fábrica dos Sapójnikov, como era conhecida, era uma das mais antigas fábricas de veludo em Moscou, tendo sido nacionalizada em 1919, após a Revolução de Outubro.
37 Narkomzdrav (Comissariado do Povo Para a Saúde) era o primeiro nome do Ministério da Saúde Soviético.
38 Sanprosvet (abreviação de educação sanitária) era uma modalidade específica do teatro de *agitprop* do início da revolução, direcionada à criação e apresentação de espetáculos populares sobre as campanhas de higiene do Narkomzdrav.

O Último Estúdio de Stanislávski

o coletivo dramático Ostróvski, que chega a apresentar cerca de 35 espetáculos diferentes em um só inverno, pelos clubes de operários e círculos de militares na recém-fundada república soviética[39]. Em 1919, entretanto, começa a longa história da contribuição pedagógica de Sokolova ao Sistema de Stanislávski, quando ela entra para o recém--organizado Estúdio de Ópera do Bolshói[40]. Diretora e pedagoga, torna-se a principal responsável pelo ensino do Sistema, onde permanecerá até 1935, momento em que passa a trabalhar exclusivamente no Estúdio de Ópera e Arte Dramática[41]. O trabalho de Sokolova durante os anos do Estúdio do Bolshói certamente merece uma pesquisa individual. Para nossa investigação, entretanto, basta verificar como, entre a metade dos anos 1920 e 1933 organizou a sistematização das experiências realizadas nesse estúdio sobre o sistema com o grupo de jovens alunos que depois se tornaria o corpo principal de pedagogos-assistentes do Estúdio de Ópera e Arte Dramática, sem o qual "Stanislávski se recusaria a organizar o estúdio"[42]. Em 1934, quando o projeto sobre a criação da Academia de Arte Teatral encontrava-se parado no Narkompros, Sokolova escreve uma carta a Stanislávski, que descansava em Nice, na França. Depois de avaliar negativamente a 500ª apresentação da ópera *Evguêni Onéguin*, no Teatro de Ópera K.S. Stanislávski, Zinaída descreve um de seus alunos, Grigori Kristi: "é incansável, e está se tornando um ótimo pedagogo. Trabalha também na seção [ilegível] com empolgação e de forma interessante. Muito humilde, ainda. Trabalha comigo e com meus alunos de drama e tem obtido sucesso (ele mesmo vai para a cena!)."[43] Na resposta a essa carta, datada de 19 de abril de 1934, Stanislávski escreve:

39 KS 16905: 6.
40 Trata-se de um outro estúdio, organizado sob os auspícios do Teatro Bolshói em 1918 e que depois tornou-se um teatro independente, o Teatro de Ópera K.S. Stanislávski. Para evitar a confusão com o Estúdio de Ópera e Arte Dramática, objeto deste trabalho, decidimos referir-nos a ele como "Estúdio do Bolshói", apenas. Um resumo do trabalho de Stanislávski no Estúdio do Bolshói pode ser encontrado em I. Neckel, *Atitude Extrema e Salto*.
41 KS 16905: 5
42 KS 16907.
43 KS 1045.

Eu pretendo, no futuro, usar esse método: propor o trabalho e as aulas, dirigi-las, e fazer com que outros trabalhem em meu lugar. Dessa forma, penso, é possível rapidamente criar jovens diretores. Vamos ver se vou conseguir. Você tem esse tipo de ajudante, agora: Gricha [Kristi], Natácha [Bogoiávlenskaia], e pode ser ainda algum outro de seus alunos.[44]

De fato, o plano de Stanislávski para a preparação de novos diretores-pedagogos que pudessem continuar seu legado passaria pelos alunos de sua irmã. Um outro documento inédito sobre a vida de Sokolova diz que"a pedidos de Stanislávski, para esse Estúdio, Z.S. Sokolova entregou seu grupo privado de alunos e alunas, que haviam sido rigidamente educados no sistema de Stanislávski [caso contrário, Stanislávski se recusaria a organizar o estúdio]. Eles foram trazidos para o novo estúdio como diretores"[45].

Ela mesma conta que:

> Para esse estúdio [o de Ópera e Arte Dramática], preparei onze professores-assistentes, escolhidos de meu grupo privado, e que até hoje ensinam lá. Preparei um para o TAM. Naquele ano [1935] mais cinco novos pedagogos, deles uma foi chamada a trabalhar como pedagoga de leitura artística no TAM e no Estúdio de Ópera e Arte Dramática. Mais um dessa turma foi selecionado para o Estúdio de Ópera e Arte Dramática e um terceiro trabalha atualmente na Casa Krúpskaia (teatro amador). Uma trabalha na fábrica. Ao todo, preparei como pedagogos de arte dramática dezessete pessoas: doze pedagogas e cinco pedagogos.[46]

Uma dessas alunas era Lídia Novítskaia, coincidentemente filha do mesmo Pável Novítski que em 1934 traria a Stanislávski a notícia

---

44 K. Stanislávski, *Sobránie Sotchinéni v 9 Tomakh, t. 9*, p. 518. Gricha é diminutivo de Grigóri.
45 KS 16907.
46 KS 16904: 6.

da aprovação governamental para a criação do Estúdio. Ela comenta, sobre os anos de trabalho com Sokolova no Estúdio do Bolshói:

> O estado de saúde e a quantidade de trabalho não permitiam que o próprio Konstantin Serguêevitch conduzisse as aulas com os alunos. Ele precisava de ajudantes, assistentes, dentre os quais tive a felicidade de estar.
>
> Todos nós, onze assistentes [...] tínhamos sido, até então, alunos de Zinaída Sokolova. [...] Conhecíamos o sistema de Stanislávski, tínhamos estudado sua obra meticulosamente, trabalhávamos sobre os elementos da psicotécnica.
>
> [...] No período em que nos formamos, na metade dos anos 1920, com Zinaída Serguêevna, mais de uma vez participamos das cenas de massa nos espetáculos de Ópera, montados no então novíssimo Teatro-Estúdio de Ópera K.S. Stanislávski [atualmente Teatro Estatal Musical K.S. Stanislávski e V.I. Nemiróvitch-Dântchenko].[47]

Em uma carta à sua tradutora estadunidense, Elizabeth Hapgood, datada de 20 de dezembro de 1936, Stanislávski escreve:

> Há um ano abri minha nova escola-estúdio de ópera e arte dramática. Sua origem foi a seguinte: minha irmã Zinaída Serguêevna [Sokolova], acredito que você conheça, já dispunha há muito tempo de um grupo de alunos privados, que ela adestrou tanto que, mesmo sendo muito jovens, foi possível confiar-lhes o trabalho pedagógico no novo estúdio. Fizemos deles quadros, dirigidos pela minha irmã.[48]

Sokolova, no entanto, não apenas contribuíra com os "quadros" pedagógicos do Estúdio. Ela havia sido, de fato, uma das maiores

---

47 L. Novítskaia, *Uróki Vdokhnovénia*, p. 13.
48 K. Stanislávski, *Sobránie Sotchinéni v 9 Tomakh*, t. 9, p. 584-585.

organizadoras da instituição. Grigori Kristi, que na década de 1950 empreenderia a tarefa de compilar pela primeira vez as *Obras Escolhidas* de Stanislávski, fez um discurso na ocasião do falecimento de Sokolova, em 1950. O texto, também não publicado, diz: "Em 1935, por iniciativa de Z.[inaida]S.[erguêevna] foi criado o Estúdio de Ópera e Arte Dramática, dirigido por Stanislávski. *Toda a organização* ficou a cargo de Z.S. [O estúdio] serviu de laboratório de criação para Stanislávski, que nesses últimos anos tirava conclusões de sua 'vida na arte."[49]

Ou seja, Kristi não apenas confere a Sokolova o papel de organizadora do estúdio (o que é plausível, também, pela cada vez mais delicada condição de saúde de Stanislávski), mas, acima de tudo, aponta-a como sendo a iniciadora do mesmo.

Além de ter participado ativamente das comissões de organização da Academia, em 1933, quando o projeto foi entregue e o "silêncio" a respeito reinou por um ano, podemos suspeitar que Zinaída foi quem teve a ideia de propor ao Narkompros algo menor: um Estúdio e não uma Academia, "uma pequena Academia de Ópera". Há, claro, muito pouca informação pública sobre as reviravoltas políticas dentro do Narkompros, e todavia não é claro como o projeto de toda uma "Academia" foi aprovado como um Estúdio, segundo Stanislávski, "sem um programa definido"[50]. Outro trecho da já citada carta de Stanislávski a Sokolova, de abril de 1934 (ou seja, apenas um mês antes da visita de Novítski!), permite levantar a suspeita de que os dois, tendo em vista a demora da resposta sobre o projeto, mudaram de tática, decidindo-se por um estúdio menor, com base no já existente corpo de alunos de Sokolova. Nessa carta, lemos:

> O trabalho pedagógico ainda não está acertado. Nesse campo também, devemos ter a visão correta, ou seja: não nos esqueçamos que por enquanto pensam que nossa proposta no

49 Fundo de Grigori Kristi (Arquivo do Museu do Teatro de Arte de Moscou), pasta 5, documento 28. (Grifo nosso.)
50 KS 21138: 2.

Narkompros é apenas um teatro, e só. O trabalho pedagógico, que você dirige de maneira tão obstinada e frutífera está para além do programa. Ainda não consegui meios para uma pequena Academia de Ópera, na qual tudo possa ser corrigido, feito da maneira correta. Boris I. prometeu, com a ajuda do *práktikum*[51] encontrar dinheiro para umas dez –quinze pessoas, que não serão entregues ao coro e serão destacadas para o trabalho no estúdio. Em que estado está essa questão – não sei, mas assim que chegar será a primeira coisa que esclarecerei. Então suas exigências pedagógicas, tão justas e compreensíveis, poderão ser executadas. Por enquanto, como expliquei algumas vezes, não temos uma escola, mas apenas algumas aulas e uma preparação leve do grupo de coristas. Toda essa imprecisão e indefinição de nossa questão escolar, se a abordarmos da maneira exigente como mereceria, podem causar apenas decepções. Será difícil acertar tudo isso muito rapidamente com o Narkompros, mas com um funcionário como Al. Gr., espero que seja possível fazê-lo.[52]

Há uma outra suposição, que resta ainda a ser investigada numa pesquisa de mais fôlego, dedicada exclusivamente à vida e à obra de Zinaída Serguêevna Sokolova. Num dos quatro documentos biográficos sobre Sokolova encontrados nos Arquivos de Stanislávski, lemos: "No ano de sua morte, K.S. Stanislávski disse à sua irmã Z.S. Sokolova que escrevesse um manual de pedagogia de seu sistema, já que 'Apenas você pode escrever da forma exata como preciso' disse, e completou sorrindo: 'eu sou bom em inventar, mas é você que as pessoas entendem melhor.'"[33]

Em outro, de 1941: "A pedidos de meu falecido irmão, K.S. Stanislávski, tenho trabalhado sobre um manual de pedagogia do método

---

51 Os *práktikums* eram cursos práticos (ou seja, não teóricos) nos estabelecimentos de ensino superior e pesquisa da URSS.
52 K. Stanislávski, *Sobránie Sotchinéni v 9 Tomakh, t. 9*, p. 518-521.
53 KS 16907.

de Stanislávski. Estou compondo uma coletânea de exercícios, um manual de ensino de fala cênica e leitura artística, como as entendia o próprio Stanislávski. [...] Todos esses três trabalhos me foram dados em 1937–1938."[54]

E, ainda:

> A pedido de Konstantin Serguêevitch estou escrevendo um manual de pedagogia de seu "sistema", e uma coletânea de exercícios do sistema. Escrevo memórias sobre a vida de Konstantin Serguêevitch desde seus primeiros anos, e quase já terminei minhas anotações sobre os espetáculos de massa. [...] Depois disso devo escrever, ainda (também a pedido de K.S.) uma manual de pedagogia da fala cênica e de leitura artística, da maneira como entendidas por K.S.[55]

Refere-se, assim, ao problema da relação de Sokolova com o esforço, empreendido por Stanislávski desde o começo dos anos 1920, para criar uma pedagogia própria de seu Sistema. É possível, tendo em conta alguns trechos também inéditos, supor que seu papel foi significante. Esperamos que esta pesquisa sobre o Estúdio de Ópera e Arte Dramática possa contribuir com alguma luz também sobre esse aspecto.

Mas voltemos a 1935. Moscou fervilhava teatro e a primavera trazia os anúncios dos exames de admissão nos cursos superiores. Um dado de 1935 conta, apenas nos estabelecimentos moscovitas de formação teatral, onze mil inscrições para apenas quinhentas vagas[56]. Agora, ainda mais, espalhava-se aos poucos a notícia da criação de um novo estúdio, sob a direção do próprio Stanislávski.

---

54 KS 16905.
55 KS 16904.
56 Ver artigo editorial em *Dekada Teatra*, p. 27.

O Último Estúdio de Stanislávski

A Seleção

A notícia de um novo estúdio de Stanislávski não era pouca coisa. Muito atacado pelas novas correntes de esquerda da vanguarda teatral até recentemente, Stanislávski era, no entanto, uma espécie de referência geral, o ponto de apoio de todo o teatro russo seu contemporâneo. Assim, depois de um sumiço de quase sete anos, seu nome voltava atrelado à criação de um Estúdio de Ópera e Arte Dramática, que, segundo alguns, estava destinado a transformar-se num outro teatro, independente e a seu modo inovador[57].

O fato de que o Narkompros dedicara um orçamento inicial de 150 mil rublos para o estabelecimento era significativo, tanto das mudanças na linha interna da direção soviética em relação ao teatro, quanto da esperança em Stanislávski para "criar os quadros" do novo país. A edição de outubro da revista *Década Teatral* traz um editorial sobre o que se chamava então de "a nova *intelligentsia* soviética" que entrava nos cursos naquele ano. No artigo, além de definir o ator como "engenheiro das almas humanas", termo claramente transitório entre as concepções da vanguarda e o novo direcionamento do realismo socialista, contava sobre "todo o grupo de catorze membros do Komsomol[58] que foi selecionado para o Estúdio de Ópera e Arte Dramática de K.S. Stanislávski, doze dos quais passaram com as notas máximas"[59].

Os exames para o estúdio não eram fáceis. Além da enorme afluência de candidatos, que eram, como conta Novítskaia, cerca de 3.500 na primeira fase[60], era preciso selecionar aqueles aptos para o trabalho necessário.

Durante todo o verão nós, assistentes, sob a direção de Zinaída Serguêevna Sokolova conduzimos aulas preparatórias com os

---

57 Esta é a opinião de Irina Vinográdskaia, por exemplo.
58 Komsomol – abreviação de Kommunistítcheski Soiuz Molodióji, a União da Juventude Comunista, organização juvenil do Partido Comunista.
59 *Dekada Teatra*, p. 27.
60 L. Novítskaia, op. cit., p. 60.

inscritos. Preparávamos études com eles, trechos de obras literárias, trechos de espetáculos. Depois de cada etapa das aulas havia uma banca que eliminava os pretendentes que não conseguiam lidar com as tarefas propostas. [...]

Como resultado da seleção, trinta pessoas foram admitidas na seção de Arte Dramática do Estúdio.[61]

O próprio Stanislávski dá um pouco mais de detalhes sobre os exames, em uma carta a Elizabeth Hapgood. No trecho, ele enfatiza a diferença entre as provas de seleção para o novo estúdio, que deveria ser "um modelo para toda a URSS", e os exames das outras escolas de teatro:

> Durante todo o verão eles [os examinadores] assistiram diariamente à juvetude que vinha para as provas. Foram examinadas mais de 3.500 pessoas. Geralmente, as provas são assim: coloca-se a mesa para a banca, sentam-se os professores, o examinador, e passa por eles uma fileira de tudo quanto é gente, que canta e lê até não poder mais, enquanto os sábios examinadores decidem imediatamente: "esse tem talento – entra, esse – fora. Minha irmã [Zinaída Sokolova, que conduzia o exames] fez diferente, foi mais sábia. Em primeiro lugar, ela rejeitou todos os que não tinham atributos cênicos e ficou com os que tinham alguma habilidade. Mais uma prova. Sobraram perto de mil pessoas, com as quais durante três meses todo o corpo docente trabalhou. Eles não apenas os examinaram, estudaram-nos e escolheram vinte pessoas para a seção de Arte Dramática e cerca de vinte para a de Ópera.[62]

Com apenas dezessete anos, Aleksándr Guinzburg[63] seria um dos trinta selecionados da seção de Arte Dramática, entre os

---

61 Ibidem.

62 K. Stanislávski, *Sobránie Sotchinéni v 9 Tomakh*, t. 9, p. 584-585.

63 Aleksándr Arkádievitch Guinzburg (1918-1977), um dos alunos selecionados para o Estúdio de Ópera e Arte Dramática em 1935. Alguns anos mais tarde, adotaria o pseudônimo de Gálitch, fazendo carreira como um dos "bardos" de mais sucesso da URSS. Sairia do Estúdio após a morte de Stanislávski.

3.500 iniciais. Em sua autobiografia, Gálitch recorda-se, no entanto, dos exames de admissão para o Estúdio:

Como eu podia, agora, depois de ver o anúncio sobre a prova de seleção para o Estúdio de Konstantin Serguêevitch Stanislávski, me conter e não fazer a minha inscrição?! Verdade, eu não tinha ainda dezessete anos, mas isso não me incomodava muito, já que minha inscrição foi imediatamente aceita e marcaram o dia quando eu deveria aparecer para a primeira prova.

Se, como disse, entrei para o Instituto de Literatura de modo relativamente fácil, precisei aguentar bastante a ansiedade e o medo durante as provas para o Estúdio.

A competição era enorme – cem candidatos por vaga. As provas torturantes aconteciam em quatro fases e, além disso, a cada nova fase a banca examinadora era composta de gente mais e mais famosa e rigorosa.

Na terceira e penúltima fase estava na banca Leonid Mirônovitch Leonidov[64], grande ator de teatro e pedagogo, famoso por sua interpretação de Mítia Karamázov.[65]

Finalmente, em 29 de setembro de 1935, o Estúdio de Ópera e Arte Dramática abria suas portas aos alunos pela primeira vez. Foi marcada uma noite de festa para celebrar a ocasião, onde estariam presentes todos os alunos recém-selecionados, os pedagogos, os assistentes e os funcionários do Narkompros que haviam possibilitado a criação do estúdio. A única peculiaridade: sem a presença de Stanislávski.

---

64 Leonid Mirônovitch Leonídov (1873–1941), ator do TAM desde 1903, considerado brilhante no papel de Mítia Karamázov, na montagem de Stanislávski de *Os Irmãos Karamázov*, de 1910.

65 A. Gálitch, op. cit., p. 345.

A Abertura do Estúdio de Ópera e Arte Dramática

Desde que sofrera um infarto em 1928, durante uma das apresentações de *O Jardim das Cerejeiras*[66], Stanislávski alternava períodos de trabalho com períodos de descanso em sanatórios mais ou menos afastados de Moscou. Numa carta enviada a Sokolova, logo antes da cerimônia de abertura do Estúdio, enquanto repousava na vila de Stréchnevo diz que, por causa da saúde, não poderia "voltar a Moscou antes de 1º de outubro. Em hipótese alguma devemos adiar a abertura do estúdio: não se pode começar uma coisa cancelando-a"[67].

Assim, transmite a seguinte carta a ser lida por Sokolova para os presentes:

Querida Zina!

Por causa do apartamento e da saúde não poderei voltar à Moscou antes de 1 de outubro. Em hipótese alguma devemos adiar a abertura do estúdio: não se pode começar uma coisa cancelando-a. Fico triste de não poder estar com você nesse dia, que não poderei te abraçar e parabenizar por essa conquista, esse resultado importante, que é fruto de seu longo, maravilhoso, produtivo e talentoso trabalho. Fico triste de não poder me apresentar à nossa juventude nova e graciosa. Mas o pior é que estou deixando uma boa oportunidade de expressar nosso agradecimento geral ao nosso governo e a todo o Narkompros, nas figuras de A.S. Búbnov, M.P. Arkádiev, M.S. Epstein, P.I. Novítski, V.Z. Radomíslenski, Z.N. Podberezina e todos os que tornaram possível, com prontidão especial, a abertura do estúdio.

Gostaria de expressar pessoalmente como nós apreciamos as preocupações do governo e do Narkompros, [que]

---

66 E. Vássina; A. Labaki, *Stanislávski: Vida, Obra e Sistema*, p. 67.
67 K. Stanislávski, *Sobránie Sotchinéni v 9 Tomakh, t. 9*, p. 624.

preocupam-se tocantemente com os teatros, com nossa arte, com os novos e velhos quadros. Tudo isso é muito importante e tocante, especialmente quando olha-se para o Ocidente, quando até hoje exige-se do teatro coisas impossíveis.

Espero ainda poder conversar muito e longamente com os assistentes e alunos.

Mas hoje, no primeiro dia de nossa existência eu gostaria de fixar em suas jovens memórias algumas ideias importantes que agora me vêm à cabeça.

O que lhes desejo?

Em primeiro lugar – entender (ou seja, sentir fortemente, também) para o que nosso governo os conclama e o que se espera deles nesse momento histórico, em que apenas os heróis têm direito à vida. Devem servir a todos como modelo, em todos os sentidos. Devem transformar-se nos artistas de que nosso país precisa: artistas soviéticos, no sentido mais elevado e nobre. Devem compreender não apenas o presente e o futuro, mas devem também conter em si todo o passado, pois logo não haverá mais tempo para isso: os velhos que sabem falar sobre o passado começam a nos deixar, um atrás do outro. A juventude deve entender o que é a arte coletiva, o que é um camarada – na prática em que todos encontram-se unidos por uma grande e comum ideia social e artística. A disciplina, a união e o entendimento mútuo em função de uma ideia fundamental.

Desejo que todos os alunos e diretores do estúdio orientem-se apenas pelas *grandes* ideias e que tenham medo dos objetivos pequenos, comezinhos, pessoais.

Desejo o quanto antes que aprendam a amar a arte em si, e não a si na arte.

Que não se esqueçam que, da mesmíssima forma com que eles agora desejam a arte, o teatro, o espectador deseja a arte autêntica todos os dias. Que não troquem o pão por pedras. Que aprendam a entender a arte pura e a diferenciá-la da falsificação.

Estão me apressando aqui, devo finalizar. Abraços em todos, meus sinceros parabéns e – ao trabalho!

A todos, todos, todos os funcionários da administração, os servidores, todos os participantes de nossa novidade e seus patrocinadores, uma saudação de coração e também um parabéns.

Desculpe escrever tão apressado. Tenho medo que não haja outra ocasião. Estou mandando com Liubov Dmírevna [Dúkhovskaia, sua enfermeira]. Confio totalmente nela e estou mandando a carta sem envelope, pois não achei nenhum.

Abraços e parabéns.

Kóstia.

Diga a todos os presentes que eu escrevi. Se quiser ler, dê uma redigida. Não tenho tempo de fazê-lo.

Kóstia.[68]

Stanislávski partiria de Stréchnevo a Moscou no dia 15 de outubro. Numa carta ao seu filho Ígor, Maria Lílina diz que isso aconteceu "a despeito do maravilhoso clima" e "principalmente porque no dia 16 foi marcada, em nossa casa, uma 'festa de mudança' do novo estúdio de seu pai"[69].

Uma segunda festa de abertura do Estúdio havia sido marcada para o dia 16 de outubro de 1935, desta vez com a presença de Stanislávski. Nela, os alunos recém-selecionados mostram alguns études a Konstantin Serguêevitch, e depois é servido um jantar, onde figura a presença do *narkom*[70] A.S. Búbnov. O jornal *Arte Soviética* do dia 23 de outubro escreve: "No dia 16 de outubro aconteceu, na casa de K.S. Stanislávski, uma apresentação do grupo de alunos selecionados para o Estúdio de Ópera e Arte Dramática [...] dirigido por esse

---

68 Ibidem.
69 Apud I. Vinográdskaia, *Stanislávski: Létopis*, v. 4, p. 343.
70 Abreviação de *naródni komissár* (comissário do povo). No caso, Búbnov era a figura máxima do Narkompros.

O Último Estúdio de Stanislávski

artista do povo. [...] A demonstração de trechos de obras pelos alunos causou uma impressão enorme nos presentes."[71]

Já Lílina comentaria o evento com seu filho Ígor com um pouco menos de entusiasmo: "A festa foi ótima, apresentaram-se os melhores alunos, ou seja, mostraram material cru, já que ainda não tiveram tempo de aprender nada. Tinha muita gente influente, depois foi servido um jantar grandioso."[72]

Dessa forma, foram abertos finalmente os trabalhos do Estúdio de Ópera e Arte Dramática. A primeira aula de Stanislávski com os estudantes de ambas as seções (de Ópera e Arte Dramática, respectivamente) ocorreria no dia 15 de novembro daquele ano, ou seja, um mês depois.

---

71 Apud I. Vinográdskaia, *Stanislávski: Létopis*, v. 4, p. 343.
72 Ibidem.

O Trabalho de Stanislávski no Estúdio de Ópera e Arte Dramática

Quando Stanislávski encontrou-se pela primeira vez com os alunos do Estúdio de Ópera e Arte Dramática, em 15 de novembro de 1935, as aulas já haviam começado fazia um mês e meio. Desde 29 de setembro, data da abertura oficial do Estúdio, os alunos e pedagogos-assistentes já trabalhavam "a todo vapor" em aulas diárias de longa duração. De fato, o Estúdio contava, para além de Stanislávski, Sokolova, e dos onze assistentes, com um corpo docente de mais de 36 pedagogos em diferentes disciplinas, que iam de História do Teatro a Acrobacia e *Plástika*, algo que chamaríamos, hoje em dia, de "expressão corporal". É essa estrutura gigantesca que permite Vinográdskaia chamar o Estúdio de "instituição superior de educação teatral"[1], ainda que, em nossa opinião, a denominação não seja de todo precisa[2].

O trabalho de Stanislávski no Estúdio de Ópera e Arte Dramática está documentado em 48 estenogramas guardados no Fundo Stanislávski, no Museu do Teatro de Arte de Moscou. Esses estenogramas podem, *grosso modo*, ser divididos em dois períodos. O primeiro período vai de 30 de março de 1935 a 13 de dezembro de 1935, e cobre tanto a preparação prévia dos pedagogos assistentes antes do início

---

1 Ver I. Vinográdskaia (org.), *Stanislávski Repetíruiet*, p. 431-432.
2 A análise dos materiais do Estúdio mostra, por exemplo, que apesar de contar com um corpo docente de mais de cinquenta professores, o Estúdio permaneceu sem um programa pedagógico definido até 1937. Ver KS 21170, no primeiro apêndice a este trabalho, por exemplo.

das aulas, quanto o primeiro semestre letivo do Estúdio. Em seguida, há uma lacuna de cerca de um ano, e a documentação taquigráfica das aulas é retomada apenas em 27 de abril de 1937, seguindo de maneira mais ou menos contínua até 22 de maio de 1938. Na segunda série de estenogramas, que mostra a retomada das aulas com Stanislávski depois de um ano de ausência por recomendações médicas, vemos o desenvolvimento de um novo procedimento na abordagem da peça e do papel. Esse trabalho, que abordaremos com mais detalhes no próximo capítulo, é dedicado aos ensaios, com os pedagogos e alunos das peças *Hamlet, O Mal de Pensar, As Três Irmãs, Romeu e Julieta* e *Os Filhos de Vaniúchin*.

O intervalo de tempo entre novembro e dezembro de 1935, como pudemos observar a partir da análise dos estenogramas, fornece as bases para esse trabalho posterior. Trata-se, em primeiro lugar, de um momento em que Stanislávski gozava de saúde relativamente boa, e isso se expressa na quantidade de encontros com os alunos e pedagogos do Estúdio (além do que, como claramente indicam os estenogramas, ele movimentava-se bem a ponto de mostrar para os alunos a execução correta dos exercícios). Para se ter uma ideia, apenas nesse período, contabilizamos catorze encontros apenas com a seção de Arte Dramática, contra quinze em todo o ano de 1937 e de 8 de janeiro a maio de 1938. Em segundo lugar, é quando são desenvolvidos, com os pedagogos-assistentes e os alunos, os exercícios e procedimentos básicos de treinamento, que possibilitariam mais tarde uma nova maneira de abordar a peça e o papel. Tentaremos, neste capítulo, mostrar alguns deles, que nos parecem mais significativos.

Desse primeiro período das aulas há uma série de cinco estenogramas iniciais que compreendem o período de 30 de maio a 11 de novembro, isto é: as aulas que acontecem no intervalo entre o decreto que criara o Estúdio e o início dos encontros de Stanislávski com os alunos selecionados. Essa sequência de documentos cobre os encontros preparatórios mantidos com o grupo de pedagogos-assistentes.

Chamamos esta série, que apresentaremos a seguir, de *período de preparação do corpo pedagógico*. Ela, por sua vez, pode também ser dividida em duas partes. Os dois primeiros encontros acontecem em 30 de maio e 6 de junho de 1935, e mostram as reuniões de Stanislávski com os assistentes ainda antes dos exames de admissão para o Estúdio (que ocorreram, como mostramos no capítulo anterior, entre julho e agosto daquele ano). Ao nosso ver, essas aulas contêm, em germe, algumas posições importantes que são necessárias para o entendimento da prática pedagógica de Stanislávski no Estúdio de Ópera e Arte Dramática.

A Preparação do Corpo Pedagógico

Os pedagogos-assistentes do Estúdio de Ópera e Arte Dramática eram onze pessoas que estudaram com Zinaída Sokolova desde a metade dos anos 1920 e que, segundo Stanislávski, ela havia adestrado completamente no Sistema[3]. No entanto, algumas correções deveriam ser feitas, em relação à maneira de abordar o Sistema na prática das aulas. De fato, a primeira formulação do método de trabalho sobre o papel, ou seja, precisamente aquela em que os assistentes haviam sido "completamente adestrados" ia "de dentro para fora", ou seja, da emoção à ação. Nesse procedimento, que tivera sua primeira exposição pública ainda na década de 1920, numa série de palestras proferidas por Stanislávski no Estúdio do Bolshói[4] o processo de ensaios era dividido em quatro partes: o período de conhecimento (*poznavánie*), o período da experiência do vivo (*perejivánie*), o período da encarnação ou corporificação (*voploschênie*)

---

3   Como atesta a carta a Elizabeth Hapgood, de 20 de dezembro de 1936. (Ver citação, supra p. 50.)
4   G. Kristi; V. Prokófiev, Prefácio, em K. Stanislávski, *Sobránie Sotchinéni v 8 Tomakh*, t. 4, p. 31. Essas conversas foram cuidadosamente anotadas pela atriz Conkórdia Antárova, e editadas posteriormente em: C.E. Antárova, *Besêdi K.S. Stanislavskogo v Studii Bolchogo Teatra v 1918-1922 gg.*

e o período da ação (*vozdéistvie*). Isso tudo era feito à mesa, ou seja, antes de começar o trabalho prático dos ensaios. Aqui, a análise psicológica interior da peça e do papel trazia os elementos mais relevantes para Stanislávski. Pedaços e tarefas volitivas (*Kuski i volevíe zadátchi*), o "querer" (*khoténie*) e a experiência do vivo gerada através da memória afetiva[5] (*Perejivánie tcherez affektívnuiu pámiat*) eram elementos dos quais o ator deveria se apropriar cuidadosamente antes de ser liberado ao palco.

Assim, datada de 30 de maio de 1935, a primeira aula com os assistentes é dedicada à crítica do procedimento anterior de trabalho sobre a peça e o papel. Dirigindo-se aos futuros pedagogos do Estúdio, diz Stanislávski:

> Antes, tentávamos lembrar das emoções que haviam aparecido em ensaios anteriores. Mas acontece que hoje estou com um humor, amanhã, com outro. Hoje chove, amanhã fará sol, hoje comi uma bisteca, amanhã mingau. As emoções não se fixam, e a violência sobre a emoção leva o ator à canastrice, ao artifício.[6]

A ação enquanto elemento do *sentir-a-si-mesmo* cênico[7] ganhara centralidade no pensamento de Stanislávski havia alguns anos. Em 1930, ou seja, cinco anos antes do início das atividades do Estúdio, começara a rever a ordem dos ensaios descrita anteriormente, das "tarefas volitivas". Na França, recuperando-se do infarto sofrido dois anos antes em cena, desenha um plano de encenação para *Otelo*,

---

5 Mais tarde o termo *memória afetiva* (*affectívnaia pamiat*) será mudado para *memória emocional* (*emotsionalnaia pamiat*). Sobre o assunto e apropriação ocidental do termo, ver o livro de Serguei Tcherkásski, *Masterstvó Aktióra*.

6 KS 21137.

7 O "esquema-pulmão", gráfico articulado do Sistema que Stanislávski cria para o segundo volume de *O Trabalho do Ator Sobre Si Mesmo*, (*Sobránie Sotchinéni v 8 Tomakh*, t. 3, p. 360) ilustra os "elementos do Sistema", elementos mobilizados conscientemente para a obtenção do sentir-a-si-mesmo cênico, ou criador, que por sua vez colocava o ator no "limiar do subconsciente". Há uma ilustração similar do esquema na aula de 30 de maio de 1935 (ver Figura 2, infra p. 159).

espetáculo que era simultaneamente ensaiado em Moscou por um de seus assistentes, Iliá Sudakov. Ali, apartado da prática dos ensaios, Stanislávski começa a desenvolver a ação como elemento central do trabalho do ator sobre o papel. Ao instruir Sudakov, escreve sobre a importância do "que [o ator] fará fisicamente, ou seja, como irá agir (e não mais vivenciar [*perejivát*], que Deus os impeça de pensar na emoção nesse período [inicial]) mediante as circunstâncias dadas?"[8]. Essa concepção, no entanto, poderia ser verificada e desenvolvida na prática apenas no Estúdio de Ópera e Arte Dramática. Voltando à aula de 30 de maio de 1935, lemos:

> Antes, enchíamos a cabeça do ator com um monte de aulas sobre a época, o cotidiano etc., em resultado das quais o ator entrava em cena com a cabeça cheia e não conseguia fazer nada. Não nego a necessidade de estudar a época, a história etc., mas, antes de mais nada devemos partir da ação. *Nisso está a base* de nossa arte. Ato, ação, drama – tudo isso vem da palavra grega para "agir".[9]

Com essas ações, afirma Stanislávski: "É preciso criar uma linha ininterrupta de acontecimentos, [...] uma linha de acontecimentos análoga à linha da vida."[10] Em contraposição à "linha interior", das "tarefas volitivas", era necessário despertar os pedagogos para a "Ação Verdadeira", e não a "representação". Segundo Stanislávski, a ação verdadeira precisa ser descoberta e emendada numa "série de tarefas cumpridas, que cria assim a Linha da Ação Física". "Assim que o ator sente a verdade da linha exterior, imediatamente aparece para ele a linha interior".

---

8   K. Stanislávski, *Rejissiórke Ekzempliáry K.S. Stanislavskogo, t. 6: Piésa v. Shakespeare'a "Otello"*, p. 37. Segundo E. Vássina; A. Labaki, *Stanislávski: Vida, Obra e Sistema*, p. 70: Iliá Sudakov "não tinha talento e inteligência suficientes para realizar a partitura de encenação de Stanislávski", o que levou o espetáculo a um fracasso absoluto, tendo sido retirado do repertório após dez apresentações.
9   KS 21137.
10 Ibidem.

A reorientação da abordagem pedagógica do Sistema e seu foco na ação fica ainda mais clara quando lemos o segundo estenograma, ou seja, a aula proferida por Stanislávski em 6 de junho de 1935. Essa aula começa com um episódio curioso. Na descrição de Novítskaia em suas memórias, o dia estava quente e ensolarado, Stanislávski entra na sala e pede que um dos pedagogos lhe ensine sobre o Sistema, "uma aula sobre os elementos do *sentir-a-si-mesmo cênico*"[11]. Depois de uma certa surpresa por parte dos alunos –"o pavor que despertava dar uma aula sobre o Sistema para o seu criador!"[12] –, o grupo diz que prefere escolher um dos elementos e dissertar sobre ele. Assim, uma das alunas levanta-se e começa a dissertar sobre o elemento da comunicação.Depois de ouvir pacientemente a aula teórica, Stanislávski diz:

> Eu nunca dei palestras assim e considero fazê-lo prejudicial. Cada uma dessas verdades que você juntou num amontoado só é gigantesca, e para entender uma só que seja já são necessárias muitas aulas. Não se pode tagarelar uma palestra da maneira como vocês fazem, é preciso que cada uma dessas verdades conduza o aluno por si mesmo, com base nas aulas práticas e em seu direcionamento, ainda que vocês falem bem. Você acabou de expor algo que foi o objeto de meu trabalho nos últimos cinquenta anos, e mesmo assim, admito sinceramente: não entendi nada do que disse.[13]

Depois de afirmar, em seguida que "É possível dar muitas e muitas palestras sobre a arte. Mas não precisamos disso. Não precisamos [ilegível] afogar os alunos com termos, não podemos ter essa abordagem formal", ele prossegue, enfatizando as mudanças teóricas feitas no Sistema nos últimos anos.

11 L. Novítskaia, *Uróki Vdokhnovénia*, p. 49.
12 Ibidem.
13 KS 21138.

É interessante notar que aqui toda a aula é direcionada à prevenção da teorização excessiva, demasiado científica, por parte dos futuros pedagogos:

> Vocês comem uma bala e deliciam-se com ela por três minutos, no máximo. Mas se eu lhes pedisse que escrevessem sobre isso, vocês me viriam com toda uma brochura, cheia de termos. Deem essa brochura aos alunos de vocês, e depois façam com que eles comam a mesma bala. Eles vão sufocar com ela! É isso o que vocês estão fazendo. Vocês vão encher a cabeça dos alunos com palestras e depois pedirão que façam os exercícios. Tudo ficará confuso nas cabeças deles e eles se perderão. Além do mais, suas aulas não devem ter esse caráter de palestra, tudo deve ser feito a partir das ações simples, façam com que os alunos realizem ações simples, que eles busquem nelas tudo o que precisam através de perguntas condutoras feitas a vocês. As verdades que devem ser apropriadas até o fim pelo aluno não são tantas. Num sistema de palestras entra o palestrante, joga um monte de termos para os alunos, e depois deles não resta nada nas cabeças dos alunos.[14]

Em seguida, Stanislávski passa a descrever a abordagem que deve ser utilizada no trabalho com os alunos:

> Quando fizerem exercícios, façam não pelos próprios exercícios, mas por seu significado. Não usem os termos. (Os termos que inventei não possuem significado científico algum). [...]
> Para que possam ensinar como eu quero que façam, vocês precisam de exemplos, exemplos e exemplos. Precisam de exemplos condutores, para que o aluno entenda o que o pedagogo está exigindo dele. Para que o aluno possa compreender

14 Ibidem.

organicamente, o pedagogo deve possuir uns vinte mil novos exercícios guardados na reserva.[15]

Ou seja, no trabalho com os alunos, era necessário priorizar a experimentação prática, colocando a teorização dos elementos do Sistema em segundo plano. Trata-se, a nosso ver, de uma posição de princípios: a ação como elemento central não apenas da abordagem do material dramático, mas também da prática pedagógica em si[16].

Os três últimos estenogramas referentes à preparação do corpo pedagógico do Estúdio datam de um momento posterior, e confirmam essa posição. Contendo as aulas de 5, 9 e 11 de novembro de 1935, eles atestam sobre o período que inicia após os exames de admissão e antecede o primeiro encontro de Stanislávski com os alunos[17]. Em outras palavras, reúne-se com os assistentes num período em que já estão em contato diário com os alunos, e vemos como ele se esforça para conduzir, mesmo de longe, o trabalho.

A primeira preocupação de Stanislávski parece ser, nesse sentido, conseguir o entendimento – da parte dos pedagogos-assistentes – de que a criação de um senso de ética e disciplina nos alunos recém--chegados era essencial para o trabalho do Estúdio. Ele diz, por exemplo, na aula de 5 de novembro, aos pedagogos:

> Precisamos conseguir que os alunos entendam bem o que é a arte coletiva. Precisamos conseguir que a visão de mundo correta seja trabalhada neles. Sem isso, pode acontecer o seguinte: entra um ator para os agradecimentos, recebe um monte de

15 Ibidem.

16 A página oito do caderno de Diários de Stanislávski, datados de 1912 a 1938, mostra uma tentativa de Stanislávski de encaixar-se no novo sistema de ideias: "A máxima comunista: o ser determina (não o pensamento, mas uma outra palavra). Meu sistema corresponde à máxima, já que eu parto da vida, da prática à regra teórica." *Iz Zápisnikh Kníjek*, p. 294). Decerto, é uma anotação esparsa e inconclusiva, mas ajuda a pensar como a experiência prática tinha centralidade nas experiências de Stanislávski e de que modo ele entendia a necessidade constante de que sua prática dialogasse com a época.

17 As aulas iniciam oficialmente em 29 de setembro de 1935, mas Stanislávski aparecerá pela primeira vez somente em 15 de novembro do mesmo ano.

flores, e é o fim. Ele decide: "Sou um gênio". Uma disciplina específica deve ser trabalhada: uma vez que começamos, devemos manter a disciplina até o fim. Não deve haver nenhuma concessão, ou então a ferrugem começará a se espalhar. [...]

Se fizermos uma concessãozinha que seja no sentido da quebra da disciplina – será o fim. É preciso enraizar neles uma atitude consciente para com a disciplina. É preciso que eles se atenham ao trabalho. O trabalho é nossa vida. Quando o coletivo mantém a disciplina, então nenhum indivíduo sozinho consegue quebrá-la e estragar tudo.[18]

Podemos perceber aqui uma mudança na concepção de ética e disciplina. De fato, a disciplina era cultivada por Stanislávski desde os primeiros anos de sua formação profissional. Em *Minha Vida na Arte*, descreve o fascínio que sentiu, ao testemunhar os procedimentos de ensaio da trupe de Kroneck[19]. Da mesma forma, o segundo volume de *O Trabalho do Ator Sobre Si Mesmo* tem um capítulo chamado "Ética e Disciplina". Nele vemos uma aproximação aos conceitos, similar aos encontrados em *Minha Vida na Arte*. Vemos como é necessária uma disciplina militar, principalmente devido à complexidade do aparato teatral e, sobretudo, nas cenas coletivas, as chamadas cenas "de massa"[20]. Mesmo durante o primeiro volume de seu livro sobre o trabalho do ator podemos ver como o vocabulário militar é amplamente empregado por seus *alter egos* "professores", que referem-se frequentemente aos alunos como "pelotão", "batalhão" e ao treinamento como "adestramento"[21]. O trecho acima citado, da aula de 5 de novembro, apesar das aparências, mobiliza um outro conteúdo para o conceito de disciplina. Sobre a mesma aula, relata Novítskaia:

---

18 KS 21139.
19 Veja-se, por exemplo, capítulo "Meiningerianos" em *Sobránie Sotchinéni v 9 Tomakh, t. 1* (Minha Vida na Arte), p. 129.
20 *Sobránie Sotchinéni v 8 Tomakh, t. 3*, p. 237.
21 Veja-se, por exemplo, Linha de Tensão dos Motores da Vida Psíquica, *O Trabalho Do Ator Sobre Si Mesmo, v. 1*, em que Tortsóv começa chamando o corpo de alunos de "batalhão". (*Sobránie Sotchinéni v 8 Tomakh, t. 1*, p. 307.)

Que os alunos entendam que devem, [dizia Stanislávski,] juntos, ser um criador coletivo. Não precisamos da disciplina militar *anterior*, mas da consciência de que "eu não estou sozinho"; se eu quebrar a disciplina, isso prejudicará o trabalho coletivo. É preciso que os futuros atores amem seu trabalho, apoiem-se sobre ele, que entendam que essa é sua vida.[22]

É interessante comparar o trecho narrado no livro de Novítskaia com a sua transcrição direta, no estenograma:

É preciso que vocês não amem a si mesmos na arte, mas a arte em vocês. Entendam, todos, que é preciso ser um criador coletivo. Não precisamos da disciplina militar antiga, mas outra completamente diferente, consciente, fundada numa posição firme: 'Eu Sou'. E se eu quebrar essa disciplina – estou exterminando meu próprio batalhão.[23]

Ou seja, não a disciplina militar anterior, mas uma outra, trazida por uma consciência de que não estou sozinho, isto é, que o trabalho coletivo depende de mim.

Comparemos mais uma vez com o capítulo "Ética e Disciplina", em que curiosamente encontramos uma explicação para a necessidade de uma ética e uma disciplina graças ao grau de complexidade e periculosidade do aparato teatral. Em outras palavras, se não tiver disciplina para o trabalho coletivo, posso causar um acidente enorme – o exemplo é o de um refletor que cai e mata um ator, por descuido do técnico de luz[24]. Aqui, ao contrário, a necessidade de uma ética, muito mais que de uma disciplina, se dá porque existe um compromisso e uma concepção coletiva do trabalho artístico.

22 L. Novítskaia, op. cit., p. 54. (Grifo nosso.)
23 KS 21139.
24 Ver *Sobránie Sotchinéni v 8 Tomakh, t. 3*, p. 239.

Essa mudança, segundo Stanislávski, advinha da simples resposta a ser buscada por ele junto com os alunos à seguinte pergunta: "para que eu existo?"[25]

É ele mesmo quem fornece pistas, extraindo de suas lembranças a resposta à primeira pergunta que os alunos e pedagogos deveriam responder para o trabalho do Estúdio:

> Lembro-me quando em Leningrado saí às duas horas da manhã e vi fogueiras, uma multidão... Era noite, fazia 25 graus! As pessoas estavam na fila para comprar ingressos para o nosso teatro. Nesse momento eu entendi muita coisa. Nós entrávamos em cena de qualquer jeito, e atuávamos para pessoas que não haviam dormido à noite para conseguir ingressos para o nosso teatro.[26]

Esse exemplo é repetido algumas vezes nas aulas durante o ano de 1935[27]. Com ele, Stanislávski conceitua a supertarefa, que, como víamos desde o período dos planos sobre a Academia, deveria estar presente em todos os mínimos exercícios, e, além disso, traz antes de tudo um componente ético. Ao responder com um exemplo pessoal de cunho ético à pergunta "para que existo [no teatro]?" pede um compromisso com o mesmo, possibilitando a criação de uma lógica de trabalho coletivo baseado na confiança, e não na coerção.

A próxima aula, de 9 de novembro, continua no tema da preparação prática dos pedagogos para o trabalho com os alunos. Aqui as questões dos procedimentos pedagógicos são exploradas de forma mais concreta. Após um breve lembrete de que "cada elemento [do Sistema] é igualmente importante", Stanislávski começa a falar sobre as necessidades concretas do trabalho com cada aluno:

> Vocês sentem que os alunos, por sua inexperiência, têm algo de valioso. É a espontaneidade deles! Como manter essa espontaneidade? Não tenho a experiência necessária com isso. Eu

---

25 KS 21139.
26 Ibidem.
27 Por exemplo, na aula de 17 de novembro de 1935, infra p. 191 (KS 21144).

não tenho acompanhado os alunos e por isso estou falando com vocês. Aqui precisamos encontrar a abordagem: com um de uma maneira, com outro, de outra.[28]

Em seguida, vemos que ele volta a enfatizar a prática: "Trabalhem com eles primeiro praticamente, e depois expliquem: 'isso é por causa disso', 'isto é assim', mas por enquanto não deem atalhos para eles. E apenas depois vocês nomeiam as coisas com seus devidos nomes. Talvez assim seja melhor." Para Stanislávski, era necessário "fazer desses alunos atores que entrem em cena para agir, e não para representar"[29].

Além disso, nessas aulas, Stanislávski trabalha também diretamente com os pedagogos, pedindo que realizem, eles mesmos, os exercícios que davam para os alunos. Assim, vemos que tanto em 5 quanto em 9 de novembro a conversa mais direta sobre a pedagogia é sucedida por comentários a exercícios feitos em sala pelos próprios pedagogos, em ambos os casos, no que diz respeito ao treinamento da fala cênica.

Tratava-se de uma dupla tarefa. Ao mesmo tempo que precisava preparar os assistentes-pedagogos para a lida com os alunos, Stanislávski precisava adequar as percepções dos mesmos sobre o próprio Sistema.

A última aula antes do primeiro encontro de Stanislávski com os alunos é a de 11 de novembro de 1935. Nela, dedica-se a duas coisas: a linha das ações físicas e sua ligação com a criação subconsciente.

Mais adiante detalharemos mais o conceito de subconsciente e sua mobilização para a prática do Estúdio. Por enquanto, podemos apenas notar como Stanislávski coloca todo o seu Sistema subordinado à criação subconsciente, uma espécie de "oceano da criação artística" no qual o criador deve trabalhar para chegar. Logo na abertura da aula, diz que todo o Sistema "existe para, através da técnica consciente, causar a criação subconsciente, e, assim, fazer com que nossa natureza comece a agir, já que a natureza é a melhor artista"[30]. "Tudo o que fazemos

28 KS 21140.
29 Ibidem.
30 KS 21141.

é", afirma ele, "para nos aproximarmos dos restantes 9/10, do Sistema 'com letra maiúscula', da criação subconsciente. Tudo é para isso."

A imagem do "oceano do subconsciente", segundo Tcherkásski tirada por Stanislávski do Hatha Yoga, aparece então pela primeira vez na prática do Estúdio:

> Para pisar no limiar [do subconsciente] é preciso conduzir-se ao subconsciente. Vocês chegam à margem do oceano-subconsciente; uma onda os molha até as canelas, depois outra até os joelhos, e enfim uma onda os leva ao oceano e, depois, os atira à margem de novo.[...]
>
> O sentir-a-si-mesmo, a supertarefa e a ação transversal corretos conduzem-nos ao limiar do subconsciente. É preciso firmar-se no limiar, enquanto nadar no mar será nosso objetivo final. É preciso falar constantemente aos alunos qual é seu objetivo final, é preciso lembrá-los de que o objetivo final é conduzi-los ao subconsciente.[31]

Em seguida, Stanislávski passa a assistir études apresentados pelos pedagogos. Aqui também podemos ver que ele direciona a atenção de seus alunos para a criação subconsciente. Uma das alunas, por exemplo, apresenta um exercício onde manipula um objeto imaginário. Os comentários de Stanislávski terminam com: "Quanto mais calma você encontrar, mais [estará] perto do limiar do subconsciente." Ou, então, para outro: "Um simples relaxamento muscular pode levá-los ao limiar do subconsciente". Ou, ainda, por fim: "Quando você age ultra-naturalisticamente, chega ao subconsciente."[32]

Os exercícios que Stanislávski conduz com os pedagogos para que eles cheguem ao "limiar do subconsciente" são de "ações sem objetos", ou "ações com objetos imaginários". Esses exercícios, parte central da prática pedagógica no Estúdio entre 1935 e 1936, estavam presentes, como vemos, desde a preparação dos pedagogos. O procedimento é,

31 Ibidem.
32 Ibidem.

de certa forma, uma tentativa de trazer concretude a uma posição que amadurecera em Stanislávski desde o início, na década de 1930, ou seja, a de que a ação era o elemento central da técnica do ator. As ações físicas simples – no exercício dos objetos imaginários – eram, assim, "testes" para a composição do que ele começava a chamar de "linha da vida do corpo humano". É precisamente em ligação a esse conceito que ele mostra a necessidade desses exercícios. Assim, por exemplo, quando perguntado sobre "como trabalhar em casa", responde ele: "Vocês devem pegar a linhas das ações físicas simples e elementares. É possível e necessário trabalhar a linha da vida do corpo humano em casa. Ainda assim, não quebrem a lógica da ação física."[33]

Essa "linha da vida do corpo humano" seria, precisamente, o primeiro passo para a criação da "linha da vida do espírito humano", algo que, segundo Stanislávski, podia ser criado apenas a partir da criação subconsciente, afirma ele: "Repito: se vocês atuarem a vida do corpo humano de Hamlet, de Otelo corretamente, então vocês atuarão a vida do espírito humano."[34]

O período de trabalho com os pedagogos-assistentes revela o caráter de experimentação na prática de Stanislávski. Aqui ele reorienta todo o Sistema, tanto o método de criação do papel como a abordagem prática das aulas e ensaios para a ação, que deve ser realizada antes de ser teorizada ou entendida.

Na aula de 6 de junho de 1935, por exemplo, diz ele:"Continuem fazendo tudo como faziam, enquanto não disserem a si mesmos: 'não vou mais fazer isso assim'. Não tenham medo de mudar. Confundam-se, percam-se, isso é a criação, isso é a busca."[35] Ou seja, os pedagogos-assistentes, não obstante suas críticas, devem continuar ensinando como já faziam, e que ali, no Estúdio estavam apenas "fazendo testes, podemos mudar e continuar a buscar"[36]. Na aula de 5 de novembro, ele volta ao tema: "Se eu estiver com saúde, poderei

33 Ibidem.
34 Ibidem.
35 Ibidem.
36 Ibidem.

trabalhar com vocês o quanto for preciso. [...] Meu papel é mostrar qual é o *objetivo* de vocês. Vamos buscar juntos esse objetivo, num esforço conjunto."[37] Ou seja, tratava-se, de fato, de preparar um campo experimental, um verdadeiro laboratório onde ele e seus pedagogos pudessem testar, mudar e continuar a buscar, em suas próprias palavras. Em nossa opinião esse ponto fica ainda mais claro quando olhamos para as aulas de Stanislávski com os alunos, nos meses finais de 1935.

Alguns Elementos da Prática Pedagógica de Stanislávski no Estúdio

A primeira aula de Stanislávski no Estúdio com os trinta alunos das seções de Ópera e Arte Dramática aconteceu em 15 de novembro de 1935. Como dissemos, há registro de catorze encontros de Stanislávski com os alunos da seção de Arte Dramática entre 15 de novembro e 23 de dezembro de 1935. Selecionamos, do período, três estenogramas: as aulas de 15 e 17 de novembro e a de 5 de dezembro, que foram integralmente traduzidas e compõem a segunda parte deste livro. Em nossa opinião, são documentos que exemplificam a totalidade dos procedimentos pedagógicos utilizados por Stanislávski no período de preparação dos alunos para a criação conjunta, um ano mais tarde, de uma nova abordagem do trabalho do ator sobre o papel.

Nos dois primeiros encontros, em 15 e 17 de novembro, podemos notar que Stanislávski volta à questão da "ética e disciplina", que havia trabalhado na orientação pedagógica dos assistentes. Aqui, no entanto, é possível notar claramente que há uma distinção feita entre ética e disciplina. A primeira retoma a necessidade de uma construção coletiva, melhor dizendo, a urgência do engendramento

---

37 KS 21139.

de um criador coletivo. Ele abre o encontro de 15 de novembro com as seguintes palavras: "Vocês começam a estudar uma arte coletiva. Vocês devem fundir-se completamente em um coletivo. É preciso resguardar a causa comum coletivamente. Aprender isso significa reeducar-se como ser humano e como artista."[38]

Em primeiro lugar, para Stanislávski, está assim colocado um imperativo ético: fundir-se num coletivo. Ele diz que, ao contrário dos outros artistas, que criam individualmente, "vocês [...] estão amarrados ao coletivo, em seu trabalho"[39]. Ou, ainda: "Um cantor depende do maestro, e o ator dramático depende de seu parceiro de cena."[40] Ou seja:

> Vocês devem fundir-se completamente, devem entender o que significa a arte coletiva e quais as coisas positivas e negativas, nela. Se não adquirirem essa consciência, o coletivo não fundido se quebra, e podem começar toda a espécie de vulgaridades, a partir da impossibilidade de resguardar a causa comum. Nós devemos estar convencidos de que toda a nossa energia vai ser utilizada para que [essa] nossa causa não se dissipe.[41]

Na aula de 17 de novembro, consta uma informação interessante sobre suas concepções acerca do Estúdio, num trecho onde diferencia coletivo de teatro: "Não preciso dizer que hoje em dia há muitos coletivos, mas que eles não existem como coletivos, e sim como teatros."[42] Nesse sentido, há, para Stanislávski, uma diferença fundamental entre um organismo teatral direcionado para a produção de espetáculos e um direcionado à criação artística. Este segundo deveria ser o coletivo do Estúdio de Ópera e Arte Dramática[43].

38 KS 21142.
39 Ibidem.
40 KS21144.
41 KS 21142.
42 KS 21144.
43 Em 8 de maio de 1937, Stanislávski publica um artigo no *Izvéstia* chamado "O Caminho da Mestria" (*Put Masterstva*), no qual desenvolve algumas de suas concepções sobre a diferença entre coletivo e teatro, ao criar dois modelos de teatro: a escola-liceu (*utchilische*), em que os alunos viriam para uma espécie de internato "aprender a sua arte", e a ▶

É interessante aqui que Stanislávski use expressões como "causa comum" (*óbschee diélo*) e "arte coletiva". Em 17 de novembro, vemos um trecho que aprofunda essa concepção: "Essa questão do coletivo é uma questão importante e complexa. É preciso não apenas entendê-la, mas senti-la. Cada um deve pensar sobre seus atos: será que a causa coletiva precisa disso que fiz? Saibam falar apenas o que não destrua a causa coletiva."[44]

Tratava-se, para ele, de uma questão cuja resposta deveria estar presente a todo o tempo. Diz ele: "O coletivo, e por que estão aqui – eis as duas questões sobre as quais vocês devem se lembrar, pensar e escrever. [...] Esquecendo-se dessa questão, assim que tiverem o primeiro sucesso, vocês deixarão de se reconhecer. [...] Antes de mais nada, vocês devem pensar sobre o fazer."[45]

Para falar sobre a disciplina, Stanislávski recorre a alguns exemplos de sua vida. Em dois momentos, volta-se ao teatro alemão, retomando a fascinação que sentira, anos antes, com a trupe do duque de Saxe--Meiningen e a sineta que começava os ensaios[46]. Assim, após pedir que os alunos disponham as cadeiras de forma que não se ouça o barulho de sua movimentação pelo espaço, observa:

> Vocês devem ter disciplina. O ator deve sentir o palco, sentir a sala. Quando fomos visitar um teatro fora do país, vimos na porta um recado: "Multa de três marcos por bater a porta." Entram os atores russos e eu ouço: "Bum, bum!" Tivemos de colocar um segurança na porta de cada camarim, e pagá-los para que não pagássemos mais caro pelas multas. Aprendam a ter disciplina já nos primeiros passos.[47]

▷ escola que se "faz fazendo" (*schkola na khodu*), em que os alunos seriam incorporados imediatamente à prática teatral como discípulos de atores ou atrizes de algum teatro. Ver K. Stanislávski, *Statí, Besédi, Písma, Rétchi*, p. 367.

44 KS21144.
45 KS 21142.
46 O caso está descrito pelo próprio Stanislávski em Meiningerianos, *Sobránie Sotchinéni v 9 Tomakh, t. 1* (Minha Vida na Arte).
47 KS 21142.

O Trabalho de Stanislávski no Estúdio
de Ópera e Arte Dramática

Em outra aula, ainda insistindo sobre a necessidade de movimentar as cadeiras sem ruído, ele se recorda de uma visita a Bayreuth, onde se encontra com a viúva de Richard Wagner:

> Mexam as cadeiras sem barulho. Cada barulho que eu ouvir – três marcos de multa, como no teatro alemão. Da última vez, eu lhes contei como a esposa do compositor Wagner me levou ao palco para mostrar como, em um minuto, sem barulho algum eles conseguiam tirar de cena um navio e colocar uma moça fiando numa roca. Ou, outro caso: era preciso tirar imediatamente de cena um monte de louças de cristal. Cada ator pegava dois copos e saía. Tudo era feito momentaneamente, em silêncio, sem ruído e sem barulho.[48]

Como exemplo de "atriz disciplinada", ele cita Sarah Bernhardt, que mesmo sem uma das pernas, fazia a peça L'Aiglon, de Edmond Rostand: "Lembro-me de como Sarah Bernhardt veio em turnê, sem uma das pernas. Ela fazia L'Aiglon. Uma técnica fabulosa. E todo dia ela fazia aulas de canto, de declamação, de esgrima. Eu a acompanhei em algumas dessas aulas. Fazia L'Aiglon com uma perna só! Isso é técnica."[49]

Ou, então, era necessária a disciplina dos músicos:

> Aprendam a sistematicidade dos cantores. Os violinistas a têm ainda mais. Uma vez estive nos Estados Unidos num baile, em que estava também Jascha Heifetz, conhecido violinista. No momento mais interessante, enquanto todos se preparavam para o jantar, Heifetz de repente deixa o recinto. Em seguida, retorna. Acontece que teria um concerto no dia seguinte, e saiu da sala de jantar para trocar o seu violino de caixa (diferentes temperaturas). Ninguém podia fazer isso por ele.[50]

48 KS 21144.
49 KS 21142.
50 Ibidem.

Esses princípios estavam conectados à concepção stanislavskiana de trabalho artístico: "O maior prazer está em trabalhar para a arte, sacrificar-se pela arte. É preciso entender claramente para que vocês vieram ao teatro."[51]

E mais uma vez ele recupera o exemplo pessoal para desenvolver o conceito de super-supertarefa na resposta à pergunta: "por que vim ao teatro?":

> Eu já lhes contei mais de uma vez como um dia, depois de um péssimo ensaio em Leningrado, eu vi na praça Mikháilovskaia muitas pessoas sentadas ao redor de fogueiras. Era inverno, estava frio. Fui ver o que era. Eram pessoas guardando lugar na fila para conseguir ingressos para o nosso espetáculo. Então pensei: O QUE poderia ter-me feito sentar, à noite, no gelo, na rua? Para conseguir o que eu o faria? E aquelas as pessoas ali, sentadas, esperando?

Ele insiste:

> Decidam: vieram ao teatro para quê? Não tenham medo de dizer o que pensam. Falem besteiras, deixem que os outros discordem de vocês, mas é preciso falar sobre isso, é preciso pensar constantemente sobre isso, porque esse é o seu motor principal, seu guia. E isso, aquilo para o qual viemos ao teatro, vamos chamar de super-supertarefa. Pensem constantemente sobre a super-supertarefa de suas vidas.[52]

A super-supertarefa era, segundo Knebel, um conceito completamente novo, introduzido por Stanislávski no trabalho nos anos do Estúdio de Ópera e Arte Dramática. Para ela, era "a ideia da visão de mundo do artista como condição imprescindível para uma arte

51 KS21144.
52 Ibidem.

O Trabalho de Stanislávski no Estúdio
de Ópera e Arte Dramática

consciente"[53]. Para Stanislávski, no entanto, como vemos no trecho acima, era a resolução da resposta "para que vim ao teatro?": uma espécie de norte ético que reorganizaria toda a prática dos atores e atrizes.

Não é por acaso que durante toda a prática do Estúdio os dois elementos fundamentais que deveriam estar postos "mesmo na menor coisa que fizerem em cena" eram a supertarefa e a ação transversal[54]. Nas aulas do Estúdio, é assim que Stanislávski explica a conexão entre esses dois elementos:

> Vocês receberam um desenho onde os elementos são representados como os tubos de um órgão[55]. Cada tubo é composto de muitas partes, conectadas pela mesma linha, como miçangas num colar. Isso lembra-nos na linha de tarefas, objetos, comunicação, adaptação, memória emocional etc., que, alinhavadas entre si, formam a ação transversal. A ação transversal tende à supertarefa, que ainda não está totalmente clara, mas que será esclarecida à medida que formos estudando a peça.[56]

Na aula seguinte, ele retoma a importância dos dois elementos da seguinte forma:

> Tudo deve conduzir à ação transversal, e através dela, à supertarefa. Agora, quando forem ler o meu livro, saibam que eu não fui capaz de começar direto da ação transversal e da supertarefa. São minhas insuficiências como escritor, e se pudesse tê-lo feito, eu o teria feito imediatamente. Por exemplo, mesmo as aulas de rítmica devem ter uma ação transversal e uma supertarefa.[57]

---

53 M. Knebel, *Análise-Ação*, p. 119.
54 Cabe observar que as ideias de supertarefa e ação transversal permeavam todos os aspectos do ensino no Estúdio e estavam presentes no pensamento de Stanislávski mesmo antes, desde o projeto de criação da Academia. (Ver, sobre isso, supra p. 37-38.)
55 Trata-se do já mencionado "esquema-pulmão". Os desenhos foram entregues para os pedagogos-assistentes, ver infra p. 159.
56 KS21137.
57 KS 21138.

No entanto, como isso se dava na prática? Para formular possíveis respostas precisamos analisar alguns procedimentos básicos que, em nossa opinião, configuram o cerne da prática pedagógica de Stanislávski nos anos do Estúdio.

O Étude

A centralidade do conceito de ação dramática era, como vimos, essencial para Stanislávski desde o início dos anos 1930. É no Estúdio, no entanto, que constrói um verdadeiro campo de experimentação com os pedagogos e com os alunos, que lança as bases de uma nova abordagem da peça, do papel e do teatro em geral, tendo a ação cênica como ponto de partida e ponto de chegada.

No Estúdio, a estrutura que permitiria a cada exercício ser permeado por uma supertarefa e uma ação transversal era a estrutura do étude. O termo, que entrara para a prática de Stanislávski já em 1888, servira, por alguns anos, para designar coisas muito diferentes entre si. Desde a formação do Sistema, ou seja, nos anos 1910-1920, a palavra era usada para designar a improvisação de uma situação. Knebel observa, em sua autobiografia, como "antes [do Estúdio de Ópera e Arte Dramática], Konstantin Serguêevitch fazia conosco études sobre os temas 'que rodeavam' a peça"[58]. No primeiro documento publicado sobre o Sistema, no artigo de Mikhail Tchékhov "Sobre o Sistema de Stanislávski", de 1918, o termo étude figura apenas como uma maneira de designar "as tarefas que o aluno deve realizar sobre os temas dados na peça"[59].

Em seu livro *O Trabalho do Ator Sobre Si Mesmo*, Stanislávski usa o termo étude para designar as improvisações que seu *alter ego* Arkádi Tortsóv propõe aos alunos. Assim, o mais famoso deles, o "étude do dinheiro queimado" é a estrutura básica de improvisação

---

58 M. Knebel, *Vsiá Jizn*, p. 267.
59 M. Tchékhov, *Literatúrnoe Naslédie, t. 1*, p. 41.

que vai se complexificando à medida que novos elementos do Sistema vão sendo apresentados aos alunos[60].

Novítskaia apresenta, em suas memórias sobre o Estúdio, uma anotação feita a partir de uma das falas de Stanislávski, que mostra o primeiro trabalho feito com os études, antes de passar à utilização do material dramático:

> Se na peça o ator materializa as concepções do dramaturgo e usa o texto do autor – era o que ele nos repetia sempre – então num étude ele é sempre tanto o dramaturgo como autor de seu próprio texto, e isso é mais fácil para o ator iniciante, já que lhe é mais próximo algo que ele mesmo criou, e ele age dentro das circunstâncias propostas criadas por ele mesmo de forma mais orgânica. Ao criar um étude, o aluno do Estúdio é obrigado a lembrar de que o étude deve ter começo, culminação e finalização, que é como se fosse uma pequena peça. Nele, é necessário um objetivo final fundamental, ou seja uma supertarefa; são esboçadas as ações transversais de cada uma das personagens, o conflito e o esquema dos episódios e fatos. Primeiro o étude inventado faz-se improvisado (uma ou algumas vezes), e depois o texto é fixado e definido.[61]

O que propõe Stanislávski com essa prática? Que a estrutura de ação básica do drama (acontecimentos, fatos, episódios, ações) seja isolada e recriada a partir do próprio aluno, num primeiro momento a partir de sua própria vontade e imaginação. De fato, como podemos acompanhar pelos estenogramas das aulas, no Estúdio, todos os exercícios deveriam converter-se em études, ou seja, deveriam possuir supertarefa, ação transversal e acontecimentos. Mas esses études, entre

---

60 Podemos conferir no já citado estenograma de 13 de outubro de 1937 (KS 21170), como o desenvolvimento dos *études* improvisados a partir dos elementos do Sistema passa a ser o principal método pedagógico dos dois primeiros anos do Estúdio, segundo o programa apresentado por Stanislávski na ocasião. O mesmo esquema está presente nas memórias de Novítskaia (op. cit., p. 53), apesar de que ela o apresenta como algo "acabado" antes do início das aulas.

61 L. Novítskaia, op. cit., p. 359.

82

1935 e 1937, continham um elemento fundamental, um exercício completamente novo que deveria ser dominado: as ações físicas.

No entanto, antes de exemplificar a prática dos études no início do Estúdio, para mostrar como servia de preparação à experimentação sobre o novo procedimento na peça e o papel, precisamos nos deter sobre esse elemento, contidos na estrutura do étude dos anos 1935-1938.

Os Exercícios de Ações Físicas
Com Objetos Imaginários

O exercício de realizar ações físicas sem objetos ou com objetos imaginários (beber água, limpar o chão, atravessar um córrego etc.) não era algo completamente novo na prática de Stanislávski. Já mencionamos o primeiro volume de *O Trabalho do Ator Sobre Si Mesmo*, que já estava quase completamente finalizado no início da década de 1930, onde o *alter ego* do Stanislávski-pedagogo, Tortsóv, conduz o Stanislávski-aluno, Nazvánov, através da lógica e da coerência das ações físicas dentro do "étude do dinheiro queimado"[62].

No Estúdio de Ópera e Arte Dramática, no entanto, o procedimento torna-se central e passa a ser o treinamento-base para as novas experimentações. Para que possamos ter uma ideia disso, na aula de 5 de dezembro de 1935, por exemplo, Stanislávski diz que, apesar de parecer que é uma "aula besta, isso [os exercícios de ações físicas com objetos imaginários] contém uma essência gigante e importante"[63]. Antes de compreender a "essência gigante e importante" desses exercícios, no entanto, precisamos entender como se davam na prática.

---

62 É interessante notar como, já à época da redação de *O Trabalho do Ator Sobre Si Mesmo* a lógica e a coerência das ações físicas era usada para despertar a fé e o sentido de verdade. No trecho da edição russa, ele diz: "O segredo deste meu procedimento é claro. Não está nas próprias ações físicas como tais, mas na verdade e na fé que despertamos e sentimos em nós mesmos, com a ajuda destas ações." (*Sobránie Sotchinéni v 9 Tomakh, t. 2*, p. 224) Se aqui a verdade e a fé ainda podem ser interpretadas como verossimilhança, ao analisar o material do Estúdio de Ópera e Arte Dramática, no entanto, essa possibilidade é eliminada.

63 KS 21147.

Assim, os alunos deveriam realizar, com "objetos imaginários", ações físicas simples, cotidianas. A primeira coisa que chama a atenção, quando lemos a condução de Stanislávski, é a insistência pela precisão. Em 5 de dezembro, ele conduz uma série de exercícios chamados de "sovar a massa do pão", em que os alunos deveriam, como se supõe, manipular a massa de um pão imaginário. Uma aluna entra. Stanislávski diz: "Ponha vida nos dedos. O que mais trabalha são as pontas dos dedos. Seus dedos estão trabalhando muito pouco, e as pontas dos dedos fazem o papel principal aqui. Desenvolva cada ação que você faz até a verdade completa; então, os mesmos músculos que são necessários para determinada ação vão começar a trabalhar." Ou, então:

> Faça muito devagar, para que os dedos sintam. A sua massa está sendo sovada sozinha, ainda não há verdade. [...] Pegue a massa de forma que você possa dizer a si mesma: "Sim, eu peguei uma massa, eu a vejo, a sinto, posso colocá-la ali, aqui." E veja que a massa é grudenta, grudenta. Pegue as menores sutilezas.[64]

Em outro trecho, por exemplo, Stanislávski fala sobre a necessidade de obter a sensação correta do peso do objeto imaginário que se manipula: "O mais difícil, até agora é levantar e baixar pesos. Peguem alguma coisa e verifiquem agora mesmo: o que significa pegar. Vejam que pegar uma pluma é toda uma história."[65]

Ou, então, num outro exercício do mesmo tipo, onde ele pede que uma aluna abra uma porta imaginária:

> Agora tente abrir a porta. (*A aluna tenta abrir uma porta imaginária.*) Agora abra a porta de verdade. (*A aluna vai até a porta e a abre.*) Pegue material da vida e entenda qual é a questão. É preciso saber o que podemos recuperar da vida e trazer à cena. Faça algumas vezes para fixar quais músculos trabalham. (*A aluna se exercita.*) Onde está o momento de girar a maçaneta?

64 KS21147.
65 Ibidem.

Sinta esse detalhe. Esses exercícios ensinam a sua atenção a acompanhar os movimentos dos músculos. Todos os exercícios de levantamento de peso, de abrir portas etc. precisam ser conduzidos à verdade. Aqui uma pequena verdade os lembrará de outra e assim começa a criação.[66]

Para que seria necessária tal precisão? Não se tratava, afinal, de reproduzir as ações sem objetos em cena[67]. Para Stanislávski era preciso, como vemos, que os exercícios levassem à "verdade real", à "verdade completa". Prossegue, então, comentando o exercício de "sovar a massa do pão":

> O que estamos fazendo, agora? Estamos fazendo ações que vocês conhecem muito bem, na vida. E bem, agora estamos tentando imitar essas ações. Que tipo de atenção é necessária, para que se sinta cada momento dessa ação? Entendem, aqui não se pode deixar passar nenhum momento de transição. Vejam a atenção que é necessária para descobrir o que fazem os seus músculos. Que os seus músculos trabalhem da mesma forma com o "vazio", e então vocês sentirão a verdade física.[68]

Adiante, uma outra aluna mostra um exercício onde come um bolo imaginário. Stanislávski enfatiza a precisão também das sensações físicas:

> É preciso que todos os nervos gustativos se mexam. Vê que quando você se lembra de um bolo, você deve salivar. Por exemplo, se eu pegasse um copo e o bebesse assim (K.S. bebe

---

66 Ibidem.
67 Um comentário de cunho pessoal. Durante a graduação na Rússia, fazíamos muito (de fato, durante todo o primeiro ano de estudo) exercícios de "ações sem objetos", ou, como os chamávamos, Pê-Fê-Dê (ПФД, sigla para pamiát fizitcheskikh deistvii – memória das ações físicas). Quando os professores explicavam o porquê do exercício, no entanto, a verdade "real" misturava-se à verossimilhança: o exemplo de que me lembro é de uma professora explicando como, ao tomar champanhe cenográfico, o exercício permitiria que reproduzíssemos fielmente a sensação de "tomar um champanhe de verdade". Obviamente, como vemos, o exercício para Stanislávski tinha outro sentido.
68 Ibidem.

devagar, degustando a bebida.) vê que você sentirá todo o frescor e a gostosura do que eu estou bebendo.

Alunos: Sim, é muito saboroso, podemos sentir.[69]

É interessante, nos dois trechos acima citados, a conexão que Stanislávski faz entre a precisão e a atenção. Ou seja, a precisão seria necessária porquanto direciona e concentra a atenção do ator na ação a ser realizada, que assim torna-se verdadeira.

Dessa forma, o primeiro objetivo dos exercícios com objetos imaginários era, para Stanislávski, levar os músculos a sentir a "verdade física", a "verdade real". Essa "verdade real", que ele chamava de "pequena verdade", conseguida através da concentração da atenção do ator na tarefa física a ser realizada deveria ser encadeada, numa linha lógica e coerente, com outras "pequenas verdades". É o que vemos quando, ao perceber a "pequena verdade" na maneira como uma das alunas realiza o exercício de sovar a massa do pão, Stanislávski diz que a aluna "começa a pôr vida nisso, as circunstâncias propostas começam a se desenvolver aos poucos, uma verdade requer outra verdade. E então, dessa pequena verdade que você encontrou, você começa lentamente a cultivar uma outra"[70].

Essa "linha de ações físicas", de "pequenas verdades" uma após a outra, deveria ser treinada. A explicação desses exercícios é formulada na aula de 12 de dezembro de 1935. Diz Stanislávski:

> Para que tudo isso [os exercícios de ações sem objetos] é necessário? Vocês compreendem? Nós estamos pouco a pouco exercitando a atenção para que ela possa ser direcionada aos músculos, para a sua lógica interior. Estamos trabalhando todas essas direções da atenção porque, com a atenção treinada, vocês, ao entrar em cena, seguirão a sua própria linha, e não será necessário sequer pensar sobre a liberação muscular. Caso contrário, a linha ultrapassa a ribalta e vai até o público, e vocês ficarão

69 Ibidem.
70 Ibidem.

preocupados se o público ri, ou não. Já que estamos nos preparando para atuar sem *mises-en-scène*, então a sua linha será apenas essa, onde está tudo: a atenção no corpo e nos centros motores internos, e a atenção nas emoções, na lógica etc. Vocês devem apropriar-se disso fortemente, isso é muito importante.[71]

Um exemplo imagético bastante usado por Stanislávski demonstra, a nosso ver, a concepção de "linha das ações físicas". Trata-se do exemplo do caminho, que é repetido, de diferentes formas também nas aulas de 11 e 17 de novembro. Na aula de 5 de dezembro, aparece da seguinte forma:

> Mais um exemplo: eu chego a um lugar onde não vou há muito tempo. Antigamente, quando morava neste lugar, acabei traçando uma trilha no mato, da minha casa até a estação de trem, de tanto caminhar. Agora, quando volto, o mato já cresceu de volta e não há mais trilha. Sobrou só uma estrada ao lado, bem acidentada. É o caminho dos clichês. Pode até ser que seguir por essa trilha seja mais fácil do que buscar a minha trilha. Mas eu atravesso ela por duas vezes, seguindo os traços deixados, depois uma terceira vez, e assim por diante, até que enfim a trilha pisada por mim aparece de novo.[72]

71 KS 21150.
72 Ibidem. O exemplo também é elaborado no primeiro volume de *O Trabalho do Ator Sobre Si Mesmo*: "Depois de uma breve pausa, Tortsóv começou a falar: – No último verão, voltei para uma *dátcha* em Serpukhov, que há muito não ia e onde antes passava todos os meus verões, ano a ano. A casinha em que alugo um quarto lá fica bem longe da estação de trem. No entanto, seguindo por uma linha reta, cortando a planície, uma fazenda avícola e um trecho de floresta, a distância se reduz consideravelmente. Na época em que eu ia para lá frequentemente, graças ao meu vai e vem, acabei marcando uma trilha no chão pelo atalho. Este ano, encontrei-a tomada pelo mato alto, crescido nos anos em que deixei de visitar o lugar. Tive de, mais uma vez, fazer o caminho. No começo não foi fácil: eu às vezes me perdia do rumo e caía numa estrada de terra, completamente marcada pelos rastros do grande movimento dos que passavam por ali. Essa estrada, no entanto, leva a para o outro lado, oposto ao da estação. Então, tinha de voltar atrás e procurar por minhas pegadas, e continuava a demarcar a trilha do atalho. Nisso, me orientava pela posição familiar das árvores, troncos, pelos altos e baixos do caminho. A lembrança deles se fortalecia cada vez mais em minha memória e passava a direcionar minha busca. Ao final, tinha o contorno de ▸

Isso significa que ele, a princípio, buscava a lógica e a coerência das ações, que, encadeadas, poderiam transformar-se no caminho que os atores poderiam atravessar, em cena, para chegar ao objetivo (*tsél*) final. Para Stanislávki, a criação de uma linha de pequenas verdades físicas com os exercícios de manipulação dos objetos imaginários estava intrinsecamente relacionada a uma outra linha: a do corpo humano do papel. Em primeiro, é preciso lembrar que "Através da linha das ações físicas vocês acordam suas emoções." Da mesma forma que com os exercícios, "se você atravessar o papel pelas ações externas, você terá uma espécie de linha, vamos chamá-la de [linha da] vida do corpo humano, e, ao mesmo tempo, vamos desenvolver a linha da alma humana"[73].

Segundo Stanislávski, a "linha da alma humana" só poderia ser criada uma vez que o ator acessasse o que chamava de "natureza orgânica", algo que, segundo ele, poderia estar presente apenas na criação subconsciente.

Existe uma discussão longa sobre a origem e o significado preciso do termo em Stanislávski[74]. Como veremos nas aulas do Estúdio de Ópera e Arte Dramática, no entanto, os termos "subconsciente" e "inconsciente" são usados alternadamente por Stanislávski, como sinônimos. Antes, é preciso dizer algumas palavras.

Na tentativa de traçar a origem de alguns dos elementos do Sistema, Tcherkásski localiza em 1915, nos arquivos de Stanislávski, o artigo do psicólogo russo Serguei Sukhánov, "O Subconsciente e Sua Patologia"[75].

▷ uma longa linha de grama pisada, e eu ia e voltava da estação por ela. Como minhas idas à cidade eram frequentes, eu fazia do caminho do atalho quase que diariamente, graças a que rapidamente a trilha voltou a existir." (*Sobránie Sotchinéni v 9 Tomakh*, t. 2, p. 236)

73 KS 2114).

74 Durante a época soviética, por exemplo, era comum atribuir o termo à influência mística que Stanislávski sofrera após a derrota da revolução de 1905, sendo que mais tarde o termo "sobrara" na prática de Stanislávski, mas dotado de um caráter completamente científico (G. Kristi; V. Prokófiev, Prefácio, em K. Stanislávski, *Sobránie Sotchinéni v 8 Tomakh*, t. 4, p. 31). Tcherkásski aborda o problema a partir da conexão entre Stanislávski e o livro do iogue Ramacharaca, em *Stanislávski e o Yoga*, e Smeliánski propõe uma utilização bastante curiosa do termo em sua introdução a *O Trabalho do Ator Sobre Si Mesmo* (em K. Stanislávski, *Sobránie Sotchinéni v 9 Tomakh*, t. 2, p. 26-27).

75 Ver S. Tcherkásski, *Stanislávski e o Yoga*, p. 102.

Em 1916, segundo Vinográdskaia[76], Stanislávski passa a usar o termo "inconsciente" (*bessoznátelnoe*) no processo de criação de *A Aldeia Stepántchikovo*. Da mesma forma, vemos como o subconsciente é mobilizado em seus escritos sobre o trabalho do ator sobre o papel, no início dos anos 1920 (o mesmo "método anterior", alvo da crítica realizada no Estúdio, diga-se de passagem). Em 1935, ainda, o subconsciente não apenas continua na lista dos elementos do *sentir-a-si-mesmo* criador, como também ganha importância prática e metodológica enormes.

Stanislávski começa o trabalho com os pedagogos do Estúdio de Ópera e Arte Dramática falando sobre isso. Assim, na aula de 9 de novembro de 1935 ele diz que "cada elemento [do Sistema] é igualmente importante [...], porque cada um desses elementos leva o ator, através da técnica consciente, ao subconsciente"[77]. Ou ainda, na de 11 de novembro, quando ele diz que todo o Sistema "existe para, por meio da técnica consciente, causar a criação subconsciente e, assim, fazer com que nossa natureza comece a agir, já que a natureza é a única artista"[78].

Ao analisar os estenogramas de 1935, no entanto, vemos precisamente como os exercícios de ações físicas sem objetos seriam um procedimento que, ao invés de servir para a criação de uma imagem verossímil, servia para acessar isso que Stanislávski chama de "subconsciente", que é onde está, para ele, a "verdadeira arte da criação"[79]. Voltemos a um exemplo que já destacamos. Vimos, como no exercício de ações com objetos imaginários, por exemplo, os alunos deveriam apenas "sovar a massa do pão". Constatamos a insistência de Stanislávski com a lógica e a coerência, a ponto de dizer que os músculos precisam a aprender a realizar a tarefa automaticamente! Percebemos também como ao continuar o exercício, num determinado momento, Stanislávski interrompe a aluna para dizer que "algo deu certo", exatamente quando ela faz um movimento de desgrudar a massa dos dedos[80].

---

76 I. Vinográdskaia (org.), *Stanislávski Repetíruiet*, p. 42.
77 KS 21140.
78 KS 21141.
79 Ver KS 21137.
80 Ver KS21147.

Na mesma aula, outro momento parecido permite-nos observar que Stanislávski estava perseguindo o instante em que a ação "dá certo" ou, como já notamos, quando o exercício atinge a "verdade física":

> STANISLÁVSKI: Cheguem até os menores detalhes possíveis. (*A Aluna B. continua a amassar a massa e, com os dedos, limpa um pouco de água que se espalhou.*)
>
> STANISLÁVSKI (*à Aluna B*): Você começa a fantasiar, isso é bom.
>
> ALUNA B: Quando eu derramei a água, lembrei que, para que ela não se espalhe, eu deveria rapidamente usar as mãos para impedir o fluxo. (*Mostra.*)
>
> STANISLÁVSKI: Vê, a própria vida começa a viver em você. De onde veio isso?
>
> ALUNA B: Eu apenas pensei em como fazer da maneira correta.
>
> STANISLÁVSKI: E o que a fez pensar assim? O fato de que alguma vez, em algum lugar, você já o fez ou já o viu na vida.[81]

O que teria "dado certo"? O que teria feito a "vida viver" dentro da aluna? Entendemos isso quando, ao demonstrar o exercício, afirma: "Eis a massa, e eu começo a sová-la. (*K.S. mostra como sovar a massa, mas repete cada pequeno movimento algumas vezes.*) Eu estou buscando."[82]

Relembrando a aula de 11 de novembro com os pedagogos, Stanislávski define esse momento quando o subconsciente começa a agir: "Há momentos em que fazemos uma ação que estava pedindo para ser feita, mas que não sabemos como a fizemos. Isso é um momento subconsciente."[83]

Na aula de 5 de dezembro, ele explica o momento subconsciente:

> Acontece, às vezes, de entrarmos em cena e não conseguirmos atuar de jeito nenhum, não sai nada. De repente, o parceiro deixa cair um lenço. Você sai do papel por um segundo, pega-o, e de repente sente que nesse segundo o fez não como ator, mas

81 KS 21147.
82 Ibidem.
83 KS 21141.

como ser humano. "Olha aí, a vida. Assim é." E já começa a ver a vida e a verdade. Você faz-se a pergunta: "O que eu faria agora?". Se é um ator experiente, então ele pega esse momento, esse diapasão e começa a atuar o papel de forma diferente. É preciso amar esse diapasão. De um pequeno momento assim de verdade você faz todo o espetáculo de outra maneira, como se uma corrente de ar vivo tivesse inundado a atmosfera parada no mesmo momento em que você, humana e verdadeiramente, pegou o lenço que caiu.[84]

Essas casualidades teriam a qualidade de uma corrente de ar vivo inundando a atmosfera parada da cena. Para Stanislávski, constituíam o momento subconsciente, que fazia, afinal, o ator agir de forma humana, verdadeira, orgânica. Esse momento subconsciente é buscado pela ação física. Ele volta, então, a chamar a ação realizada no momento subconsciente de "pequena verdade": "Veem como essas pequenas casualidades, essas pequenas verdades têm um significado enorme? São essas verdades que estou tentando lhes ensinar."[85]

O fato de que, para Stanislávski, o momento subconsciente poderia ser acessado através dos exercícios de ações com objetos imaginários, através da criação da "linha da vida do corpo humano" pode ser confirmado também no "Programa de Encenação do Estúdio de Ópera e Arte Dramática". No documento, encontramos a seguinte formulação: "começando de uma ação física completamente acessível, conduzimos a nós mesmos de maneira natural à natureza orgânica com seu subconsciente, que não são acessíveis ao nosso consciente"[86].

---

84 KS 21147.
85 Ibidem.
86 K. Stanislávski, *Sobránie Sotchinéni v 9 Tomakh*, t. 3, p. 393 e 419. Para Stanislávski, mesmo uma emoção podia ser decomposta em ações: "De que ações se compõe o amor? Peguem uma série de ações. Falam ao ator: você deve interpretar um amor assim como, digamos, o de Romeu. Por que, então, imediatamente começa a interpretação das paixões, o mexer frenético das mãos... Vocês veem que tudo isso é clichê? E o que é o amor? Vou andando pela rua, vejo uma donzela. 'Nada mal', [penso]. Uma outra, moreninha, é ainda mais bonita. Vou e falo com ela, mas não falo com a primeira, porque ela é muito quieta. Mas ela vem, e me olha de novo. Ah, para quê? Bem, tanto faz, para mim. Ela entra em uma ▶

Trata-se de uma mudança completa no sentido do exercício. Se antes, como vemos em *O Trabalho do Ator Sobre Si Mesmo*, o exercício das ações com objetos imaginários é apenas um treinamento para criar a lógica e a coerência do comportamento cênico e não ultrapassa a verossimilhança, aqui, ao contrário, passa a ser o procedimento mediador entre o ator consciente e seu subconsciente, ou seja, o lugar onde jaz a criação artística verdadeira. Para Stanislávski, essa mudança é definidora para a sua prática e de seus colaboradores durante os anos do Estúdio.

Assim, nas aulas com os alunos, em 5 de dezembro, vimos como o elo para a criação subconsciente se dá precisamente por meio dos exercícios das ações físicas com objetos imaginários. Num determinado momento da aula, Stanislávski demonstra para os alunos como fazer o exercício de "sovar a massa do pão". Ao explicar, após a demonstração, observamos como aprofunda ainda mais a concepção desse elo entre as ações físicas e a criação subconsciente:

> Eis todas as pequenas ações, os mínimos elementos, e quando eles chegam à verdade física absoluta, levam ao limiar do subconsciente. E dessa pequena história, feita com verdade, vocês em um minuto estarão no oceano do subconsciente.
>
> Parece que estamos fazendo bobagens, mas na verdade estamos fazendo uma coisa importantíssima porque, graças a isso, nos forçamos a ficar na margem do oceano do subconsciente, no lugar mais difícil da criação. Sim, eu repito: como na beira do oceano. Vem a primeira onda, e ele os molha até os tornozelos, vem a segunda – os joelhos, a terceira onda vem e os leva por inteiro, a quarta os joga para o mar, fica remexendo

▷ das alamedas do parque, eu vou atrás. Nos encontramos. Quero me apresentar, acabo desistindo, vejo que ela fica brava e, no final das contas já esqueci a moreninha, e lembro-me apenas da loirinha. Assim, aos poucos, vamos até o casamento. Veem quantas páginas podem ser escritas sobre isso? Em cena não se pode deixar passar nada.

Assim, *é preciso decompor cada emoção em ações*. Saibam fragmentar as ações nas partes que as compõem. Não pode existir emoção 'em geral', elas não significam nada. Apenas um cadáver pode não sentir nada." (KS 21144)

vocês ali e joga de volta para a margem. Isso é o que acontece, quando age o subconsciente. Mas existem procedimentos técnicos, a psicotécnica, que ajudam a entrar de vez no oceano. Pode ser que vocês fiquem todo um ato, ou toda uma cena no oceano do subconsciente, e depois disso, se lhes perguntarem como atuaram – vocês não saberão o que responder. Esses são os minutos de inspiração.[87]

As imagens do ator no "limiar do oceano do subconsciente" habitavam as aulas e escritos de Stanislávski há algum tempo. Tcherkásski, no já citado *Stanislávski e o Yoga*, traça alguns paralelos interessantes sobre essa imagem, posteriormente excluída de seus textos pela censura soviética.

Em outro trecho da mesma aula, o "limiar do oceano do subconsciente" é descrito, mais uma vez, como o lugar "onde começa a atuação verdadeira": "Dessa forma, eu os estou ensinando, através da sensação de verdade e fé, a chegar até o limiar (a margem) do subconsciente, onde começa a atuação verdadeira. De forma que o que fazemos agora são coisas muito importantes."[88]

É interessante seguir as posições anteriores de Stanislávski, e perceber como aqui, na segunda metade dos anos 1930, elas continuam parecidas, especialmente no que diz respeito ao subconsciente como parte fundamental da criação do ator. Um trecho dos primeiros rascunhos de *O Trabalho Sobre o Papel*, de 1916-1920 mostra como ele, "assim como os iogues hindus", aborda o inconsciente "por meio de procedimentos preparados conscientemente, do físico ao espiritual, do real ao irreal, do naturalismo – ao abstrato"[89].

Na prática do Estúdio de Ópera e Arte Dramática, por sua vez, um dos "procedimentos preparados conscientemente" torna-se fundamental: a linha das ações físicas. Era esse procedimento técnico, preparado de maneira completamente consciente que, ao ser colocado

87 KS 21147.
88 Ibidem.
89 K. Stanislávski, *Sobránie Sotchinéni v 9 Tomakh, t. 4*, p. 141.

O Trabalho de Stanislávski no Estúdio
de Ópera e Arte Dramática

na estrutura de improvisação do étude, possibilitaria o acesso à "criação subconsciente". Vejamos como isso acontece, durante as aulas.

O Étude de Ações Físicas Como Instrumento de Trabalho Sobre o Subconsciente

Nas aulas do Estúdio de Ópera e Arte Dramática encontramos a primeira ocorrência do termo étude já na preparação do corpo docente. Ali, Stanislávski avisa-os que "a supertarefa e a ação transversal" devem estar presentes mesmo no menor étude. Em seguida, em 15 de novembro, já na primeira aula com todos os alunos, vemos o comentário "os alunos fazem études".

De fato, a primeira aula onde ele examina e comenta um étude feito por uma dupla de alunos é a de 4 de junho de 1935. Ainda que tenhamos acesso apenas aos comentários de Stanislávski sobre o trabalho, pensamos que vale a pena examinar o seguinte trecho:

> (*Os alunos Kristi e Zvéreva mostram um* étude) Vocês estão esperando Stanislávski. Meia hora já é muito, se Stanislávski atrasa, sabem que pode ser que nem venha. Alarguem, emulsifiquem esse momento, tudo o que se faz nessa espera vocês devem saber. Toda pose que assumem deve vir de algum estado de humor [*nastroiénie*]. Busquem a calma, que na vida de M.B.[90] não existe. Encontrem a atividade na inação. Procurem o que fazer, pois mesmo a procura do que fazer já é ação. Se forem usar a palavra, ela deve ser ativa. De onde tirar a palavra certa? Aqui também devem haver circunstâncias propostas. Intensifiquem as circunstâncias propostas. A ação sobre o outro deve ser ativa.
>
> Se o começo for errado, então todo o resto não vai funcionar e vocês devem parar. O ator busca a intonação, ou seja, o resultado. As raízes não entraram na terra. Busquem algo

90 Ver nota 13, infra p. 164.

com que se cercar, para que isso seja necessário e importante. Se veem que o parceiro não está conseguindo, ajude-o.

Vocês falam uma palavra, mas o subtexto pode ser outro completamente diferente. Vocês devem saber qual a relação entre si. Façam de forma com que terminem embaixo da mesa. (Os dois repetem o étude) Para que essa direção? Para que o flerte seja mais escancarado. Para justificá-lo é preciso fortalecer a linha interior. Recebam e deem para o parceiro. Transmitam sua ideia através dos olhos, antes. Quando ela disse "amo" – aí deve ser um momento. Quando você julga, você deve ver.[91]

Primeiro, trata-se de um étude improvisado pelos próprios alunos. Vemos, logo no começo como Kristi e Zvéreva esperam, na sala, a chegada de Stanislávski. Ele começa falando sobre a ação de esperar: tudo o que se faz enquanto se espera deve ser conhecido. Busquem, ele diz, o que fazer na espera, ou seja, pequenas ações. A partir dos comentários de Konstantin Serguêevitch vemos, no entanto, que a espera e as ações envolvidas nela são apenas o meio para que haja o "acontecimento": Kristi começa a flertar e, como resultado da interação, Zvéreva admite, ao final, que "ama".

Quando Knebel discorre sobre os "études com o material da peça", é interessante notar que ela acentua precisamente os acontecimentos. Korogódski, por sua vez, chamando o acontecimento de "o objetivo ao qual os alunos devem chegar no étude", classifica essas ações (a espera e todas as pequenas ações que a compõem) de movimento em direção ao objetivo[92].

Vemos como nessa preparação tudo está relacionado ao acontecimento que deve ser improvisado pelos alunos.

A aula de 17 de novembro é interessante porque mostra a maneira como Stanislávski formula um étude, enfatizando precisamente os acontecimentos. Depois de expor brevemente as circunstâncias propostas em que os alunos deveriam improvisar, afirma: "Agora eu lhes

---

91 KS 21138.
92 Z. Korogódski, *Natchálo*, p. 307.

darei um étude. Vocês chegam em casa e põem a mesa, e querem dar de comer ao pai de vocês. Mas sabem que seu irmão foi atropelado por um automóvel, e que vocês devem falar isso ao seu pai."

Em seguida, Stanislávski passa a comentar o desenvolvimento do étude, à medida que as alunas agem, em cena. A primeira coisa que salta aos olhos sobre a prática do étude nos primeiros meses do Estúdio é que ela, de certa forma, inclui e ressignifica os exercícios com "objetos imaginários". No trecho abaixo citado vemos como Stanislávski reprova uma das alunas porque não prestou atenção no movimento de abertura e fechamento das portas ou em como pendurar uma roupa num mancebo. Isso mostra, em primeiro lugar, que os études foram realizados sem objetos. Em segundo, que para Stanislávski as pequenas verdades, as pequenas ações que deveriam ser executadas fielmente nos exercícios com objetos imaginários eram precisamente as ações que compunham a grande ação mediadora do acontecimento no étude. No trecho seguinte, afirma ele:

> Vocês devem combinar tudo, até o fim, todos os detalhes. Mesmo os pequenos detalhes cotidianos devem ser verossímeis. Tirem a mentira. Que portas são essas, que abrem sozinhas para vocês passarem? E esse mancebo mágico, que, não importa o que se jogue, ele estica os braços e pega? E depois ainda ajeita no cabide. Mas como é, na vida? Comparem o tempo todo. É preciso que cada ação tenha seu tempo, e que ocupe tanto tempo quanto precisa para se realizar. Tudo deve ser inteiramente verdade, até o fim. Não procurem logo de cara uma grande verdade, busquem a partir da pequena verdade das ações.[93]

A segunda coisa que precisamos notar é que "cada ação tenha seu tempo, e que ocupe tanto tempo quanto precisa para se realizar". Essa afirmação, aliada à pergunta de "como é na vida?", imediatamente coloca o étude num campo outro que não o da apresentação de cenas improvisadas (verossímeis ou não), e sim de uma espécie de estrutura

93 KS 21144.

propícia para que aconteça uma experiência real, viva, através de circunstâncias imaginadas. Essas circunstâncias, apesar de combinadas em detalhes, não poderiam impedir a vivência real. Vemos, a seguir, como Stanislávski formula as condições necessárias para começar um étude: "Façam a si mesmos apenas a pergunta: 'o que eu faria se' – e comecem a agir. Então será de verdade. [...] É preciso desenvolver essas condições e encontrar a si mesmo nelas, colocar-se em novas condições e encontrar a si mesmo nelas – eis onde começa a criação."[94] A lógica de desenvolvimento do étude enquanto instrumento de investigação é, para Stanislávski, quase um paradoxo: combina-se tudo e, em seguida, improvisa-se como se nada tivesse sido combinado, buscando a si mesmo nas condições dadas[95].

Um trecho do mesmo estenograma é bastante significativo das mudanças propostas por Stanislávski em seu "procedimento" anterior: "Assim onde começa a criação? 1. 'Se'; 2. Circunstâncias propostas; 3. O que eu faria? Não como eu interpretaria, mas o que eu faria, precisamente."[96]

Levando-se em conta o complexo esquema dos anos 1920, nos quais tantas camadas de significados da obra deveriam ser estudadas, pensamos não ser exagero dizer que se tratava de uma inovação metodológica.

Cabe analisar essa inovação a partir das aulas de Stanislávski em 1935, como a proposição de uma estrutura tripla, que permitiria ao ator acessar a criação em sua natureza orgânica: o subconsciente – as ações físicas – o étude. Assim, durante o étude, o ator, por meio

---

94 Ibidem.
95 Essas condições poderiam tanto ser as reais (como no caso do já mencionado *étude* de Kristi e Zvéreva), como imaginadas. A mesma aula de 17 de novembro mostra como um grupo de alunos realiza um *étude* intitulado "voo no aeroplano". Não é possível entender, apenas pelo registro do estenograma, o enredo da improvisação, mesmo assim vemos como Stanislávski começa pedindo que os alunos "busquem a verdade". Ele diz: "Nesse *étude* propusemos algo que não é próximo, que lhes é desconhecido. Como fazer? Busquem ajuda perguntando, em livros. É preciso tatear e acreditar em todos os detalhes de forma que os outros também acreditem. Não importa se é exatamente assim na realidade – ainda que seja bom, claro, que corresponda à realidade –, mas o mais importante é que *vocês* acreditem totalmente." (Ibidem).
96 KS 21144.

O Trabalho de Stanislávski no Estúdio
de Ópera e Arte Dramática

das ações físicas buscava o "momento subconsciente", que lhe abria as portas da criação através de sua natureza orgânica.

Vemos, de fato, como Stanislávski procede a uma reorganização dos elementos do Sistema tendo em vista a centralidade da ação. Trata-se, como pensamos, de uma estrutura radicalmente nova, tanto no que diz respeito à metodologia anterior, criada nos anos 1920, como em relação ao que se estabelece de maneira "oficial", depois da morte de Stanislávski, como sendo "o método das ações físicas", ou mesmo "a análise ativa". Essa reorganização teria como objetivo, no entanto, um novo tipo de teatro, dotado de um novo método de criação. O próximo capítulo analisa, nos estenogramas das aulas de 1937 e 1938, as experimentações de Stanislávski com um possível "novo método de ensaios".

Ensaios Sobre
um Novo Método

Na introdução a este trabalho, referimo-nos à apresentação de *As Três Irmãs* para convidados do Estúdio, em 15 de maio de 1938. Junto com um ensaio de *Os Filhos de Vaniúchin*, essa foi, de fato, a primeira exibição pública do trabalho que se desenvolvia, desde 1935, no Estúdio de Ópera e Arte Dramática sobre um possível "novo método de ensaios". Nele, como dissemos, não apenas os estudantes atravessaram num só étude os dois primeiros atos da peça de Tchékhov, mas também o fizeram tendo as marcações de cena trocadas radicalmente minutos antes do início da apresentação[1]. O espanto e o fascínio causados pelo ensaio nos então estudantes de direção Mikhail Rekhels e Boris Pokróvski geraram depoimentos como o de que, diante daquilo, "mesmo os espetáculos do Teatro de Arte parecessem velhos e falsos"[2].

Alguns dias depois, em 22 de maio, numa conversa fechada com os pedagogos-assistentes, Stanislávski avalia as reações:

> Como explicar que gente inexperiente: jovens, meninos e meninas – tanto em *As Três Irmãs*, como em *Os Filhos de Vaniúchin*, onde não há nem *mises-en-scène* nem nada – sem a ajuda de diretores e nos quais os atores estão à mostra o tempo todo – e isso é o valioso nesse espetáculo – como explicar que, de

---

1 Ver na Introdução, supra p. 13.
2 I. Vinográdskaia (org.), *Stanislávski Repetíruiet*, p. 495.

repente, chegam pessoas de fora, do Gitis e ficam extasiados com o que veem? Não entendo. Entendo que talvez gostem da peça *Os Filhos de Vaniúchin*, mas por que gostariam de *As Três Irmãs*? Ou seja, entenderam...[3]

Kédrov, por sua vez, que além de pedagogo responsável pelo trabalho também atuara no ensaio aberto de *As Três Irmãs* no papel de Andrei, diz, na mesma conversa: "Para mim houve alguns momentos decisivos durante a apresentação. Eu perguntei para um ator, muito experiente, e ele me disse que teve a impressão de que eu havia acabado de sentir o papel pela primeira vez."[4]

De fato, muito mais do que a primeira exibição pública do trabalho de Estúdio, podemos afirmar que ali se demonstrara aquilo que vinha sendo chamado de "novo método de ensaios" pela primeira vez, e com sucesso. Logo após a apresentação, um dos estudantes de direção convidados pergunta se aquilo que haviam visto realmente ilustrava as últimas buscas de Stanislávski no campo da ação física[5].

A partir de então, estabelece-se a versão de que no Estúdio de Ópera e Arte Dramática Konstantin Serguêevitch pôde, por fim, testar na prática um "novo método" de abordagem da peça e do papel.

O debate sobre um método para a aplicação do Sistema na prática não era algo novo. A constante mudança de abordagem em relação a uma metodologia prática para a confecção de espetáculos ocupava Stanislávski desde o início de sua vida profissional. Para não voltarmos muito no tempo, digamos apenas que a readaptação e inclusive a mudança radical na abordagem do trabalho do ator, sempre tendo como objetivo final os princípios estéticos em que acreditava, passam como uma linha transversal através da vida de Stanislávski. A partiturização total da peça e o método da "abordagem da caracterização

---

3 KS 21179.
4 KS 21179.
5 Ver I. Vinográdskaia (org.), *Stanislávski Repetíruiet*, p. 496. Ele pergunta "Seria o que vimos hoje uma boa ilustração das buscas nesse campo?" (KS 21178; ver citação, infra p. 287)

exterior"[6], primeiro método de montagem de uma obra foi substituída em 1908 pelo "trabalho de mesa" e pela cuidadosa análise de todos os elementos psíquicos interiores, dos movimentos anímicos das personagens[7]. Esse método, conhecido como "método de dentro para fora", ou "trabalho de mesa", foi adotado em 1912 como procedimento padrão do trabalho com os atores no TAM.

Estabeleceram-se, após a morte de Stanislávski, duas formas mais gerais para designar a síntese dos trabalhos conduzidos por ele no Estúdio de 1935 a 1938. Maria Knebel, que entrara em abril de 1937 para o corpo docente do Estúdio advoga pela denominação "Análise Através da Ação", ou simplesmente "Análise Ativa"[8]. Nesse sentido, o cerne das buscas no período e a grande descoberta de Stanislávski estavam no método de análise da peça, que deveria acontecer simultaneamente na mente e no corpo do intérprete. Assim, Knebel destaca o étude realizado com cenas do material como centro da metodologia, e exige a gradual aproximação entre a linha de ação do ator com a linha de ação dramática pelos "ensaios por meio de études"[9].

Já Mikhail Kédrov, que continuaria na direção do Estúdio depois da morte de Stanislávski e que mais tarde seria alçado a diretor artístico do próprio Teatro de Arte de Moscou nomeia o novo método como "método das ações físicas" (*métod fizítcheskikh deistvii*). Para ele, ao contrário, os études com as próprias palavras fazem parte apenas do trabalho pedagógico inicial sobre o material, e deveriam ser abandonados tão logo fossem entendidas as ações *típicas* das personagens, que deveriam ser ordenadas numa partitura rígida, base para a encenação[10].

6   Ver, por exemplo, T. Tissi, *"As Três Irmãs", de Tchékhov, por Stanislávski*, que contém a tradução das partituras de Stanislávski para a primeira montagem de *As Três Irmãs*.
7   Sobre esse período e a montagem de Stanislávski da peça *Um Mês no Campo*, de Turguêniev, que mostra uma curiosa transição entre os dois "métodos", ver a análise de S. Shuba, *Stanislávski em Processo: "Um Mês no Campo" – Turguêniev*.
8   O estenograma de 5 de abril de 1937 mostra Stanislávski apresentando Knebel à turma (KS 21157).
9   M. Knebel, *Análise-Ação*, p. 50.
10 M. Kédrov, *Statí, Besêdi, Rétchi, Zamétki*, p. 28.

Ensaios Sobre um "Novo Método"

O pedagogo teatral e teórico russo Veniamin Filchtínski escreve sobre as duas linhas de desenvolvimento do "novo método" após a morte de Stanislávski:

> Naturalmente, separaram-se também os caminhos dos continuadores teóricos de Stanislávski – Kédrov e Knebel. Em 1949, Kédrov torna-se o diretor artístico do TAM e anuncia: "Knebel deve ir embora". [...] É possível que Mikhail Kédrov tenha agido de tal forma devido a questões de princípio. O campo dos interesses artísticos dele e de Knebel não coincidiam.
>
> Ele havia sido aluno de Stanislávski, ela extraía material tanto de Stanislávski, como de Nemiróvitch-Dântchenko. Notemos que Knebel jamais admitiu um "método das ações físicas". Apenas uma vez ela escreve sobre o significado das ações físicas em si. Kédrov, possivelmente, também não aceitava a sua "análise ativa".[11]

A polêmica deve-se ao fato de que, mesmo alguns meses antes de sua morte, Stanislávski parecia estar muito longe da enunciação de algo acabado, algo que pudesse ser definitivamente chamado de "método". De fato, ao analisar os estenogramas das aulas no Estúdio que cobrem seu último período (1937-1938), deparamo-nos muito mais com uma multiplicidade de procedimentos em fase de teste, do que com um método final, pronto, acabado e sintetizador de toda uma vida de buscas. Isso é que tentaremos demonstrar neste capítulo.

Numa carta de 1936 para sua tradutora estadunidense, por exemplo, Stanislávski fala apenas em um "novo procedimento", encontrado por acaso e que "necessitava de uma técnica. Dela estou agora ocupado"[12]. A já citada conversa de 22 de maio de 1938 – também a última registrada ao menos – deixa-nos pistas interessantes acerca da opinião de Stanislávski sobre o assunto. Mais adiante a analisaremos em detalhe, mas é curioso notar como ali ele diz que "agora tudo está

11 V. Filchtínski, *Otkrítaia Pedagógica*, p. 40.
12 K. Stanislávski, *Sobránie Sotchinéni v 9 Tomakh, t. 9*, p. 584.

perdido, a técnica e todo o resto"[13], e incita os pedagogos assistentes a começarem "diretamente pela crítica do método que proponho" e mais adiante que "não considero ideal, sem erros"[14].

Os experimentos no Estúdio com os novos procedimentos de trabalho com a peça e o papel haviam começado já em 1935, durante as aulas que ministrava apenas para o corpo docente do Estúdio. Desenvolvendo na prática algumas posições enunciadas nas aulas preparatórias entre maio e setembro de 1935[15], em novembro, Stanislávski reunira os pedagogos-assistentes para propor um ensaio-modelo por meio de novos procedimentos, tomando como base a peça *O Mal de Pensar*, de Aleksándr Griboiêdov.

O Esquema do Papel no Trabalho Sobre O Mal de Pensar, de Griboiêdov

Apesar de suficientemente desenvolvida ao logo dos anos 1930, a concepção da *ação* como elemento central da técnica do ator precisava ser verificada na prática e, para isso, necessitava de procedimentos. Assim, tão logo se iniciam os trabalhos do Estúdio, Stanislávski começa a testar com seu grupo de assistentes. Encontramos uma série de quatro estenogramas de aulas dedicadas ao trabalho sobre *O Mal de Pensar*, que datam de 19 e 25 de novembro, 7 e 13 de dezembro de 1935, respectivamente. Lídia Novítskaia, que participara dessas aulas, também conta e descreve os mesmos três encontros em *Lições de Inspiração*[16].

---

13 KS 21179.

14 Ibidem.

15 Posições exploradas durante o que chamamos de "período de preparação do corpo docente", e que exploramos no capítulo anterior, como a de que a arte dramática é uma arte da ação e a de que todo o sistema existia para conseguir a criação subconsciente, por exemplo.

16 L. Novítskaia, op. cit., p. 48.

Ensaios Sobre um "Novo Método"

A primeira experiência de Stanislávski é com um procedimento que ele denomina "esquema do papel"[17]. Assim, depois de retomar algumas posições fundamentais do trabalho sobre as ações físicas com os pedagogos-assistentes em 19 e 25 de novembro, na aula de 7 de dezembro ele introduz o novo procedimento e fornece algumas explicações detalhadas sobre o mesmo:

> Percebem que, por meio do esquema, em um minuto se pode fazer a peça inteira? Em que consiste o esquema? Peguemos *O Mal de Pensar*. [...] É possível falar, conhecer determinadas etapas da peça segundo a linha interior; conhecer a natureza do estado (*priróda sostoiánia*) dessas etapas e, a partir delas, as ações. Por vezes, vocês atravessarão a peça, mas poderão dizer para si – aqui eu sei o que fazer, aqui ainda não, mas ali já está claro. Poderão passar a peça toda em meia hora.
>
> Mas vamos falar sobre o esquema. Ele é uma coisa extremamente simples, e por isso mesmo muito difícil. Quando vocês já tiverem se apropriado de um papel, quando um papel feito já tiver funcionado. Vamos supor que vocês fazem o mesmo Fámussov. O que há para atuar aqui? Fámussov entra e [vê] "Moltchálin"... "Por que ele está aqui"? O que é preciso fazer aqui? O ator quer muito interpretar. Mas percebem que é preciso apenas olhar e olhar... Percebem que eu preciso apenas olhar para ele? (*Mostra.*) "Porque aqui, e a esta hora?" Vejam,

17 Há duas outras fontes encontradas, além do referido estenograma, que atestam para a presença do "esquema" nas aulas de Stanislávski. Adiante veremos algumas das tentativas de teorização das experiências do Estúdio em 1936. Um desses documentos intitula-se "O Esquema das Ações Físicas", e foi publicado na primeira edição de *O Trabalho Sobre o Papel* como apêndice (*Sobránie Sotchinéni v 8 Tomakh, t. 4*). Nele, Stanislávski, no papel de seu aluno-modelo Kóstia Nazvánov, exemplifica a criação de um "esquema de ações físicas". O outro documento, inédito, que encontramos nos Arquivos do Museu do TAM, são algumas folhas de papel almaçoque pertencem à aluna Bátiushkova, sob a designação de "Enquete Para a Definição da Linha das Ações Físicas na Tragédia *Romeu e Julieta*" (KS 21685). Nele a aluna desenha uma tabela com a ordem dos fragmentos da peça e alguns espaços em branco, onde se iam preenchendo as ações físicas do esquema à medida que eram encontradas.

[isso] é apenas uma pergunta. Ou seja, tudo são momentos lógicos. O que há, aqui? É preciso apenas receber a sua resposta e sua conversa. Mais nada. É muito pouco, porém esse "pouco" é o mais difícil em cena. Mas vejam que é tudo.

"Sofia?". "Por que ele está aqui", e ameaçar Moltchálin, e colocá-lo em seu devido lugar.

Como vocês chamarão o esquema? O que é o esquema? Vejam que podemos fragmentá-lo em diferentes momentos: com Sofia é um momento, com Moltchálin, outro; e, no final das contas, qual o significado disso tudo [da cena toda]? Toda essa cena leva a que vocês possam escrever em suas partituras: esclarecer. Vejam que Fámussov se irrita de não entender. Quando ele responde sobre o sonho de Sofia é a mesma coisa que tentar esclarecer, e mesmo assim ele sai sem ter esclarecido nada. Ou seja: aqui há o esclarecimento dos fatos, e mais nada.[18]

Prestemos atenção a este fato: depois de explicar as ações básicas de Fámussov de forma geral (é preciso apenas *olhar*, em seguida *receber a resposta, colocar Moltchálin em seu devido lugar*), Stanislávski busca um verbo que contenha todas essas possibilidades de ação, e pede que os alunos escrevam em suas partituras: "esclarecer". Em seguida, exemplifica o esquema de Moltchálin, durante o mesmo trecho do material:

Para Moltchálin [o verbo é] – mimá-la, e tudo o que aí está incluído. Aqui entram algumas ações lógicas – para poder mimar, é preciso falar com ela, para mimar é preciso uma desculpa para aproximar-se dela... Se houver algum perigo, então é preciso protegê-la deste perigo. Vocês dividem tudo em pequenos pedacinhos, momentos separados, depois juntam num grande pedaço e essa junção das partes já vai se tornando subconsciente.[19]

18 KS 21148.
19 Ibidem.

Ensaios Sobre um "Novo Método"

Em primeiro lugar, note-se que a escolha de uma ação para o comportamento de Moltchálin no referido trecho inclui não apenas ações subordinadas análogas ao texto (nas quais, de fato, vemos em linhas gerais um encontro romântico às escondidas), mas também uma gama de ações que *poderiam* acontecer. Stanislávski diz que Moltchálin deve mimá-la, e isso incluiria uma série de ações que poderiam justificar o comportamento cênico imediato dado nas circunstâncias propostas da peça: *falar com ela, aproximar-se*. Em seguida, no entanto, passa a uma possibilidade de fato inexistente no texto de Griboiêdov: "se houver algum perigo, então será preciso protegê-la". Ora, olhando para o texto, vemos que não há perigo algum do qual Sofia precise ser protegida, em sua própria casa. Em segundo lugar, podemos ver como o trecho traz, mais uma vez, a necessidade de acessar o subconsciente, ou seja, o lugar da verdadeira criação artística, segundo Stanislávski.

Voltemos, por um momento, ao exemplo do exercício de "sovar a massa do pão", mencionado no capítulo anterior. Ali, vimos como "acessar o momento subconsciente" dispara, de fato, uma livre improvisação da atriz dentro das circunstâncias propostas do exercício. Aqui, no trabalho sobre *O Mal de Pensar*, não é diferente: a primeira coisa que fica clara, tanto em um caso como no outro, é que a ação usada para denominar um trecho específico do esquema deve ser ampla o suficiente para conter tanto ações que justifiquem o comportamento das personagens num pedaço específico do texto (ações implícitas em Griboiêdov), quanto ações que possam abrir, para o ator, diferentes possibilidades de interpretação da personagem por meio da improvisação do subconsciente. Essa posição, como veremos, será fundamental para o desenvolvimento de um procedimento posterior, o *étude com material da peça*.

A aula de 13 de dezembro mostra a primeira experiência de materializar em cena o trabalho feito com o esquema, e traz o primeiro étude sobre o material dramático.

No capítulo anterior, tratamos do étude apenas como a estrutura básica de improvisação que permitia atravessar ações e chegar a um acontecimento e despertar a criação subconsciente. Havia, no entanto, um outro tipo de étude, elaborado na prática do Estúdio. Seguindo a linha de pensamento de Filchtínski observamos como, já em 1913, Stanislávski utilizara-se, num dos ensaios de *A Dona da Taverna* (*La Locandiera*), de Goldoni, do procedimento de improvisar uma situação da peça com as próprias palavras e as próprias ações. Segundo Filchtínski, esse procedimento adquiriria, durante o Estúdio, a conotação de uma posição de princípios: "destacar-se do texto como de um dos mais importantes elementos da forma para poder sentir o impulso primário, conteudístico do autor"[20].

Novítskaia observa que, depois da aula de 7 de dezembro, Stanislávski pedira que todos os pedagogos-assistentes trouxessem seus esquemas para a cena Sofia-Tchátski, do primeiro ato. No início da aula, um dos assistentes diz estar com dificuldade em traçar a linha da ação, pois fica o tempo todo tentando lembrar o texto. A conversa é ilustrativa:

> STANISLÁVSKI: Antes de mais nada, busquem a sua própria natureza, ou seja, a lógica de sua própria natureza. Vamos pegar o encontro de Tchátski com Sofia. No momento em que você chega, o que você faz? É preciso olhar para elas [para Sofia e Liza] e vê-las. Anote isso para si mesmo. Examine-as não apenas por fora, mas também por dentro. Apalpe seu objeto com o tato dos olhos. Trata-se de uma lei geral. Então, não deixe ela passar batido. Aqui há a sua lógica de um lado e, do outro, a lógica da ação. Aprendam a olhar e ver coisas que na vida já conhecemos muito bem. Ou seja: aqui há a lógica, de um lado, e o conhecimento da própria natureza, do outro. Em um, você vai da ação à emoção. No outro, da emoção à ação.
>
> Em casa, escreva o que uma pessoa faz quando se encontra com outra. Peguem o encontro com Tchátski. O que faz

---

20 Ver V. Filchtínski, *Otkrítaia Pedagógica*.

Ensaios Sobre um "Novo Método"

uma pessoa quando encontra o seu ser amado, a pessoa com quem se aspira ficar?

RESPOSTA: Olha.

STANISLÁVSKI: O que significa "olha"? Podemos apenas dizer "olha", mas é necessário que os olhos suguem de dentro do coração. Aqui ele não apenas olha "como" está e "como ele está, para ela". Quer dizer, apenas "olha" é genérico demais. É preciso dizer qual deve ser a ação aqui. Tchátski olha a alma dela, quer saber qual a atitude dela para com ele. Ou seja, aqui há inradiação (*lutchevpuskánie*), e, pode ser, irradiação (*luctheispuskánie*)[21]. Então, o que significa o momento do encontro?

ASSISTENTE: O desejo de aproximar-se dessa pessoa, de alguma forma.

STANISLÁVSKI: Não, isso é depois, lá na frente.

ASSISTENTE: É preciso compará-la com o seu antes, entender...

STANISLÁVSKI: Tomem cuidado com isso. No teatro sempre se faz assim: a personagem chega e já vai entendendo tudo. Enquanto isso, entender ou não é um processo gigantesco. Veem que aqui é necessária toda uma série de dúvidas, de perguntas [do tipo] "pode ser que tenha vindo te ver, pode ser que não".[22]

Primeiro, ao comentar a dificuldade dos alunos em compor a linha de ações do esquema, Stanislávski diz que antes de mais nada, devem buscar a sua própria natureza. Essa afirmação mostra que pelo menos num primeiro momento considerava a criação de uma linha de ação individual, própria de cada ator, que pudesse ser contraposta e fundida, ao longo do processo, com a linha de ação da personagem proposta na dramaturgia. É precisamente isso o que ele

---

21 A irradiação (*lluctheispuskánie*) e inradiação (*lutchevpuskánie*) são conceitos trabalhados por Stanislávski em Comunicação, *O Trabalho do Ator Sobre Si Mesmo, v. 1*. (K. Stanislávski, *Sobránie Sotchinéni v 9 Tomakh, t. 2*.) Trata-se de mais um dos empréstimos que Stanislávski fez da terminologia da ioga de Ramacharaka.

22 KS 21151.

diz, quando afirma: "Há a lógica de um lado e o conhecimento da própria natureza, do outro. Em um você vai da ação à emoção. No outro, da emoção à ação". Ou seja: de um lado a lógica do drama, proposta pelo autor; do outro, o conhecimento da lógica individual dos próprios sentimentos, da própria natureza.

Em seguida, Stanislávski chama a atenção para a processualidade da ação. Quando adverte os alunos de que "olhar" e "entender" são processos, fornece precisamente o procedimento de corporificação do esquema do papel. Para a sua realização, como vemos, é necessário criar uma série de dúvidas, ou seja, obstáculos que impedem a sua realização unilateral. É preciso, antes de mais nada, levar em conta que precisamente a abordagem da natureza processual da ação cênica está presente o tempo todo em Stanislávski durante o trabalho do Estúdio, que segue exemplificando as ações possíveis do esquema de Tchátski:

> Antes de mais nada, precisamos pensar logicamente. Encontrem e dividam a lógica da ação. O que há aqui? Bom, ele chega, olha... Quando começa falar "Seu pai...", Tchátski quer se aproximar de Sofia porque pensa que ela pensa igual. Ele vai logo transmitindo todos os seus pensamentos, dizendo tudo o que pensa por acreditar que ela pode entendê-lo. Trata-se, aqui, de um só grande processo de recepção, "voltar para ela", voltar para esse quarto, examinar, explicar. Se deixarmos passar esses momentos a coisa toda morre, e depois fica muito difícil continuar.
>
> Tchátski não apenas quer aproximar-se de Sofia, mas também pode ser que esteja esperando ser recebido por ela. Ele precisa "botar para dentro" muito rapidamente [tudo] aquilo que ama. A digestão acontece só depois.
>
> Dessa forma, temos aqui o que chamamos de "olhar", "entender", "sentir". Repito, tudo isso é um processo longo. Não coloquem tudo num bolo só.[23]

23 Ibidem.

Ensaios Sobre um "Novo Método"

Antes de começar a trabalhar a cena, Stanislávski pede que, ao realizar as ações, os alunos utilizem as próprias palavras, e não as do texto. Orienta para tentar encontrar os momentos que dizem respeito à própria ação: "Pode ser que os encontrem na vida, não necessariamente nas questões amorosas, mas em outras coisas."[24] Ou seja, encoraja-os a executar as ações a partir de si mesmos. Em outras palavras: que *ensaiem* a cena através da dinâmica do étude.

Essa primeira experiência para realizar um étude com material da peça é conduzida, ação a ação, por Stanislávski. Vemos como ele, em seguida, pede que o intérprete de Tchátski entre na sala e "apenas olhe" para a intérprete de Sofia diversas vezes. Depois, conduz a reação de Sofia à entrada de Tchátski, fundamentalmente impedindo que os intérpretes entreguem-se aos próprios clichês e passem a agir a partir de si mesmos. O trabalho prossegue sem muito sucesso (reiteradamente notamos, ao ler o estenograma, a insatisfação de Stanislávski com os resultados ocorridos), até que ele propõe uma mudança de tática, para que os intérpretes entendam a "natureza do estado" do encontro entre Tchátski e Sofia:

> STANISLÁVSKI: Encontrem atitudes, relações entre irmãos. [...]
> (*A Sofia.*) Não, isso não são irmãos. Você ainda não está em sua casa.
> (*Tchátski entra correndo*): "Sônia" (*se atiram um ao outro, riem.*)
> STANISLÁVSKI: Agora vocês acharam o encontro, mais ou menos... um encontro entre irmãos.
> Faça de tudo, coisas que se pode fazer só com uma irmã. Não interpretem, pois cairão no clichê. Não interpretem, apenas ajam. O que significa comportar-se à vontade? Você pode fazer o que quiser. Por exemplo, com essa mesma entrada livre, você a coloca numa situação desconfortável. Ou seja, isso dá a ela mais o que fazer. Por enquanto, peguem da vida coisas que, talvez, nem estejam na peça.

24 Ibidem.

ASSISTENTE (Tchátski): se fosse a minha irmã, talvez eu agisse de outro jeito.

STANISLÁVSKI: Não, nada disso é assim, vocês agora estão presos. Veja só, Tchátski é completamente diferente. Busquem como poderia ser. Imaginem se, agora, ela fosse "Sônia Fámussova" e ele, "Sácha Tchátski". Os dois entram, mas você já tem 19-20 anos, e ela 17-16. São crianças, ainda. Levem em consideração, que esse menino de vinte anos vai para os bailes de Fámussov e fica disparando ideias socialistas, e que o velho Fámussov tem medo dele. Percebem que se trata de um menino muito promissor?

Por alguma razão, [no teatro], sempre o fazem como um velho.

Tchátski, trate-a, dirija-se a ela como se fosse a sua menina-irmã, Sônia. Assim, veja, você a colocará numa situação ainda mais difícil. De que modo ela sairá dessa? Construam novas inter-relações. Brinquem de luta. Percebem que, no passado [das personagens], pode ser que os dois, ao encontro, começassem a "brincar de lutinha", se ela realmente o estivesse recebendo alegre, se o estivesse esperando. Se não fosse por Moltchálin, ela continuaria apaixonada por ele.

O que "poderia ter sido" e que agora não é mais possível? Vocês devem saber o que "poderia ter sido". Apenas então haverá tragédia. Vejam que, sem isso, esse encontro sequer existiria. E que encontro deve ser, esse? "Sônia! Sácha!" E os dois se beijariam, se sentariam junto, se abraçariam... e depois disso tudo Sofia se lembraria, é "meu pai do céu, eu já sou uma moça...". Para isso, para saber "o que não fazer", é preciso saber o eles quereriam fazer. Tchátski entra: "Sônia!" Sofia se atira para encontrá-lo, "Sácha!" Ele a rodopia pelo quarto. Os dois riem, pegam-se as mãos, sentam juntinhos.

STANISLÁVSKI: Isso, agora sim, vocês se encontraram, riram... percebem?[25]

25 Ibidem.

Ensaios Sobre um "Novo Método"

Stanislávski orienta os alunos a realizarem um étude, improvisando livremente uma situação conhecida, o encontro entre os irmãos. Em seguida, pede que "Tchátski continuasse o mesmo [isto é, mantendo a velha atitude da amizade infantil], mas que você, Sofia, já estivesse mudada". Ele começa introduzindo os obstáculos que aparecem da mudança de comportamento de Sofia:

> Se ele quiser te beijar, você oferece a bochecha, ou o pescoço. Sabem quando uma das pessoas não quer muito o beijo? Mas você não pode recusá-lo logo de cara. Quando ele chegar, você embarca em algumas coisas, outras esconde, para que a mudança ocorrida não seja imediatamente perceptível. Para que isso não aconteça, você deve dar algo "[da Sofia] de antes". Pode ser um certo sorriso, um gesto. Percebem o quanto há para pensar, sobre como escapar [dessa] situação? Mas isso tudo apenas porque você sabe o que deveria ter acontecido, e sabe como Sofia está mudada.[26]

E, em seguida:

> Ou seja: você tem uma tarefa! Colocá-lo em seu devido lugar. É preciso colocar certos limites. Percebe que se não fizer isso rapidamente, ele vai começar a se declarar? Ou seja, você deve contornar isso, de algum jeito. Pode ser que haja alguma explosão emocional... Você pode até imaginar que está feliz, mas para quem assiste tudo parecerá falso. Talvez você vá ao encontro dele, mas depois para, subitamente (*Mostra.*) O que quer que faça, tente não mostrar os olhos. Os olhos queimam, como as bochechas, ora empalidecem, ora enrubescem. Isso significa que deve escondê-las, de alguma forma.[27]

26 Ibidem.
27 Ibidem.

Esse trecho é muito elucidativo de como Stanislávski mostra, na prática, como as ações geradas através do acontecimento improvisado geram tarefas concretas, que precisam ser resolvidas imediatamente, em cena, "aqui, hoje, agora". Ele comenta a experiência:

> Por enquanto, vocês encontraram apenas alguns pontos, mas depois esses pontos começam a gerar outros, que vocês atravessam depois com um pensamento só. É como se estivessem num lugar fechado em cujas paredes houvesse pequenos buracos, por onde se vê a luz do sol. Pontinhos de luz, apenas. Mas se vocês começarem a cavar esses pontinhos, os buracos aumentarão, aumentarão, e logo o recinto inteiro estará iluminado por um único raio de sol.
>
> Vocês têm ainda partes isoladas, borrões isolados. Tudo isso deve ser fixado – é nisso que devem se apoiar.
>
> Se começarem a marretar demais a parede, sobrará apenas o clichê. Não a toquem, ainda.[28]

Em seguida, Stanislávski volta ao esquema, insistindo para que a designação da ação a ser fixada seja suficientemente abrangente:

> STANISLÁVSKI: O que você adicionou à sua partitura, desse caso?
>
> ASSISTENTE: Quando eu me imaginei a antiga Sônia, quis me atirar nos braços dele, depois me aproximar de alguma forma, abraçar, beijar, tagarelar. As palavras não fluem, por que quero ouvir o que aconteceu com ele.
>
> STANISLÁVSKI: Não é a mesma coisa dizer isso, ou dizer: "quero ser a antiga Sônia". O que é melhor, para você: "ser a antiga Sônia", ou "abraçar, beijar"? Você começa das ações físicas simples. Você encontrou uma certa lógica. A pessoa chega, essa pessoa é seu "irmão", então você quer reestabelecer as relações como elas eram"… Isso diz alguma coisa para vocês?

28 Ibidem.

Ensaios Sobre um "Novo Método"

RESPOSTA: Sim.

STANISLÁVSKI: As ações que dizem algo devem ser anotadas na partitura. "O encontro de Sônia e Sácha". Isso já é muito, e podemos encontrar essa definição nas palavras "quero ser a Sônia de antes". Isso lhe diz algo?

RESPOSTA: Sim.

STANISLÁVSKI: Quero, como antes, sentar-me com ele num sofá, ou brincar de cabra-cega... O que lhe diz mais: "quero ser a Sônia de antes" ou "quero beijá-lo"?

ASSISTENTE: A primeira é melhor.

STANISLÁVSKI: Todas essas partes componentes aparecem por si mesmas, mas quando não aparecerem, o que fazer? Percebe que tivemos de tentar de muitos jeitos, para encontrar isso? Isso é uma análise. Não uma análise mental, mas emocional.[29]

Stanislávski demonstra que a formulação de "ser a antiga Sônia" contém toda uma gama de ações que permitiram com que a atriz improvisasse livremente em étude, explorando diferentes maneiras de relacionar-se e compor, aqui e agora, o comportamento cênico de sua personagem, e que foram aproximando-se da linha de ações propostas na dramaturgia à medida que iam sendo analisadas simultaneamente, para usar um termo de Knebel, com a mente e com o corpo (*Umóm i télom*). A isso Stanislávski chama, ao final, análise: "Não uma análise mental, mas emocional."[30]

Filchtínski nota, por exemplo, que durante algumas encenações de seu Teatro de Ópera, Stanislávski já empregara o étude como procedimento de ensaio, gerando situações análogas às das cenas ensaiadas. Aqui, no entanto, o procedimento é utilizado para analisar diretamente o material dramático, pela primeira vez. Pensamos que vale a pena deter-nos sobre a análise geral de toda a aula de 13 de dezembro por ser de fato a primeira vez que esse tipo de análise aparece durante as aulas do Estúdio.

29 Ibidem
30 Ibidem.

No início da aula, Stanislávski enfatiza que os atores devem utilizar-se das ações marcadas no esquema para agir a partir de si mesmos. Em seguida, conduz um étude teste, em que direciona a atenção do aluno para o fato de que a ação deve ser realizada por ele em relação a sua parceira concreta e, por fim, propõe uma situação improvisada que, corrigida, gera nos atores o comportamento análogo ao da dramaturgia, mas ainda pessoal.

Em seguida, entusiasmado com o resultado da experiência, um dos assistentes propõe: "Podemos fazer a seguinte experiência: trabalhar com algum *vaudeville*, mas não falar nada antes [para os alunos]. Iríamos tateando os momentos imprescindíveis, e depois, quando algo já tiver ganho alguma vida, leríamos [a peça]."[31]

Ao que Stanislávski responde:

> STANISLÁVSKI: Isso é muito interessante. Façam essa experiência. Tentem fazer isso. Vocês podem pegar algum pedaço de um ato – do primeiro, do quarto –, mas não falar nada antes [para os alunos] e fazer, como um étude.
>
> ASSISTENTE: Mas acredito que é importante saber como um pensamento segue o outro, no texto.
>
> STANISLÁVSKI: Já eu, acredito que isso mais atrapalha. Vocês precisam conhecer a natureza do estado, a lógica e a coerência do estado humano. Se conhecerem isso, poderão fazer não apenas essa cena, mas qualquer cena de *vaudeville*.[32]

Não apenas de *vaudevilles*, diga-se de passagem. A partir de 1937, o procedimento se tornaria o principal em todo o trabalho do Estúdio, como veremos a seguir.

A ausência prolongada de Stanislávski nas aulas do Estúdio durante o ano de 1936 não impede que os experimentos sobre novos procedimentos de trabalho continuem. Ao contar como o trabalho sobre

---

31 Ibidem.
32 Ibidem.

Ensaios Sobre um "Novo Método"

O Mal de Pensar fora repentinamente interrompido, Novítskaia diz que logo após os exames de inverno (ou seja, entre dezembro de 1935 e janeiro de 1936), os pedagogos responsáveis começaram a ensaiar, a partir da metodologia proposta na aula de 13 de dezembro, de atravessar a fábula da peça por meio dos études. Stanislávski, mesmo afastado do cotidiano do Estúdio, isolado em Barvíkha, mantinha contatos regulares com os pedagogos para direcionar a experimentação do novo método. Assim, lemos que já em 1936 iniciou-se o trabalho sobre *O Jardim das Cerejeiras* e *As Três Irmãs*, de Tchékhov, *Os Frutos da Instrução*, de Lev Tolstói, e *Os Filhos de Vaniúchin*, de Serguei Náidenov[33].

Os meses passados por Stanislávski em isolamento permitiram, no entanto, que fizesse algumas tentativas de organização e teorização sobre os experimentos para um novo método na abordagem da peça e do papel.

Algumas Tentativas de Teorização
Sobre O Novo Método

Dois cadernos relativos a essas tentativas de teorização estão guardados nos Arquivos do Museu do Teatro de Arte de Moscou. Na capa do primeiro (ĸs 594-595), lemos o título "O Trabalho Sobre o Papel. O Processo Orgânico da Comunicação. Complemento ao Capítulo 'Comunicação'. Tarefas Físicas (linha)". Na folha de rosto do caderno, lemos: "1936. Barvíkha. O Trabalho Sobre o Papel. Complemento ao Capítulo 'O Sentir-a-si-mesmo Interior. A Sensação Real da Vida da Peça e do Papel." O segundo caderno (ĸs 596) não tem qualquer título, e começa com a análise de um experimento sobre *O Inspetor*

33 Ver L. Novítskaia, op. cit., 49.

Geral, de Gógol, do que se chama no documento de "novo procedimento de ensaios". É possível atribuir o manuscrito ao ano de 1936 por um rascunho de carta, no verso de uma das folhas, datado de 21 de setembro de 1936.

Nos dois documentos, Stanislávski retoma a forma adotada nos outros dois livros sobre o trabalho do ator, e assume os *alter egos* de Nikolai Tortsóv e Kóstia Nazvánov para, por meio de um trabalho fictício sobre *O Inspetor Geral,* de Gógol, conceituar algumas posições sobre o "novo procedimento", como o chama. No segundo, ainda sob o pseudônimo de Tortsóv, vemos uma sucinta explanação geral do novo método.

A primeira coisa interessante de notar nos manuscritos é, assim como nos estenogramas do Estúdio, a grande preocupação de Stanislávski com a necessidade da experimentação prática antes da teorização. Seguindo os próprios conselhos aos estudantes, aqui também Tortsóv conduz na prática dois études a partir de *O Inspetor Geral,* e apenas depois procede à teorização a partir da experiência. A condução de Tortsóv assemelha-se, em parte, às aulas de Stanislávski com os pedagogos do Estúdio no final de 1935. Assim, quase numa elaboração da experiência da última aula sobre *O Mal de Pensar,* afirma:

> A minha maneira de abordar um novo papel é completamente diferente, e é a seguinte: sem qualquer leitura prévia e sem quaisquer conversas com os atores eu os convido, logo de cara, ao primeiro ensaio da peça nova.
>
> – Como assim? – dissemos, sem entender nada.
>
> – E não apenas isso. Podemos fazer uma peça que sequer foi escrita.
>
> – ...?!
>
> Nós sequer encontrávamos palavras.
>
> – Não acreditam? Vamos fazer um teste, então. Pensei numa peça, e vou contar-lhes a fábula por episódios, e vocês a farão. Eu, enquanto isso, acompanharei o que vocês dirão e farão na improvisação, e anotarei o que funcionar mais. Assim,

Ensaios Sobre um "Novo Método"

vamos fazer um esforço coletivo para escrever e fazer, de uma vez só, uma obra ainda não escrita!

– Dividiremos os lucros, eu e vocês.

Ficamos todos ainda mais surpresos e não entendemos nada.[34]

Assim, Tortsóv segue, conduzindo o aluno Nazvánov por um étude de ações físicas simples, que o ligariam à experiência da personagem de Gógol:

> – Como eu posso fazer a cena, quando não sei o que fazer? – recusei, perplexo.
>
> – Você não sabe tudo, mas sabe algo. Faça esse algo. Em outras palavras: pegue a vida do papel e execute apenas as ações físicas menores, que você puder realizar de forma sincera, verdadeira e a partir de si mesmo.
>
> – Eu não posso fazer nada, já que não sei nada! – disse Arkádi Nikoláievitch, me atacando.
>
> – Como assim? – Na peça está escrito: "Entra Khlestakóv". Você por acaso não sabe o que é entrar num quarto de hotel?
>
> – Sei.
>
> – Então entre. Depois Khlestakóv briga com Óssip porque ele está "de novo, largado na cama". Você por acaso não sabe brigar com alguém?
>
> – Sei.
>
> – Depois Khlestakóv quer forçar Óssip a ir conseguir comida. Você por acaso não sabe como falar com alguém, com uma questão delicada?
>
> – Sei, também.
>
> – Então faça apenas o que lhe é acessível nesse primeiro momento, aquilo em que sente a verdade, aquilo em que pode acreditar de forma sincera.

34 KS 594.

– E o que nos é acessível de um novo papel, num primeiro momento? – tentei esclarecer.

– Pouco. A transmissão da fábula exterior e seus episódios, com suas ações físicas mais simples.

No começo isso é tudo o que se pode executar de maneira sincera, verdadeira, a partir de si mesmo e por sua própria conta. Se tentarem fazer mais, vão se deparar com tarefas que estão muito além de sua força, e começarão a arriscar cair na distorção, entrar nos domínios da mentira, que gera a canastrice e a violência contra a natureza. Temam tarefas complexas logo no início – vocês ainda não estão prontos para aprofundar-se na alma do novo papel. Por isso, mantenham-se na esfera limitada das ações físicas que lhes foram dadas, busquem nelas a lógica e a coerência, sem as quais não se pode encontrar a verdade, a fé e, logo, o estado que chamamos de "eu sou".[35]

Aqui, note-se a admissão, por parte de Tortsóv, de que há certas tarefas que não estão ao alcance do ator num primeiro momento, o que gera a necessidade de criar maneiras de abordá-las. Esse entendimento é radicalmente diferente do anterior, onde não se saía da mesa de análise até que se obtivesse uma compreensão pormenorizada de todo o universo da obra a ser trabalhada. Para Stanislávski, no entanto, isso agora acontece a partir das possibilidades reais e concretas do intérprete em questão, e não a partir do domínio conceitual de um material específico. Aqui, ao contrário, as ações são o elo entre o ator e o material. Não quaisquer ações, mas um tipo específico: ações simples que pudessem ser realizadas tanto pelo ator Nazvánov quanto pela personagem Khlestakóv (*entrar no quarto, falar com alguém com uma questão delicada*). Ele continua: "Assim, comece a falar o que faria na vida real, aqui, hoje, agora, como *você* sairia da situação em que Gógol te colocou? Como não morrer de fome nesse buraco em que você se enfiou?"[36]

35 Ibidem.
36 KS 494-495. (Grifo nosso.)

Ensaios Sobre um "Novo Método"

Como a questão pode ser resolvida não no plano da ficção, mas *aqui, hoje, agora*? Nos comentários à primeira edição de *O Trabalho Sobre o Papel*, Prokófiev nota que esse procedimento, cuja resposta deveria ser dada na prática, surge de uma discussão com sua companheira Maria Lílina precisamente em 1936, enquanto estavam em Barvíkha. Segundo Prokófiev, Lílina teria discordado de Stanislávski, e afirmava que, para fazer o papel de Khlióstova em *O Mal de Pensar*, deveria, antes de mais nada, imaginar as circunstâncias da "casa dos Fámussov", da Moscou do início do século XIX. Stanislávski anota o seguinte:

> Dizer e explicar que é possível fazer a ação física aqui, neste quarto, agindo de forma real.
>
> O que significa aqui? Significa que eu sempre tomo a mim mesmo e sempre tomo as condições do lugar onde estou. Khlióstova chega no baile e quer causar uma impressão, manter seu prestígio precisamente aqui – na sala de nosso apartamento em Barvíkha... Penso: por que não poderia Sofia viver aqui? E Khlióstova vem para cá, também. Por que não poderiam entrar aqui outras damas, também... Vamos supor que estejam aqui. Pergunto: o que eu faria, se fosse Khlióstova, para causar-lhes medo e respeito... para manter minha autoridade?[37]

No primeiro manuscrito teórico, Tortsóv enuncia o procedimento de agir *aqui, hoje, agora* da seguinte forma, quando Nazvánov insiste em trabalhar com as circunstâncias de Khlestakóv:

> Você mesmo deve escolher e executar, na vida representada, aquilo que lhe for acessível logo de cara, mesmo que seja pequeno. Faça o mesmo hoje, agora. O resultado é que você deve começar a sentir a *si mesmo no papel*. Partindo daí é possível prosseguir, ir adiante e com o tempo chegar a sentir *o próprio papel em si*.[38]

37 K. Stanislávski, *Sobránie Sotchinéni v 8 Tomakh, t. 4*, p. 524.
38 KS 594.

E, em seguida, depois de descrever a experiência de Nazvánov com a ação *aqui, hoje, agora*, conclui:

> Viu, é assim que você entra em cena no começo do segundo ato – interrompeu-me Arkádi Nikoláevitch. – Dessa forma, apenas para que pudesse entrar em cena como um ser humano, e não como ator, você teve de saber: quem é, o que te aconteceu, quais as condições em que vive, como passa o dia, de onde veio e muitas outras circunstâncias propostas que têm influência sobre suas ações. Falando de outro modo, o conhecimento da vida e de nossa relação para com ela se faz imprescindível, mesmo que apenas para entrar em cena adequadamente.[39]

De fato, não há como não lembrar das aulas de 1935 com *O Mal de Pensar*, quando, ao conduzir o étude com dois atores, Stanislávski consegue que os dois ajam autenticamente apenas quando abandonam toda tentativa de utilizar-se das circunstâncias propostas no texto e passam a agir a partir de si mesmos, estabelecendo a comunicação autêntica entre si, emprestando da fábula as ações e acontecimentos, apenas.

Nesse primeiro manuscrito, vemos como Stanislávski recupera, sob a aparência de um fictício trabalho sobre *O Inspetor Geral*, as experiências de 1935 sobre *O Mal de Pensar*. No entanto, tenta criar para elas um sentido, e formula-as teoricamente com um novo conceito, explorado aqui pela primeira vez: *a sensação real da vida do papel* (*reálnoe oschuschénie jízni róli*), termo usado inclusive para intitular o manuscrito em questão. O conceito é introduzido da seguinte forma:

> – Vocês já conhecem bem, por experiência própria, o estado do ator em cena que chamamos de "sentir-a-si-mesmo cênico interior".
>
> Ele reúne em si todos os elementos, os deixa em estado de alerta e os direciona para o trabalho criativo.

---

39 KS 594-595.

Ensaios Sobre um "Novo Método"

O que pensávamos era que esse estado da alma bastava para que pudéssemos abordar a peça e o papel e estudá-los em detalhe.

Eu afirmo, no entanto, que não é suficiente, e que para a busca, para conhecer a obra do poeta e para a criação de um juízo sobre a mesma, o criador precisa ainda de algo mais, algo que lhe dê um impulso e o incentive a passar ao trabalho com todas as suas forças interiores. Sem isso, a análise da peça e do papel será apenas racional.

Nossa mente é persuasível e pode, a qualquer momento, lançar-se ao trabalho. Mas a mente sozinha não basta. É necessária a participação direta e quente das emoções, dos quereres e de todos os outros elementos do sentir-a-si-mesmo cênico interior. Com a ajuda deles é necessário criar internamente a sensação real da vida do papel (*reálnoe oschuschénie jízni róli*). Depois disso, a análise da peça e do papel não será feita apenas mentalmente, mas com todo o organismo do criador.[40]

Como sabemos, o sentir-a-si-mesmo cênico interior era, para Stanislávski, o objetivo principal do trabalho do ator e o estado criador para o qual direcionava-se toda a primeira etapa da formação do mesmo, como mostram os dois volumes de *O Trabalho do Ator Sobre Si Mesmo*[41]. No entanto, aqui vemos a introdução

40 KS 594. Filchtínski, um dos atuais divulgadores do que se chama de método dos *études* escreve o seguinte, sobre o manuscrito: "Mas em *O Trabalho Sobre o Papel, O Inspetor Geral*, por outro lado, ele escreve algo completamente diferente: não dar a peça ao ator, não deixar que leia, apenas contar a fábula e… já para o palco… Desta vez, Stanislávski não recomenda qualquer estudo prévio da peça, percepção geral da obra ou decomposição em acontecimentos. Ou seja, de fato, *uma outra metodologia*. Não há qualquer divisão entre a exploração mental e a exploração corporal – ele não propõe nada disso. Ao contrário, ele atira *o corpo* adiante. Começa, corajosamente, a *misturar* praticamente de maneira simultânea, a produzir a exploração corporal e mental: exploração corporal – depois mental – depois corporal mais uma vez, e assim por diante. Ele diz, então que seu procedimento *analisa a peça automaticamente*." Ver *Otkrítaia Pedagógica*, p. 17.

41 Lembremos, ainda da primeira aula com os pedagogos do Estúdio, em 30 de maio de 1935, quando afirma que todos os elementos do "sistema" criador, com letra minúscula, existem apenas para despertar o "Sistema" com letra maiúscula. (KS 21137)

de um novo conceito, e a afirmação de que "esse estado da alma" não é suficiente, e que deve ser trabalhado a partir de algo que o incentive a passar ao trabalho com todas as suas forças interiores. A *sensação real da vida do papel* é exemplificada por Stanislávski da seguinte forma:

> Em minha juventude eu me interessava muito pela vida das pessoas na Antiguidade: lia, conversava com estudiosos, colecionava livros, gravuras, fotografias, cartões postais, e pensava que eu não apenas entendia, mas que sentia a época.
>
> Eis que um dia... fui parar em Pompeia, e pisei com meus próprios pés o chão em que haviam algum dia andado os antigos; vi com meus próprios olhos as estreitas ruas da cidade, andei pelas casas destruídas, sentei nos mesmos bancos de mármore em que haviam de ter descansado os heróis, e toquei, com minhas próprias mãos, os objetos que algum dia eles mesmos haviam tocado. Eu, durante toda uma semana senti espiritual e fisicamente a vida passada.
>
> Disso, todas as minhas informações livrescas esparsas entraram em seu devido lugar e ganharam uma vida nova, numa outra vida geral, compartilhada.[42]

Stanislávski, assim, conecta o conceito da *sensação real da vida do papel* com uma "vida compartilhada", mistura das imagens mentais, percepções, com a influência direta da experiência real do ator. Mais ainda: essa experiência real é única, capaz de "pôr em seus devidos lugares" as percepções dispersas dos livros e imagens mentais.

No dia 20 de dezembro de 1936, Stanislávski descreve o "novo procedimento" numa carta a Elizabeth Hapgood:

> Acabei encontrando, completamente por acaso, um novo procedimento para a abordagem do papel, e que acabou se tornando

---

42 KS 595.

Ensaios Sobre um "Novo Método"

muito popular, primeiro na minha nova escola-estúdio [o Estúdio de Ópera e Arte Dramática], e depois no próprio Teatro de Arte. Você deve estar a par dessas coisas, agora, por isso te explico sucintamente.

O que fazemos é o seguinte: lemos uma nova peça hoje, amanhã já a atuamos. O que se pode atuar? Na peça diz-se que entra o senhor X para encontrar-se com o senhor Y. Você sabe entrar num recinto? Então entre. Na peça diz-se, por exemplo, que acontece ali um encontro entre velhos amigos. Você sabe como se encontram velhos amigos? Então encontrem-se. Falam um para o outro uma série de ideias. Lembram-se do cerne? Então diga esse cerne. Como? Não sabem as palavras? Tudo bem, falem com suas próprias palavras.

Não se lembram da sequência da conversa? Tudo bem, eu lhes digo a ordem das ideias. Assim atravessamos toda a peça por meio das ações físicas. É muito mais fácil de lidar e de direcionar o corpo, do que a alma caprichosa. Por isso, é mais fácil criar essa linha física do papel, do que a psicológica. Mas será que é possível que exista a linha física sem a psicológica, quando a alma é inseparável do corpo? Claro que não. Por isso, simultaneamente à linha física do corpo aparece, por si mesma, a linha interna do papel. Esse procedimento tira a atenção do criador da emoção, deixando-a para o subconsciente, que é o único que pode dominá-las e direcioná-las da forma correta. Graças a essa abordagem escapamos da violência sobre as emoções e colocamos a própria natureza para trabalhar.

Quando o ator, tendo criado a linha física, de repente começa a sentir a linha interior, a linha anímica do papel, sua alegria e surpresa são infinitas. Parece até que houve algum milagre. *Esse procedimento, no entanto, requer uma técnica. Estou ocupando-me dela, agora.* Estou te contando o segredo de meu laboratório, já que de uma forma ou de outra isso ia chegar até você. Não fale nada sobre ela por enquanto, para que ele não se espalhe da maneira incorreta. Pode levar muita gente a fazer confusão.[43]

No início de 1937, então, relativamente recuperado, Stanislávski começa efetivamente a "ocupar-se da técnica" requerida para seu "novo procedimento". Ele convoca alguns alunos a irem ao seu encontro em Barvíkha. Lídia Novítskaia, uma das convocadas, observa:

> Ele nos explicou que nos últimos tempos acumulara muitas ideias, que tinham aparecido muitos postulados sobre o processo de trabalho sobre um método de ações físicas, que coisas precisavam ser testadas na prática. Precisávamos [então] verificar possíveis conexões ausentes no método, se não havia coisas supérfluas, momentos prescindíveis. Por isso ele propôs que conduzíssemos, no Estúdio, um trabalho sobre determinados espetáculos, claro, sob sua condução.[44]

Em seguida, descreve como Stanislávski propõe a escolha de material clássico e lhe atribui *Romeu e Julieta*, enquanto sua colega Viakhíreva fica com *Hamlet*. O trabalho de Stanislávski sobre o material dramático clássico, em que se experimenta os "postulados" de um "novo método" consistem numa parte significativa dos estenogramas do Estúdio de Ópera e Arte Dramática. Pudemos enumerar nada menos do que oito peças diferentes (apenas na seção de Arte Dramática), cujo trabalho era conduzido por Stanislávski simultaneamente, nas quais foram testados diferentes aspectos do "novo método".

Infelizmente a prática da estenografia (depois adotada em todos os ensaios do Teatro de Arte de Moscou) ainda não era regular o

---

43 K. Stanislávski, *Sobránie Sotchinéni v 9 Tomakh, t. 9*, p. 583-584. A carta inteira encontra-se traduzida, numa redação ligeiramente diferente em E. Vássina; A. Labaki, *Stanislávski: Vida, Obra e Sistema*, p. 121. No mesmo volume, p. 261, é preciso notar, os autores traduzem e apresentam duas importantes conversas de Stanislávski com os diretores do Teatro de Arte de Moscou à época, em 1936, em que expõe minuciosamente as bases do "novo procedimento". (Grifo nosso.)

44 L. Novístkaia, op. cit., p. 119.

Ensaios Sobre um "Novo Método"

suficiente, e nem todos os processos de ensaio nos quais se realizaram experimentos sobre o "novo método" estão inteiramente documentados. Há estenogramas sobre *Hamlet*, publicados parcialmente por Vinográdskaia em *Stanislávski em Ensaio*. Há alguns esparsos sobre *Os Filhos de Vaniúchin*, de Náidenov e *Intriga e Amor*, de Schiller. A série mais coesa guardada nos Arquivos do Museu do Teatro de Arte de Moscou, no entanto, é a dos trabalhos sobre *Romeu e Julieta*.

Romeu e Julieta: O "Processo Orgânico de Comunicação" – Hoje, Aqui, Agora

O trabalho sobre *Romeu e Julieta* acontecia sob a direção de Lídia Novítskaia – supervisionada por Stanislávski – que também o descreve, baseado em suas anotações no já citado *Lições de Inspiração*. A primeira vez que Stanislávski toma parte diretamente no trabalho com os alunos é em 27 de abril de 1937. A aula começa com uma revisão da metodologia de fragmentação da obra em pedaços (*kuskí*). Nela, Stanislávski conduz Novítskaia através da divisão da obra de Shakespeare em "pedaços grandes". Explica, depois de perguntar por que a divisão da peça deveria começar com os pedaços maiores:

> Stanislávski – Exatamente. Se pegarmos um frango e o cortarmos em pedaços muito pequenos será impossível entender, apenas por um dos pedaços, que é um frango. Se, no entanto, pegarmos pedaços maiores: a asa, a coxa, a cabeça – fica imediatamente claro do que se trata. Me diga: por onde você começou o trabalho?[45]

---

45 KS 21162. Curiosamente o exemplo dos "pedaços de frango" é o mesmo utilizado para expor a metodologia da divisão em pedaços e tarefas em *O Trabalho do Ator Sobre Si Mesmo* (ver o capítulo "Pedaços e Tarefas", ou "Unidades e Objetivos", em algumas traduções). ▶

Assim, depois de dividida a peça em pedaços grandes, "você tem a peça toda nas palmas das mãos". Com ela, pode-se passar a trabalhar através das ações. Ele continua:

> Nós dividimos toda a peça em pedaços grandes, e obtivemos um resumo. Depois, dividimos os pedaços grandes em menores, e agora vamos passar pelas ações. Agiremos toda a fábula da peça, e quando tivermos agido logicamente, então nessa hora, sentiremos. Vocês executaram todas as ações reais e mentais, e todas essas ações foram definidas. Quando as tiverem executado, é como se um fio tivesse sido tecido. Essa é a ação transversal interna. Fortalecendo essa ação, poderão sentar-se nela como num barco, e chegarão irremediavelmente à supertarefa. Esse é o jeito normal de trabalhar. Claro, partindo daqui vocês não farão o papel imediatamente, vocês não se transformarão em Romeu ou em Julieta, mas começarão a desejar, a pensar sobre isso, a buscar. Com essa busca acabam acordando as memórias emocionais, que se fortalecem e crescem. Dividam seus papéis em algumas partes e comecem por alguma delas.[46]

A divisão da peça em fragmentos ou em "pedaços" não era exatamente uma novidade. No entanto, Stanislávski passa, no Estúdio, a propor a divisão em ações, como vimos no trabalho com *O Mal de Pensar*. Essa mudança é muito importante para as proposições metodológicas em questão, pois permite ao ator improvisar as ações a partir de si mesmo, sem preocupar-se, num primeiro momento, com as circunstâncias propostas do texto dramático. O próximo fragmento, nesse sentido, contém uma proposição completamente nova.

Ao acompanhar a discussão que se segue, no estenograma, entre Stanislávski e os alunos – que reclamam de não terem o texto de seus papéis para decorar, vemos que Stanislávski chega, por fim,

---

▷ Ali, no entanto, a imagem leva ao sentido oposto: o frango deve ser dividido nos menores pedaços possíveis. Esse é, como pensamos, outro exemplo significativo da reorientação ocorrida no Sistema na década de 1930.

46 Ibidem.

Ensaios Sobre um "Novo Método"

à proposição de que existem certas ações que não precisam de circunstâncias propostas:

> Na etapa atual eu não preciso disso. Quando vocês fazem ações sem objetos, por exemplo, tiram o paletó, vocês necessariamente precisam desabotoá-lo e tirar os braços das mangas. Todas essas ações, mediante quaisquer circunstâncias propostas, são necessárias. Ou seja, existem ações físicas que são orgânicas independentes das circunstâncias propostas. Agora nós precisamos da linha das ações orgânicas.[47]

A ideia de uma *ação orgânica*, ou seja, uma ação que permanece a mesma independente das circunstâncias propostas, pode parecer estranha, num primeiro momento, mas notemos como a proposição se assemelha àquela, teorizada durante 1936, no trabalho sobre *O Inspetor Geral*, na qual Stanislávski-Tortsóv insistia que o aluno tomasse as ações da dramaturgia, mas que as realizasse *aqui, hoje e agora*. Vejamos como é precisamente nelas que Stanislávski insiste:

> Eu preciso estabelecer a comunicação, ou seja, chamar a atenção, e não preciso de mais nada de vocês. Não há Romeu, não há Julieta. É preciso apenas que vocês levem em conta o que é preciso fazer para estabelecer a comunicação. O mais elementar é o que sempre se esquece, em cena. Enquanto isso não for feito, é proibido falar sobre as emoções. O que é preciso, para estabelecer a comunicação? É necessário entrar na alma do parceiro com os tentáculos que brotam de seus olhos, e ele deve fazer o mesmo – irradiação. A primeira coisa de que precisam, para isso, é um parceiro. Vocês viram olhos assim muitas vezes? Eu posso nomear poucos: Salvini, Duse. Estou chamando a atenção para coisas que parecem óbvias, mas de que sempre nos esquecemos em cena. Transfiro tudo isso para

47 Ibidem.

a cena. Vocês entram em cena, diante de um público multitudinário. Veem seu parceiro muito claramente. Tateiam com os olhos sua alma, e estabelecem com ele a comunicação. Eis aí um momento de "verdade", e isso já é muita coisa. Eu estou lhes falando da linha psicológica mais elementar. Essa linha deve ser conhecida de todos vocês. Agora, estamos seguindo por essa linha orgânica sem quebrá-la.[48]

Aqui, as ações orgânicas são recursos para que os parceiros de cena estabeleçam entre si a comunicação. Ou seja, Stanislávski coloca, em primeiro plano, antes mesmo da ficção, o estabelecimento da comunicação autêntica entre os parceiros. As ações delineadas no "esquema", dessa forma, passam a servir de balizas para uma inter-relação autêntica entre os intérpretes, necessária para a improvisação da fábula da peça em études. Frisemos a metáfora recorrente de Stanislávski de que "é preciso entrar na alma do parceiro com os tentáculos que brotam de seus olhos".

Um mês depois, em 25 de maio, Stanislávski conduziria a próxima aula sobre *Romeu e Julieta*, o processo orgânico de comunicação entre as atrizes que fazem a terceira cena do primeiro ato. Antes de começar a improvisação:

> STANISLÁVSKI: O fundamental é [entender] a linha que se segue. Vocês devem ir pelo processo orgânico mais simples. Devem sentir o processo orgânico de maneira que não consigam mais passar sem ele. Sem o processo orgânico sua atenção se direcionará para o público, quando é preciso que seja para o parceiro. O que você está fazendo?
>
> ORLOVA: Estou procurando Julieta.
>
> STANISLÁVSKI: Lembre-se que, do momento em que receberam o papel, não há mais nenhuma Julieta. Temos Kátia Zakhóda e Mascha Míschenko [*alunas que faziam o papel de Julieta*].

48 Ibidem.

Ensaios Sobre um "Novo Método"

Percebe como são duas pessoas diferentes e que você, portanto, deve adaptar-se a elas de maneira diferente?[49]

Mais uma vez Stanislávski lembra à aluna de que não há qualquer personagem, ou circunstância proposta, e de que ela deve se adaptar de maneira concreta às duas atrizes com quem contracena. Note-se que tanto Kátia Zakhóda como Mascha Míschenko faziam o papel de Julieta e cada uma deveria ser considerada diferente. Ao comunicar-se com elas, portanto, Rubtsova – a estudante que fazia a Ama – deveria encontrar as particularidades de cada uma. Ele segue, explicando a necessidade da comunicação autêntica:

> Para que você aprenda a sempre ver a vida em cena, para que lhe seja difícil, quase impossível, como é para mim, por exemplo, transferir a atenção para a plateia, você deve desenvolver esse hábito. Os primeiros passos para isso são a linha das ações físicas e o processo orgânico, que fazem com que você se comunique com o objeto [...] Vocês entendem esse processo de tatear a alma do parceiro com os tentáculos dos seus olhos? Veem que se trata do simples processo orgânico da comunicação.[50]

Esse processo, para Stanislávski, não se limitava aos atores, e sim a todo o ambiente (*obstanovka*) no qual o étude seria realizado. Prossegue ele:

> STANISLÁVSKI (*a Rubtsova*): Onde você está, agora? Você é a ama de Julieta, mas está aqui, na casa de Stanislávski. Você está aqui, com a sala cheia. Pode ser que fale sussurrando, mas é preciso partir das circunstâncias propostas dadas. Hoje, aqui. Vocês entendem por que eu quero que vocês se utilizem desta sala? Não preciso que inventem um outro mundo. Isso é muito difícil. Percebam: estou agora e aqui,

49 KS 21166.
50 Ibidem.

nesta sala. A fantasia deve ser flexível (resiliente). Vocês devem ser capazes de justificar quaisquer circunstâncias propostas. Não precisamos de um mundo duplo. Explique o que poderia acontecer se você se encontrasse hoje, aqui, e procurasse Kátia Zakhóda. Imagine que vocês duas moram aqui. Você a procura por todos os aposentos. É completamente possível que você entre aqui e se veja no meio de uma aula, ao buscar Zakhóda.[51]

Detenhamo-nos sobre esse trecho. Como dissemos antes, fica claro que nesse primeiro momento era importante não apenas a comunicação concreta entre os parceiros de cena, mas também a relação concreta com o espaço determinado. Notemos que Stanislávski não pede para que as alunas adaptem a "casa de Stanislávski" à sua imaginação, mas bem o contrário: as ações orgânicas extraídas do texto e colocadas no "esquema do papel" deveriam acontecer diretamente na "casa de Stanislávski", no "meio da aula". "Não precisamos de um outro mundo", diz ele, pedindo que Rubtsova procure por sua parceira "hoje, aqui".

A mesma coisa acontece adiante, quando Stanislávski trabalha com Zakhóda a linha orgânica de Julieta:

> STANISLÁVSKI: Você sente que há algo que você não sabe, você olha para ela e quer saber algo dela. Por que você não olha para os seus colegas, aqui sentados? Pode ser que eles saibam. Imagine que eu chamei vocês aqui para dar-lhes uma bronca. Em primeiro lugar, é diferente eu falar com cada um olhos nos olhos ou dar uma bronca coletiva, em todos. E, se você não souber qual a questão, pode ser que alguém saiba. Peguem sempre o hoje, e aqui, enquanto seu trabalho estiver no estágio do processo orgânico. Se não incluir as pessoas que estão aqui sentadas em cena com você, será

51 Ibidem.

Ensaios Sobre um "Novo Método"

como carne podre no corpo. (*Zakhóda dirige-se aos outros alunos, perguntando se não sabem por que foi chamada.*)[52]

É interessante notar como Stanislávski pede inclusive que a atriz leve em conta o público, ou seja, os outros alunos que assistem o étude, e os coloque diretamente por meio de alguma justificativa e como Zakhóda em seguida o faz, improvisando uma cena obviamente inexistente na tragédia de Shakespeare.

Trata-se de uma das posições fundamentais de Stanislávski no último período de sua vida. Seguindo o raciocínio proposto por Knebel[53], há uma distância enorme que separa ator e personagem. Eu, ator, que vivo numa época tal e sou completamente diferente da personagem que devo representar, que é uma ficção escrita na época tal. Que significa isso, de fato? Que há poucos ou quase nenhum ponto de contato (para usar um termo do Sistema, nenhuma circunstância proposta ou suposta comum) entre eu, ator, e a personagem que devo atuar. Entretanto, o que notamos ao analisar os estenogramas do Estúdio de Ópera e Arte Dramática é que o procedimento proposto por Stanislávski para dar conta dessa distância difere radicalmente daquele estabelecido pela tradição, após sua morte. Ora, se tanto Knebel quanto Kédrov (e consequentemente os discípulos de ambos) buscam a aproximação por meio das circunstâncias propostas, Stanislávski rechaça-as completamente, buscando na ação orgânica – ou seja, aquela que prescinde das circunstâncias propostas – precisamente esse ponto de contato, que, como vemos nas aulas estenografadas, parece capaz de estabelecer uma espécie de ponte entre ficção e realidade. Vejamos mais alguns exemplos, extraídos da mesma aula de 25 de maio de 1937. Quando interpelado pela atriz Orlova, que reclama dizendo ser "difícil imaginar Romeu e Julieta em outro lugar, que não um castelo", responde Stanislávski:

52 Ibidem.
53 Ver M. Knebel, op. cit., p. 50-55.

E por que você precisa imaginar um castelo aqui? Junte o abstrato com o real e imagine que tudo isso se passa aqui, nesse quarto. Um castelo medieval não combina com Tchékhov, mas se precisasse, o faríamos. Se pegamos a correta natureza das emoções, podemos fazê-las em qualquer situação, em qualquer cenário. Romeu e Julieta amam da mesma forma como nós amamos, e se vocês vivem uma certa emoção que pode ser experienciada apenas em um lugar, então não se trata de uma emoção real, mas de uma representada.[54]

Em um outro trecho, a aluna Zavádskaia questiona essa posição, argumentando uma contradição entre trabalhar com o parceiro real e as circunstâncias propostas pelo autor sobre o lugar da ação:

> ZAVÁDSKAIA: Enquanto eu discuto as inter-relações com o parceiro, enquanto eu discuto as circunstâncias propostas e estabeleço o momento de comunicação, nessa hora preciso estar aqui, e agora. Mas chega uma hora em que preciso ir até a janela: que vazio, que neve etc., mas eu vejo diante de mim o supermercado da esquina e as portas que dão na rua Tverskáia.
>
> STANISLÁVSKI: Você estará alucinando, se estiver vendo outra coisa. Você vive agora de uma certa emoção e deixe que, diante de si esteja o supermercado. Para todos esses casos há o "se". Não alucinar, mas colocar "o que eu faria, se" estivesse em tal clima, ou se fosse noite.[55]

Em seguida, a aluna Maria Míschenko dá o mesmo exemplo, a partir de um trecho de O Jardim das Cerejeiras. Stanislávski responde:

> STANISLÁVSKI: Se é isso o que você realmente vê, então, por favor. Mas eu posso, por um pequeno galho que seja, imaginar todo o jardim das cerejeiras. No final das contas,

54 Ibidem.
55 Ibidem.

Ensaios Sobre um "Novo Método"

para o seu sentir-a-si-mesmo interno não importa nem um pouco se é um supermercado ou não. Eu peço apenas uma coisa: não criem para si convenção nenhuma, todos esses "ses" de muitas etapas os puxam necessariamente para a *mise-en-scène*. Eu estou permitindo o "se" para vocês como uma concessão temporária. "Se não fosse o supermercado, mas o jardim das cerejeiras", e estou tentando tirar vocês do clichê. Me surpreende apenas uma coisa: lhes falamos da essência, e vocês teimam nos detalhes exteriores. Percebam: não há possibilidade alguma de fixar as emoções, mas sim de fixar as ações físicas. Nas ações há uma lógica e coerência rigorosas, e por isso eu levo vocês através dos pensamentos corretos e das ações físicas. Mas, para isso, para que não sejam as ações físicas pelas ações físicas, preciso conduzi--los pela linha orgânica da comunicação. Preciso que vocês transmitam para ele suas visões e, quando o fizerem, então as ações físicas, as visões e a atenção de vocês acontecerão para o parceiro, e isso é o mais importante.[56]

No trecho, Stanislávski insiste que não se crie convenção nenhuma, que a primeira premissa para estabelecer o processo orgânico de comunicação é lidar com os parceiros e condições reais em que se desenvolve o étude. Todos os discípulos e comentadores do último período de vida de Stanislávski falam, é verdade, sobre a impossibilidade de fixar as emoções, e da facilidade de fixar as ações físicas. Há no entanto, uma outra linha que precisa ser desenvolvida e sobre a qual raramente se encontra algo na tradição acerca de Stanislávski: a linha orgânica da comunicação, ou seja, aquela que prescinde precisamente da ficção.

Para entender esta posição, é preciso olhar para as últimas conversas de Stanislávski no Estúdio, em 1938. Nelas, vemos a maneira como formula não apenas os objetivos de um possível "novo método", mas também as etapas que o Estúdio conseguira desenvolver.

---

56 Ibidem.

As Últimas Conversas de Stanislávski no Estúdio

Stanislávski realiza, em maio de 1938, duas conversas com os alunos do Estúdio sobre os novos procedimentos de ensaio. Em 15 de maio, depois da apresentação de *As Três Irmãs* e *Os Filhos de Vaniúchin*, ele conversa tanto com os alunos do Estúdio como com os estudantes de direção do Gitis, que acabavam de assistir ao ensaio aberto. Nesse dia, Stanislávski começa perguntando que assuntos interessam aos convidados, ao que estes respondem que é o novo método de trabalho do Estúdio. Em seguida, ele explica, passando por algumas das posições fundamentais, as mudanças no procedimento de ensaio que se encontrava em teste no Estúdio.

Nessa conversa, além dos procedimentos básicos da nova abordagem (que já discutimos anteriormente neste capítulo: as ações orgânicas, études etc.); Stanislávski fala sobre o objetivo das buscas do Estúdio:

> Aqui entra ainda uma outra coisa importante, que chamamos de "aqui, hoje, agora". Vamos supor que eu esteja trabalhando sobre o papel de Hamlet. Por onde começar? É possível estudar, como fazíamos antes, a época e os gostos da Idade Média, desenhar em nossas imaginações o velho e sombrio castelo de Elsinor, em suas galerias de pedra com intermináveis correntes de vento, e imaginar, nelas, enrolado numa capa, um pálido e esfarrapado príncipe vagarosamente caminhando pelos corredores...
>
> Pode um quadro assim nos mover? Provavelmente, pode. Mas nós preferimos seguir um outro caminho. Eu, tendo recebido o papel, começo de que Hamlet sou eu (e não o príncipe errando pelas galerias de pedra). Quando tudo acontece? Agora (e não na Idade Média). Onde? Aqui, não em Elsinor, mais precisamente aqui, nesta sala, em Moscou. *Não num certo*

tempo, num certo lugar e *alguém*, mas *eu, aqui, agora*. E "se" eu estivesse agora nas circunstâncias propostas dadas da peça, o que eu faria?

O "se" é uma palavra grandiosa. Os alunos deram-lhe o epíteto de "mágico". Dele é que começa qualquer criação.

Vejam que estamos aqui sentados, conversando. Derrubem uma das paredes e coloquem ali umas mil pessoas. Isso será arte? Criação? Ainda não. Mas imaginem que não estamos em Moscou mas na Espanha. E nós conduzimos um ensaio conversando. Isso já é criação. Pois então se vocês estivessem na Espanha e eu perguntasse para vocês: para onde irão, saindo daqui (supondo que estão em Barcelona, por exemplo)? – "Eu vou para a praia". Começa a trabalhar a fantasia, e seguindo ela os outros elementos interiores. Isso já é criação. Vocês devem criar a vida em cena.

Aqui, hoje, agora. Não é o mesmo que ontem, no espetáculo de ontem. A maneira como se sentem hoje não é a maneira como se sentiram há três dias atrás. *Nunca tentem atuar hoje da mesma maneira como atuaram ontem, não tentem repetir-se a si mesmos.* Que seja pior, mas será o melhor que tem para hoje. Hoje vocês não conseguirão fazer como foi ontem, caso contrário, estarão apenas copiando. Então não é mais criação artística.

A linha das ações físicas, a linha da lógica interna das emoções cria para vocês, em cena, o estado que chamamos de "eu sou". Isso significa – "eu realmente existo aqui", eu realmente tenho o direito de estar aqui, de agir, eu estou não sob um tablado, mas nessa vida cênica. Quando vocês entrarem nesse estado vocês então encontrarão as nuances mais refinadas do papel, que não podemos dominar conscientemente. Isso é a criação subconsciente, quando vocês mesmos não sabem por que fizeram certa coisa. A criação subconsciente é nosso objetivo. Não dá para fazer melhor do que a própria natureza.[57]

---

57 KS 21178.

Stanislávski começa criticando a utilização, precisamente, das circunstâncias propostas. Apesar de reconhecer a possibilidade de tal trabalho (imaginar uma situação outra, no caso o castelo de Elsinor), de fato um procedimento inventado por ele mesmo, diz que "preferimos trabalhar de outro jeito", e passa a apresentar o novo elemento: *aqui, hoje, agora*. Esse trecho é muito importante, em nossa opinião, pois mostra a conexão direta das ações orgânicas (*aqui, hoje, agora*) com o "nosso objetivo", ou seja, a "criação subconsciente". Vemos aqui Stanislávski de fato aprofundar o conceito do "momento subconsciente" elaborado em 1935 nos exercícios de ações sem objetos, e atrelá-lo à realidade concreta do ator. Lembremos do exemplo de "Pompeia". Tratava-se, para ele, de criar um campo misto, uma "terceira realidade", entre a ficção da obra e a cotidianidade do ator, um lugar misturado entre realidade e ficção, individual e único para cada intérprete. A última conversa estenografada no Estúdio é muito esclarecedora, nesse sentido.

No dia 22 de maio, Stanislávski reúne os pedagogos-assistentes para uma conversa sobre a apresentação do dia 15. Nessa aula, realiza-se uma avaliação geral das aulas e do currículo do Estúdio. Como dissemos, essa é a última aula estenografada antes da morte de Stanislávski e é muito difícil não vê-la como uma espécie de testamento, que ao mesmo tempo contém importantes indicações para o futuro. Nesse dia, Stanislávski faz uma exposição detalhada de "como o ator deve abordar o papel", mas sem mencionar qualquer método pronto. Ele diz para os alunos: "Vou falar até onde cheguei. Corrijam-me, agora, se eu errar em algo." Acompanhemos a linha de pensamento desenvolvida neste documento.

A primeira atitude de Stanislávski, antes de apresentar qualquer tentativa de sistematização das experiências, é "direcionar" os pedagogos para a continuação das buscas após sua morte:

> Comecem diretamente pela crítica do método que eu proponho. Eu não o considero ideal, sem erros. Trata-se, certamente, de uma das etapas da busca... E o que esse método mostrou

na prática? O que foi bom e o que foi ruim? O que pode estar errado ou ser difícil, nele? Essa questão foi esclarecida, ou não? Talvez no próprio método haja certos erros? Se formos desenvolver esse método, talvez estejamos apenas aprofundando esses erros?[58]

Ele prossegue e expõe um esquema do trabalho com a peça e o papel: "Vou explicar para vocês a abordagem de que o ator deve se utilizar para criar o papel". Stanislávski começa falando sobre os études iniciais:

> Se a peça é desconhecida, não falem nada sobre ela, melhor que não saibam que estão preparando uma peça, que estão preparando um espetáculo. O trabalho da direção é encontrar uma série de études que levem à linha das ações físicas da peça. Vocês fazem toda uma série de études.
>
> O que significa ações físicas, que ações são essas? Vamos dizer que vocês têm, por exemplo, um étude que chamaram "A Recepção", em que alguns dos atores chegam de uma viagem de trem e outros vão recebê-los na estação. Toda a criação começa com: *se essa sala não fosse uma sala, mas a plataforma de uma estação de trem*. Ali onde estão os retratos são os trilhos; os móveis ali na parede são as bancas de jornal. Em uma palavra, façam como a criatividade das crianças: *como se fosse, mas não é*. Removam o que atrapalha, fiquem com o que ajuda.[59]

Numa primeira leitura do estenograma pode parecer que se trata de um exemplo aleatório[60]. Aqui, podemos supor que se trata da

---

58 KS 21179.

59 Ibidem.

60 Kristi, Prokófiev, Vinográdskaia e Smelianski incluem, na edição de *O Trabalho Sobre o Papel* (p. 352) um documento que, comparado com o estenograma, pode servir para que seja mais bem entendido. No documento intitulado "Complemento ao *Trabalho Sobre o Papel: 'O Inspetor Geral'*", Stanislávski fala em *études* sobre o passado e sobre o futuro das situações, ou seja, *études* fictícios em relação à dramaturgia. No plano de trabalho

exploração da situação que antecede a chegada das personagens no primeiro ato de *O Jardim das Cerejeiras*, que estava sendo ensaiado numa metodologia parecida no Estúdio, sob a direção de Maria Lílina.

Esse tipo de trabalho, para Stanislávski, deveria servir para encontrar as ações orgânicas do material. Seu posicionamento é muito interessante, em nossa opinião, pois mostra como a experiência estava colocada em primeiro lugar mesmo nos estágios mais iniciais do trabalho. Para entender as ações do primeiro ato de *O Jardim das Cerejeiras*, então, os atores deveriam entender os componentes orgânicos (sem circunstâncias propostas) da ação de "receber alguém numa estação de trem", por exemplo. Stanislávski prossegue, após descrever o suposto étude da "recepção":

> O que há de novo, aqui? Muito. Quando falávamos, antes, "dividam o papel em pedaços", vocês começavam a dividir daqui até aqui; ponto e vírgula; ponto; e depois, no pedaço escolhido, [dividiam] os pensamentos – sobre o que fala o pensamento, a ideia. Isso é a tarefa.

> Onde acontece esse trabalho? Na mente. Trata-se de um trabalho analítico. A mente joga um papel enorme [nesse trabalho], mais do que a emoção.

> O que estou dizendo agora é: se vocês de fato os estivessem recebendo, o que fariam? Podem dizer analiticamente que "eu iria…". Não. Se vocês já veem mentalmente a estação de trem, já estão agindo mentalmente.

> De onde veio isso? Do consciente? Não, não. Veio através do caminho mais difícil do subconsciente. Por "subconsciente" quero dizer tudo: os reflexos, o instinto etc. Eu tenho muito medo de entrar nessas nuances científicas, pois aqui a mente é

sobre *O Jardim das Cerejeiras*, escrito a partir do trabalho de Lílina com os alunos em 1936 (*Sobránie Sotchinéni v 8 Tomakh, t. 4*, p. 467) encontra-se, também, o mesmo *étude*, da "recepção na estação de trem". No entanto, é preciso entender como, ao contrário do estabelecido na prática posterior à morte de Stanislávski, os *études* sobre o passado e o futuro não tinham como objetivo, aqui, a exploração das circunstâncias propostas, mas sim a descoberta da linha de ação orgânica da obra.

Ensaios Sobre um "Novo Método"

> rapidamente substituída pela razão. Chamem isso tudo de natureza orgânica e subconsciente e não precisamos de mais nada.
>
> Ao invés de dividir o papel em pedaços e tarefas, vocês começam a dividir em ações porque isso atrai o subconsciente, enquanto lá [no método anterior] atrai a racionalidade.[61]

Em primeiro lugar, Stanislávski distingue os dois tipos de análise feitos em diferentes momentos de sua prática. Ao falar sobre os "pedaços", refere-se ao extensivo trabalho de mesa realizado que havia sido a prática corrente dos ensaios desde 1908. A isso, contrapõe então uma análise que deve fornecer respostas concretas, aqui e agora, em improvisação. Percebamos que a formulação "o que eu faria", para Stanislávski, deve ser respondida com ação, e não com palavras. Em seguida ele diz que esse tipo de análise é o melhor para atrair a criação subconsciente que, como vimos anteriormente, é para ele o objetivo principal do trabalho do ator.

Mais ainda. Mesmo as ações orgânicas – colocadas no "esquema do papel" – deveriam ser, antes de mais nada, experimentadas em études, e conseguidas por meio da improvisação, ou, para usar um termo de Stanislávski, através dos "momentos subconscientes" que o étude proporcionava. Ele prossegue e propõe que então se passem aos études *com o material da peça*:

> Dessa forma ficamos com as ações. Vocês precisam então atuar essa série de tarefas passando por todos os episódios – primeiro, através das ações maiores, de fazer as ações maiores por meio das tarefas pequenas. O simples fato de vocês executarem essas ações em cena já é o estudo dessas ações, da natureza dessas ações.[62]

Em outras palavras: é, como diz Knebel[63], a própria ação que analisa a ação. Essa característica permite-nos desconfiar de que a ação, para Stanislávski, era dotada de um caráter muito particular,

61 Ibidem.
62 Ibidem.
63 Ver M. Knebel, op. cit.

individual, próprio de cada ator. Vemos isso no momento seguinte, quando ele adverte sobre um perigo subjacente à linha das ações: "Logo, logo aparece, aí, um momento muito perigoso. Muito rapidamente nossos corpos pegam os clichês. Todas essas ações físicas podem transformar-se rapidamente em clichê. Então vem o momento em que é preciso abandonar essa linha [das ações físicas.]."[64]

Poderíamos dizer que as ações físicas desligadas do "momento subconsciente" caem no clichê: "O subconsciente começa a falar quando tudo está em ordem, quando tudo vai bem, e se não está em ordem, então começam o clichê e o *can-can* nos quais usualmente o ator cai."[65] Prossegue Stanislávski:

> Peguem essa peça [linha de ações físicas conseguidas com os études], olhem para essa linha e depois olhem para a linha que está escrita em *O Jardim das Cerejeiras*. Não é a mesma coisa. As circunstâncias propostas não são as mesmas, mas são muito próximas, aparentadas, e não pode ser de outra forma porque elas nascem da mesma matéria: da lógica e da coerência, e essa lógica e essa coerência são o que as faz necessárias a ambas.
>
> Se vão encontrar alguém, precisam perguntar-se onde? Sim. Verdade, que às vezes quem pergunta é a outra pessoa, mas vejam que é uma singularidade, enquanto a linha continua a mesma em todas as circunstâncias.[66]

Por que permanece a mesma? O que interessa a Stanislávski no primeiro momento, como ele mesmo afirma repetidas vezes, é o processo orgânico da comunicação. O que vimos até aqui, de fato, foi uma exposição sobre como criar exatamente esse processo, por meio da composição da linha da ação orgânica, criada a partir dos études e do esquema das ações físicas simples do papel. Depois, no entanto, a linha das ações físicas deveria servir de suporte para

64 KS 21179.
65 Ibidem.
66 Ibidem.

Ensaios Sobre um "Novo Método"

a criação de uma outra. Stanislávski diz que é impossível realizar as ações físicas simples, num primeiro momento, sem justificá-las. Observa, ainda, que a necessidade da justificativa é natural, e que, ao tentar atravessar a linha das ações físicas orgânicas o ator começa a buscar imediatamente sua justificativa, em seu material pessoal: "*Vejam que, no momento em que começam a agir, vocês imediatamente vão querer justificar as ações.* Tentem realizar uma série de ações sem justificá-las. Não será possível, pois sentirão a necessidade de justificar a sequência, a coerência."[67]

E, então:

> Vejam, então justificamos isso com nossas próprias emoções [*tchúvstvo*]. Ou seja, paralelamente a linha das tarefas, já desenrola-se em vocês uma outra linha, que justifica essas ações. Ou seja, temos que essas emoções não podem ser ilógicas, se as ações forem lógicas. Ou seja, ao lado da lógica e da coerência da linha da ação, nasce a coerência lógica da linha que as justificam com as emoções. Parece ironia falar sobre a lógica e a coerência as emoções? Como as buscamos? Conversei com psicólogos sobre isso, mas eles não conhecem regra nenhuma para essa lógica. Mas nós a encontramos: "o que eu faria, se..." Assim eu transfiro tudo para o plano da experiência pessoal, onde o material é infinito. [...] Com isso eu os transporto para o plano do verdadeiro material vivo e mobilizador.[68]

É extremamente significativo que ele proponha justificar as ações com as "próprias emoções", e não com circunstâncias propostas, como estabelece a tradição stanislavskiana posterior![69] Em segundo lugar, mais uma vez vemos um dispositivo concreto ("o que eu faria

67 Ibidem.
68 Ibidem.
69 Não só em Knebel (*Análise-Ação*) e Kédrov (*Statí, Besêdi, Rétchi, Zamétki*), tidos como os dois mais importantes "continuadores" de Stanislávski, mesmo na pedagogia teatral da Rússia contemporânea. Sobre isso, ver, por exemplo V. Filchtínski, *Otkrítaia Pedagógika*; Z. Korogódski, *Natchálo*, p. 307; ou mesmo O. Kudriachóv, *Dvijênie k Avtoru*.

se...") não conectado à necessidade da representação verossímil da obra, mas direcionado à criação, como mostramos anteriormente, de uma terceira realidade, mista, fundida entre a experiência pessoal do ator e a ficção do autor.

A pergunta "o que eu faria se..." tem algumas implicações. Em primeiro lugar, é preciso mostrar como a ênfase é dada no *eu* (ator, ser humano) em contraposição ao *outro* (a personagem). A formulação clássica: "o que eu faria em tais e tais condições, ou se isso e aquilo acontecessem comigo" pode ser proposta também da seguinte forma: "o que *eu* faria se estivesse no lugar *desse outro*?" Stanislávski diz: "As ações são suas, a sensação é sua, a lógica e a coerência são suas, as circunstâncias propostas são suas, mas a própria ação é do papel. Aí já está a fusão."[70]

A segunda posição, a de que no plano da experiência pessoal "o material é infinito" mostra como, para Stanislávski, as experiências estavam direcionadas para além do campo convencional da representação teatral, ou de uma concepção formal-estética específica, para procedimentos que propusessem o teatro como uma certa experiência humana autêntica.

Por isso mesmo a linha das ações físicas é rapidamente abandonada, trocada por outra, mais importante:

> Não podemos esquecer que aquelas ações físicas que estão mais ligadas aos músculos muito rapidamente acostumam-se com os clichês. Ou seja, não se pode fazer mal uso da linha de ações físicas. Vocês começam a colocar as ações físicas em movimento para que elas despertem a linha das ações internas, justificadoras. Assim que sentirem essa justificativa, larguem as ações. Assim, vão controlar a linha de suas ações, ou a linha de seus impulsos.
>
> A linha dos impulsos internos – essa é a linha condutora do papel.[71]

70 KS 21179.
71 Ibidem.

Ensaios Sobre um "Novo Método"

Esse posicionamento remete precisamente à primeira aula de Stanislávski com os pedagogos do Estúdio, em 1935, na qual Stanislávski define o conceito de "experiência do vivo", central para todo o seu pensamento estético. Ali, na aula de 30 de maio de 1935, ele diz que: "A EXPERIÊNCIA DO VIVO É A JUSTIFICATIVA DAS CIRCUNSTÂNCIAS PROPOSTAS."[72] Pensamos ser extremamente significativo que ele, ao tentar delinear alguns resultados a partir de suas experiências, coloque essa mesma experiência – melhor dizendo, a experiência do vivo gerada pela justificativa das ações com a emoção – não mais em relação às circunstâncias propostas, mas à vivência real do ator em cena.

Essa segunda linha, que num primeiro momento ficava subordinada à das ações físicas e que ganhava independência à medida que nela encontravam-se os impulsos, deveria tornar-se a principal a ser ensaiada: "Assim vocês atravessam mais ou menos toda a linha de impulsos por toda a peça. Feito isso, querendo ou não, vocês já vivem o papel, porque subindo de degrau em degrau não têm mais para onde ir, a não ser para onde os leva a linha interna da obra. Dessa forma, vocês a atravessam pelas ações físicas."[73]

Em outras palavras, "atravessar o papel pelas ações físicas" era, para Stanislávski, mais do que a reprodução mecânica de uma série de ações, verossímeis ou não, era atravessá-lo pela linha dos impulsos internos, justificadores da ação. Ele finaliza: "Quando vocês fizerem a peça assim – umas dez vezes, sem mudar de peça, sem cair no clichê, podem então fixar essa linha. O problema das ações físicas estará concluído. A linha física do papel estará construída."[74]

O resto da aula é dedicado a uma outra faceta do problema da ação cênica: a ação verbal. Trata-se de uma questão bem experimentada durante o período do Estúdio, mas com poucos resultados concretos entre 1935 e 1938. Após a morte de Stanislávski, a principal investigadora desse campo da ação foi Maria Knebel, e depois dela,

---

72 KS 21137. (Em maiúsculas no estenograma original.)
73 KS 21179.
74 Ibidem.

Anatoli Vassíliev. O problema, no entanto, por sua complexidade, merece uma investigação à parte, num trabalho de mais fôlego.

Tentemos esquematizar, assim, as proposições de Stanislávski na aula de 22 de maio de 1938. Em primeiro lugar, ele propõe uma série de études para encontrar as ações orgânicas da peça e do papel e compor um esquema simples de sua lógica e coerência. Em seguida, sugere que esse esquema seja posto em prática, com uma nova série de études *com texto improvisado*, já sobre o próprio material dramático. Por último, pede que a linha das ações físicas seja abandonada gradualmente, à medida que, no processo de ensaios através de études, apareça a linha dos impulsos interiores, em suas palavras, "a linha condutora do papel". Esse é, a nosso ver, o esquema mais próximo de uma metodologia a que chegam os trabalhos do Estúdio.

Algumas Considerações

Konstantin Serguêevitch Stanislávski morre na noite do dia 7 de agosto de 1938, no sanatório de Barvíkha. Logo após, segundo Vinográdskaia, o Estúdio rapidamente "perdeu a sua unidade e desapareceu o princípio da coletividade, pelo qual tão enfaticamente lutara Stanislávski"[1]. Oficialmente, no entanto, o Estúdio continuaria a existir com o mesmo nome, durante os próximos nove anos – isto é, até 1947 –, sob a direção de Mikhail Kédrov.

Kédrov, como já dissemos, foi o criador da denominação "método das ações físicas", oficialmente aceita na tradição como a síntese dos experimentos conduzidos por Stanislávski no Estúdio de Ópera e Arte Dramática (a Análise Ativa de Knebel ganharia fama mais tarde, depois que Kédrov conduzisse o Teatro de Arte de Moscou a uma crise criadora sem precedentes com seu "método", nos anos 1950).

Sob sua direção os trabalhos experimentais em curso no Estúdio foram desenvolvidos e formatados em espetáculos. Assim, em 1941 estavam prontos para a estreia *As Três Irmãs*, que o próprio Kédrov dirigira, e as óperas *Madame Butterfly*, de Puccini, e *As Alegres Comadres de Windsor,* de Otto Nicolai; além de *O Jardim das Cerejeiras*, dirigido por Lílina, e *Romeu e Julieta*, dirigido por Lídia Novítskaia.

Kédrov, provavelmente predisposto a dar uma coesão aos experimentos de Stanislávski (para não dizer, transformá-lo num "método"

---

1   I. Vinográdskaia (org.), *Stanislávski Repetíruiet*, p. 433.

que trouxesse resultados!) introduz algumas mudanças significativas na pedagogia do Estúdio, transformando-o, de fato, menos num Estúdio experimental e mais num teatro de repertório[2].

A Segunda Guerra Mundial, de 1941 a 1945, impede, por fim, que as duas últimas montagens aconteçam. Alguns dos alunos partem para o *front*, outros são evacuados, os que sobram em Moscou continuam a trabalhar com Lílina e passam a fazer parte dos grupos itinerantes de *agitprop* dos *fronts* soviéticos.

Em 1943, o Estúdio é oficialmente reconhecido enquanto teatro de repertório, e passa a chamar-se Teatro de Ópera e Arte Dramática. Em 1948, as partes operística e dramática são redivididas. A trupe dramática torna-se o Teatro Dramático K.S. Stanislávski de Moscou, com a montagem de *As Três Irmãs* desenvolvida no Estúdio como a "pérola" do repertório. A trupe de ópera, por sua vez, é incorporada ao Teatro Musical K.S. Stanislávski e V.I. Nemiróvitch-Dântchenko.

Que apontamentos podemos fazer, depois de analisar os estenogramas de aulas de Stanislávski no Estúdio, e compará-lo com o destino do mesmo após sua morte?

Vimos, em primeiro lugar, como o Estúdio de Ópera e Arte Dramática nasce de um plano anterior, bem elaborado por Stanislávski e por seus colaboradores e que, de maneira nenhuma, tinha o objetivo inicial de tornar-se um teatro. O Estúdio nasce diretamente da luta por uma Academia da Arte Teatral, uma Academia que pudesse formar não um teatro, mas diversos coletivos teatrais, que pudessem atuar de acordo com suas propostas estéticas. Ou seja, o primeiro objetivo do Estúdio era pedagógico: Stanislávski precisava criar uma estrutura de ensino maleável e dinâmica o suficiente, para que pudesse criar atores que – independentemente da proposta formal com que trabalhassem – mantivessem sempre o compromisso com

---

2 Em tempo: seria necessária, pensamos, uma investigação de fôlego sobre as mudanças ocorridas na pedagogia do Sistema após a sua morte. Kédrov, de fato, faz mudanças significativas (e não poderia ser diferente) ao transformar o Estúdio num teatro, com a necessidade da produção de espetáculos. Lembremos, a título de curiosidade, que já em 1935 Stanislávski alertava o coletivo para o perigo de tornar-se um "teatro".

aquilo que considerava sua contribuição fundamental para o desenvolvimento do mesmo: o teatro da experiência do vivo.

Em segundo lugar, pudemos observar como a proposta da Academia é transformada num Estúdio de proporções consideráveis, com um orçamento considerável, mas com outro objetivo: desenvolver, por meio da experimentação, um programa que servisse de base para as escolas de teatro em toda a URSS. É então que Stanislávski, mantendo algumas ideias do projeto original da Academia, cria um verdadeiro laboratório experimental de procedimentos para o seu Sistema.

Assim, ao longo dos três anos em que Stanislávski acompanha o Estúdio, pudemos ver como propõe, aceita propostas e fundamentadamente experimenta uma série de posições, fortalecendo alguns de seus princípios antigos e desenvolvendo alguns novos.

O Estúdio, importante notar, não deveria transformar-se num teatro, e sim ser o berço, como dissemos, de diversos coletivos teatrais diferentes entre si, particulares. Em nossa opinião, isso joga uma outra luz sobre o trabalho de Stanislávski no Estúdio: ao eliminar a exigência de um teatro (ainda que admitisse "espetáculos estudantis", de treinamento), ele desenvolvia um verdadeiro método aberto.

Stanislávski, ao contrário do que estabelece a tradição russa e ocidental sobre seu trabalho, não muda radicalmente suas posições estéticas durante os últimos anos de sua vida, e também não realiza qualquer síntese de seus longos anos de trabalho. Ao invés disso, admite que não há síntese alguma e praticamente *insta* seus alunos a se tornarem seus "continuadores"! Propõe uma série de mudanças táticas na abordagem do trabalho do ator, numa tentativa de resguardar aspectos fundamentais do seu Sistema em diferentes conjunturas teatrais.

Ao fazê-lo, pensamos, acaba (acidentalmente?) colocando em primeiro plano, nos anos do Estúdio, um dos cernes de suas buscas ao longo de seus setenta e poucos anos de "vida na arte": a *comunicação autêntica*.

Neste livro, observamos como o que ele chama de *processo orgânico de comunicação* se torna o elemento principal de suas experimentações

Algumas Considerações

no Estúdio de Ópera e Arte Dramática, por meio do procedimento (que não é mais, repetimos, do que um *meio*) das ações físicas.

Anatóli Smeliánski, em prefácio ao primeiro volume de *O Trabalho do Ator Sobre Si Mesmo*[3] diz que o Sistema de Stanislávski é "toda uma cultura". É dessa maneira que propomos observar as experiências de Stanislávski no período do Estúdio de Ópera e Arte Dramática: não como a síntese final, última de uma "vida na arte", não como uma grande reviravolta que fez com que Stanislávski, maduro, entendesse a verdadeira essência da arte cênica. Propomos olhar para as experiências de 1935-1938 (e, em especial para o *processo orgânico da comunicação*) como valiosas contribuições para essa "cultura teatral"; da experiência do vivo, com experiências que integravam as posições estético-políticas do Sistema de Stanislávski às condições de trabalho da época e às exigências artísticas de seu tempo, abrindo mais um campo de experimentação autêntica dentro desse sistema.

Por fim, gostaríamos de dizer que restam uma série de questões em aberto a serem exploradas sobre os últimos anos de vida de Stanislávski. O desenvolvimento da *ação* como elemento central do trabalho do ator e como disparador da criação orgânica, o trabalho sobre a *ação verbal* (desenvolvido, sobretudo, com a seção de ópera do Estúdio, que infelizmente não pudemos abordar), a relação de Zinaída Sokolova com a pedagogia do Sistema e as modificações do mesmo Sistema nos anos posteriores à morte de seu fundador são apenas alguns dos temas, dos quais este livro pretende ser apenas o primeiro passo.

---

3 Ver A. Smeliánski, Prefácio em K. Stanislávski, *Sobránie Sotchinéni v 9 Tomakh, t. 2.*

Estenogramas

Aula Com os Assistentes
(30 de Maio de 1935)[1]

Vamos falar do trabalho do ator sobre o papel. É possível abordá-lo de dentro para fora ou, ao contrário, de fora para dentro. É uma felicidade enorme quando já depois da primeira leitura o papel torna-se, de repente, claro. Eu descrevi um desses casos em meu livro[2], quando depois da leitura de uma peça saí do teatro e não era mais a minha maneira de andar, mas a maneira de andar da personagem. Mas tratou-se apenas de um acaso. Precisamos falar não sobre os fenômenos do acaso, quando a inspiração vem por conta própria, mas sobre os momentos mais difíceis, quando o papel não aparece de cara.

Antes, trabalhávamos assim: o diretor criava a *mise-en-scène*[3] sentado em seu gabinete, depois propunha que o ator a execu-

1   KS 21137. Neste capítulo sobre os estenogramas das aulas do estúdio de Stanislávski, várias partes de suas intervenções foram realçadas em maiúscula; mantivemos esse formato em conformidade com o original.

2 Trata-se do caso da encenação de *Um Inimigo do Povo*, de Ibsen, por Stanislávski na temporada 1900-1901 do Teatro de Arte de Moscou. O caso é descrito em *Sobránie Sotchinéni v 8 Tomakh, t. 1*, p. 247.

3 O significado de *mise-en-scène*, para Stanislávski difere um pouco do sentido original da palavra em francês. A palavra deve ser entendida, sempre como um conjunto de marcações que cria o desenho de cena no espaço.

tasse[4]. No final, acontecia que o ator, naturalmente, copiava o diretor. Mas A CÓPIA NÃO É ARTE. Hoje em dia eu chego ao ensaio tão preparado quanto o ator, e atravesso, com ele, todas as etapas do trabalho. O diretor deve começar a trabalhar sobre a peça com o mesmo frescor que o ator, CRESCENDO JUNTO COM ELE.

Antes, enchíamos a cabeça do ator com um monte de aulas sobre a época, o cotidiano etc., em resultado das quais o ator entrava em cena com a cabeça cheia e não conseguia fazer nada. Não nego a necessidade de estudar a época, a história etc., mas antes de mais nada devemos partir da ação. NISSO ESTÁ A BASE de nossa arte. Ato, ação, drama – tudo isso vem da palavra grega para "agir".

Depois da primeira leitura da peça, eu, ator, sei aproximadamente o que fazer. Claro que não consigo lembrar de toda a peça de uma vez, mas conheço o fluir geral dos acontecimentos. Depois disso, o diretor propõe atuar. O ator não se lembra das palavras específicas, mas lembra-se da ideia principal. Se esquecer o que vem depois do quê, então o diretor, com a peça, sugere-lhe os acontecimentos e ideias.

O que eu, ator, posso fazer agora com a peça? Eu me lembro que a personagem, na peça, chega em casa. Sou capaz de executar essa ação ao lembrar-me de como é realizada na vida. Há uma lei cênica segundo a qual esquecemos as coisas mais simples que sabemos realizar muito bem na vida. Por exemplo: abrir uma porta, andar, sentar, comer e beber. Em cena nos esquecemos disso tudo e devemos aprender do começo, tudo de novo. O diretor deve, como um espelho, refletir toda e qualquer não verdade. É aí que começa: "Acredito, não acredito". O diretor exige do ator apenas uma coisa: "aja logicamente".

Mas não se pode entrar num quarto sem ter um passado e um futuro. É preciso saber de onde veio e para que veio. Essas perguntas necessariamente aparecerão para o ator e o diretor deve respondê-las. Antes de mais nada, é preciso escolher os traços de passado e futuro

---

4 Um exemplo desse tipo de trabalho pode ser conferido na edição recém-publicada de T. Tissi, *"As Três Irmãs" de Tchékhov, Por Stanislávski*, onde são traduzidas e analisadas as partituras que Stanislávski escreveu em 1901 para a peça de Tchékhov.

DA PRÓPRIA PEÇA, e tudo o que faltar deve ser completado com a própria FANTASIA. É PRECISO CRIAR UMA LINHA ININTERRUPTA DE ACONTECIMENTOS. SEM LINHA ININTERRUPTA NÃO HÁ ARTE. Alguns acordes esparsos extraídos de uma sinfonia não formam uma obra musical. E uma série de gestos não ligados logicamente um ao outro não compõem uma dança. Primeiro, serão criados pedaços isolados do papel, sem lógica. Ainda não é a peça, mas pedaços dela. É preciso encontrar uma linha de acontecimentos análoga à linha da vida.

Vamos tentar traçar a linha do nosso dia de hoje. Agora, estamos em aula. O que vocês faziam há dez minutos? Estavam na aula de rítmica, almoçavam, se preparavam para vir ao estúdio, pegavam o bonde, bebiam chá em casa, vestiam-se, ou dormiam?

Para reproduzir a linha do dia, o melhor é ir para trás, a partir dos acontecimentos mais próximos. Agora podemos ir ao contrário, desde a manhã até o momento atual e delinear a perspectiva para a segunda metade do dia. Alguns vão ao teatro, alguns voltarão para casa para resolver coisas pessoais etc.

Temos, assim, a linha de UM dia, que possui uma LÓGICA. Da mesma forma podemos criar a linha da semana, do mês, do ano, de um pedaço de vida, e, por fim, de toda a vida. Se não considerarmos os detalhezinhos menores, dos quais em cena nos livramos – na linha de nossa vida SEMPRE HAVERÁ UMA FINALIDADE, UM OBJETIVO. Quanto mais definido o OBJETIVO, mais fácil será ACOMPANHAR a linha.

Se na vida essa linha forma-se por si mesma, na cena, somos obrigados a criá-la utilizando-nos, antes de mais nada, do material do papel. O resto será completado pela FANTASIA. Precisamos da linha da vida, e sem essa linha o ator vaga sem plano. Um ator que não conheça a linha pode muito bem se perder.

Primeiro aprendemos como sentar, entrar em cena e falar com as nossas próprias palavras, mas mesmo aqui há sempre um "a maisi-nho"[5], que temos sempre de nos livrar. O ator deve saber COM QUE

---

5 "A maisinho" (*Pliúsik*) era a expressão que Stanislávski usava para designar que estava tudo correto, mas que o ator adicionara "um pouquinho a mais". Há uma explicação detalhada em V. Toporkov, *Stanislávski Ensaia: Memórias*, p. 47.

age. Há momentos em que é necessária apenas a fala. E se o ator concentrar-se nisso e não for histérico, então não precisará de mais nada além da fala. Acontece também de a fala não ser suficiente para dizer tudo, então vem ajudar a entonação, mímica, e às vezes o gesto. Se é necessário mudar uma cadeira de lugar, é possível fazê-lo apenas com as mãos e as pernas. Por vezes, é mais fácil representar com um gesto do que com as palavras. É preciso saber o QUE está mobilizado para o jogo em seu organismo, e todo o resto deve permanecer neutro, relaxado, mas não morto; essa é a parte mais terrível, trabalhosa e fundamental do trabalho.

É preciso JOGAR, e não representar. É necessária a vivência do papel, a experiência do vivo (*perejivánie*), ou seja: aprender como se dá aquilo na vida. Para os mais velhos é mais difícil aprender isso, pois já acumularam muito mais clichês. Precisamos da AÇÃO VERDADEIRA, e não da representação. Cada tarefa física deve ser cumprida até o final com verdade. Toda uma série de tarefas cumpridas assim cria a LINHA da ação física, que gera a fé e a verdade. Assim que o ator sente a verdade da linha exterior, imediatamente aparece para ele a linha interior. Se a tarefa for executada ATÉ O FINAL com verdade, então surgirão as emoções verdadeiras e corretas.

Antes, tentávamos lembrar das emoções que haviam aparecido em ensaios anteriores. Mas acontece que hoje estou com um humor, amanhã, com outro. Hoje chove, amanhã fará sol, hoje comi uma bisteca, amanhã mingau. As emoções não se fixam, e a violência sobre a emoção leva o ator à canastrice, ao artifício.

Como fixa-se a linha interior? É preciso aprender a realizar uma ação COMO UM SER HUMANO, de forma lógica e coerente e acreditar nela. Assim que acreditarem, viverão. Onde há fé verdadeira, há a genuína experiência do vivo (*perejivánie*).

Podemos acreditar na realidade do que ocorre em cena? Não. Mas também não precisamos. Se vocês estiverem fazendo o conto mais fantástico, devem dizer: "E se fosse na realidade, o QUE eu faria?" Apenas aqui começa a arte. Eis a fé que nos é necessária. O SEGREDO não está na tarefa em si, mas nas circunstâncias propostas. Por exemplo:

beber um copo de água ou um copo de veneno. As ações físicas a serem cumpridas são as mesmas, mas para beber um copo de veneno o ator deve saber O QUE o leva a fazer isso e, se ele acredita nessas circunstâncias, então haverá experiência do vivo. EXPERIÊNCIA DO VIVO É A JUSTIFICATIVA DAS CIRCUNSTÂNCIAS PROPOSTAS.

A arte do ator consiste em CONHECER A LÓGICA de todas as ações físicas da peça e saber atravessá-las com uma linha. Primeiro o ator fala com as próprias palavras, mas em algum lugar há o limite, depois do qual é necessário dar-lhe o texto do autor, ou então as palavras próprias se tornam mais próximas do que as palavras do autor. Não podemos deixar esse momento passar batido.

É preciso estudar a natureza de cada estado (*priróda sostoiánia*), por exemplo: o tédio. O que é o tédio? Estudar a natureza de um estado significa encontrar todas as ações que uma pessoa realiza quando está, por exemplo, entediado (obviamente, é impossível fazer isso sem as circunstâncias propostas). As ações encontradas fixarão as emoções experimentadas e, em dez anos, quando verificarem a lista dessas ações, então uma emoção semelhante retornará. A melhor análise da peça é agir dentro das circunstâncias propostas.

O fato é que não é o diretor quem deve enfiar as circunstâncias propostas na cabeça do ator, mas este que deve sugá-las do diretor, na medida em que vão tornando-se-lhes necessárias. O ator atravessa a linha física e leva-a ao ultranaturalismo[6], mas para que isso possa ser feito, é necessária A LINHA das circunstâncias propostas: ASPIRAÇÃO (*STREMLÉNIE*), QUERER (*KHOTÉNIE*) e TAREFA (*ZADÁTCHA*). A tarefa é o centro do pedaço.

Para levar a linha das ações físicas até o fim, é preciso mobilizar todos os elementos do sistema: VERDADE, MEMÓRIAS EMOCIONAIS, FÉ, COMUNICAÇÃO, DISPOSITIVOS DE ADAPTAÇÃO etc. Vocês receberam

---

6 "Ultranaturalismo" (*ultranaturalizm*), ou, às vezes "ultra-hiper-naturalismo" (*ultra-ras-pro-naturalizm*). Stanislávski esboça uma explicação do termo em 1936: "Com a palavra 'ultranatural', eu defino o estado de nossas naturezas psíquica e física, que consideramos o mais natural, normal e aquele em que acreditamos de forma genuína, orgânica." (*Sobránie Sotchinéni v 8 Tomakh, t. 4, p. 337.*)

Estenogramas

um desenho onde os elementos são representados como os tubos de um órgão. Cada tubo é composto de muitas partes, conectadas pela mesma linha, como miçangas num colar. Isso lembra-nos na linha de tarefas, objetos, comunicação, adaptação, memória emocional etc., que alinhavadas entre si formam a ação transversal. A ação transversal tende à supertarefa, que ainda não está totalmente clara, mas que será esclarecida à medida que formos estudando a peça. A supertarefa do ator pode não coincidir totalmente com a supertarefa do poeta, mas encontra-se em algum lugar perto da mesma. Ao tatear a supertarefa, o ator permeia o papel pela ação transversal. Tudo o que eu acabei de dizer pode ser ilustrado com o seguinte esquema (*Stanislávski mostra os esquemas*)[7].

Pergunta: a ação transversal pode mudar, dependendo do ator?

Cada um tem suas próprias memórias afetivas e por isso cada um tem a sua ação transversal. Se eu disser a um ator: "Tente fazer isso assim, e não de outra forma", então isso levará à distorção e à tendenciosidade. Tentem imaginar a vida da personagem do nascimento à morte como um círculo fechado, e no centro desse círculo está a supertarefa. A peça cobre um certo pedaço dessa vida, que forma um setor, juntando-se à supertarefa.

Podemos imaginar a análise de uma peça como o movimento em direção ao centro do círculo, da superfície à supertarefa, sendo que na superfície há camadas relacionadas à esfera do consciente, e mais próximo ao centro – a esfera do subconsciente. Efetivamente, chegar ao centro é algo que fazem apenas os gênios. Mas a supertarefa de cada ator estará em algum lugar próximo ao centro e define-se pelo atravessamento das camadas do papel, uma após a outra.

---

7   Ver esquemas na página seguinte.

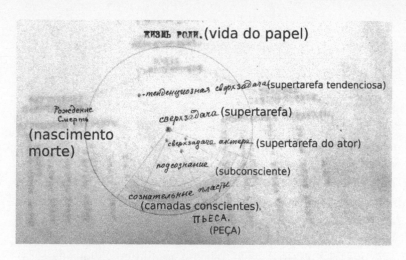

Figura 1. Desenho do "esquema da vida do papel", entregue ao grupo de pedagogos-assistentes em 30 de maio de 1935.

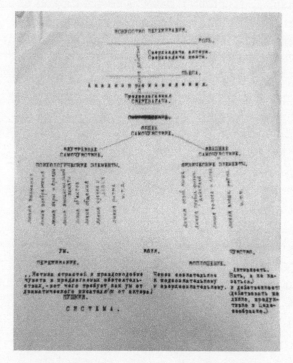

Figura 2. O esquema-pulmão do Sistema de Stanislávski.

Aula Com os Assistentes
(4 de Junho de 1935)[8]

Eu nunca dei palestras assim e considero fazê-lo prejudicial. Cada uma dessas verdades que vocês juntaram num amontoado só é gigantesca, e para entender uma que seja já são necessárias muitas aulas. Não se pode tagarelar uma palestra da maneira como vocês fazem, é preciso que cada uma dessas verdades conduza o aluno por si mesmo, com base nas aulas práticas e em seu direcionamento, ainda que vocês falem bem. Vocês acabaram de expor algo que foi o objeto de meu trabalho nos últimos cinquenta anos, e mesmo assim, admito sinceramente: não entendi nada do que vocês disseram. Falem com as suas próprias palavras e serão capazes de ver que para um pedagogo é muito mais difícil, e para um ouvinte é muito mais fácil e entendível... Não pensem que enumerando todos os elementos e classificando todos com etiquetas é possível ensinar. Isso está errado. Isso leva ao formalismo. No TAM, conhecem o conceito de "tarefa" e ensinam a "tarefa" sem pensar na ação transversal. Tratam o elemento pelo elemento. Vocês também. Deram agora uma palestra sobre o "objeto" e esqueceram de dizer que o "objeto" é necessário, em primeiro lugar, para a ação transversal. O objeto é necessário apenas para a ação transversal e para a supertarefa, e vocês não lhes dão a importância que deveriam dar. É preciso que vocês acreditem na ação transversal e na supertarefa, e o resto virá por si só. Não gostaria que tudo fosse tão formal.

Com os novos professores[9] vou ficar duas ou três semanas insistindo no mais simples: abram essa porta algumas vezes e de algumas maneiras diferentes, e enquanto vocês não conseguirem fazê-lo, eu não vou adiante. O que vocês falaram agora é, para mim, uma tarefa gigantesca, o trabalho de toda a minha vida, então não o transmitam formalmente.

---

8 KS 21138.
9 Ou seja, o grupo de pedagogos-assistentes.

Não há um só ator que saiba entrar numa sala e dizer "oi" como se deve. Conseguir a verdade em cena é muito difícil. A cada novo papel, o ator aprende a andar, falar e a cumprimentar.

Meu papel aqui é desestabilizar, e quando vocês estiverem no caminho certo voltem e teremos essa conversa mais uma vez. Tentem testar tudo em si mesmos e lembrem-se do quão importantes são a ação transversal e a supertarefa.

Para que possam ensinar como eu quero que façam, vocês precisam de exemplos, exemplos e exemplos. Precisam de exemplos condutores, para que o aluno entenda o que o pedagogo está exigindo dele. Para que o aluno possa compreender organicamente, o pedagogo deve possuir uns vinte mil novos exercícios guardados na reserva.

O que deve fazer o ator ao chegar para o ensaio? Deve perguntar-se "como estou, qual estado" – "este momento do papel não me interessa hoje, já este aqui, sou capaz de sentir". A afinação interior do ator é muito complexa. O diretor deve saber com que isca atrair o ator para a criação. E a cada dia devem ser novas iscas, não se pode ter a mesma isca sempre. (O ator vive em vários estados, hoje comeu uma bisteca, amanhã não comerá nada.)

Tudo deve ser conduzido à ação transversal, e através dela, à supertarefa. Agora, quando forem ler o meu livro, saibam que eu não fui capaz de começar direto da ação transversal e da supertarefa. São minhas insuficiências como escritor, e se pudesse tê-lo feito, eu o teria feito imediatamente. Por exemplo, mesmo as aulas de rítmica devem ter uma ação transversal e uma supertarefa.

Como eu posso saber, como ensinar? Foi para isso que nos reunimos todos aqui, para criar uma espécie de programa. Agora não tenho programa nenhum. O Narkompros confiou que começaríamos o trabalho sem um programa, e colocou uma enorme responsabilidade sobre nós. Nós devemos criar o programa nós mesmos.

É possível dar muitas e muitas palestras sobre a arte. Mas não precisamos disso. Não precisamos "[ilegível] afogar" os alunos com termos, não podemos ter essa abordagem formal. É preciso conhecer o cerne da arte.

Quero direcionar os olhos de vocês da maneira correta. Pensem sobre isso. Eu vou desestabilizar vocês mais de uma vez.

Vocês comem uma bala e deliciam-se com ela por três minutos, no máximo. Mas se eu lhes pedisse que escrevessem sobre isso, vocês me viriam com toda uma brochura, cheia de termos. Deem essa brochura aos alunos de vocês, e depois façam com que eles comam a mesma bala. Eles vão sufocar com ela! É isso o que vocês estão fazendo[10]. Vocês estão enchendo a cabeça dos alunos com palestras e depois pedem que façam os exercícios. Tudo fica confuso nas cabeças deles e eles se perdem. Além do mais, suas aulas não devem ter esse caráter de palestra, tudo deve ser feito a partir das ações simples, façam com que os alunos realizem ações simples, que eles busquem nelas tudo o que precisam através de perguntas condutoras feitas a vocês. As verdades que devem ser apropriadas até o fim pelo aluno não são tantas. Num sistema de palestras entra o palestrante, joga um monte de termos para os alunos, e depois não resta nada na cabeça dos alunos.

Quando fizerem exercícios, façam-nos não pelos próprios exercícios, mas por seu significado. Não usem os termos. Os termos que inventei não possuem significado científico algum. Agora sobre o "Balão estratosférico"[11]. Vou ainda voltar a ele e levá-lo até o fim. Formular uma supertarefa que aqueça o ator não é tão simples. O que posso dizer sobre a supertarefa de seu "balão estratosférico"? Vocês querem criar, há audácia, isso é tudo o que sinto por enquanto.

---

10 Trata-se, evidentemente, de uma observação pedagógica hipotética. Os alunos ainda não haviam sido selecionados e as aulas destes com o grupo de pedagogos começaria apenas em outubro de 1935.

11 Knebel conta, em sua autobiografia, que Stanislávski pôde realizar um sonho antigo: criar uma dramaturgia em processo, contando com dramaturgo e atores em estreita colaboração. Ela diz que: "[para isso], os *études* não serviam como um método de análise da peça, mas tornavam-se sua base primordial" e conta como um *étude* trazido por um grupo de alunos, no tema "Voo à estratosfera" [Ver no estenograma, o "Balão Estratosférico".] foi paulatinamente sendo desenvolvido pelos atores em improvisações até transformar-se em toda uma peça, chamada afinal de *Sempre Mais ao Alto*. Segundo uma ordem do próprio Stanislávski, a peça escrita em processo – prática então inovadora tanto no teatro russo como mundial – deveria começar a ser preparada para uma eventual estreia em outubro de 1938. Em agosto, no entanto, o mestre russo morre e o projeto é abandonado. (Ver M. Knebel, *Vsiá Jízn*, p. 277- 278.)

Vou jogar umas ideias para vocês a cada aula, mas isso não significa que vocês devem anular imediatamente tudo o que fizeram e começar do zero, é suficiente que as palestras que vocês deem para os alunos passem a ser contaminadas pelas minhas palavras e, enfim, pode ser que encontrem o antídoto por conta própria.

Nós estamos em busca, em pesquisa. Eu não sou um profeta. Eu apenas pressinto que vocês devem seguir tais e tais pistas. Não estou falando que o sistema existe como um tesouro selado, e ponto final etc. O sistema fica distorcido quando sua abordagem é formal, e não deve haver nenhum tipo de formalismo.

Continuem fazendo tudo como faziam, enquanto não disserem a si mesmos: "não vou mais fazer isso assim". Não tenham medo de mudar. Confundam-se, percam-se, isso é a criação, isso é a busca.

Devemos sentir-nos em solidão pública de forma que caminhamos, caminhamos e de repente vemos que podemos criar.

Como ensinar, daqui em diante? Da mesma forma como agora, não pensem sobre o futuro. Nós estamos fazendo testes, podemos mudar e continuar a buscar. Estou apenas lhes prevenindo sobre uma deslizada muito superficial sobre o sistema.

Não precisamos fazer 25 exercícios em um minuto, é preciso fazer um, mas até o fim e na verdade: como o étude do "enforcado por amor"[12]. Quando anos são necessários para entendermos esse estado, para entendermos como um ser humano se enforca.

Não podemos ir superficialmente – isso nos leva aos clichês.

Para fazer um étude vocês devem conhecer em todos os pormenores tudo o que os cerca: a arquitetura da casa etc. etc. E quando conhecerem tudo nos menores detalhes, então poderão fazê-lo. Por exemplo, em uma semana vocês farão o étude, mas até lá vocês devem se preparar, pensar nele, e apenas então tentar fazê-lo.

É melhor ter, em um ano, dez études trabalhados e verdadeiros do que cinquenta não trabalhados, o que leva ao artifício.

---

12 Imaginamos que seja um *étude* apresentado por um dos pedagogos-assistentes. Há uma reelaboração deste *étude* em Imaginação, *O Trabalho do Ator Sobre Si Mesmo, v. 1.* (K. Stanislávski, *Sobránie Sotchinéni v 9 Tomakh, t. 2,* p. 124-125.)

Mesmo num étude pequeno é preciso seguir a supertarefa. Mesmo na menor coisa que fizerem em cena, vocês devem estudar como "seguir as pegadas dela" [da supertarefa]. Conquistem o direito de estarem em dupla sob o palco. (*Os alunos Kristi e Zvéreva mostram um* étude.) Vocês estão esperando Stanislávski. Meia hora já é muito, se Stanislávski atrasa, sabem que pode ser que nem venha. Alarguem, emulsifiquem esse momento, tudo o que se faz nessa espera vocês devem saber. Toda pose que assumem deve vir de algum estado de humor. Busquem a calma, que na vida de M.B.[13] não existe. Encontrem a atividade na inação. Procurem o que fazer, pois mesmo a procura do que fazer já é ação.

Se forem usar a palavra, ela deve ser ativa. De onde tirar a palavra certa? Aqui também deve haver circunstâncias propostas. Intensifiquem as circunstâncias propostas. A ação sobre o outro deve ser ativa.

Se o começo for errado, então todo o resto não vai funcionar e vocês devem parar. O ator busca a entonação, ou seja, o resultado. As raízes não entraram na terra. Busquem algo com que se cercar, para que isso seja necessário e importante. Se veem que o parceiro não está conseguindo, ajudem-no.

Vocês falam uma palavra, mas o subtexto pode ser outro completamente diferente. Vocês devem saber qual a relação entre si. Façam de forma com que terminem embaixo da mesa. (*Os dois repetem o* étude.) Para que essa direção? Para que o flerte seja mais escancarado. Para justificá-lo é preciso fortalecer a linha interior. Recebam e deem para o parceiro. Transmitam sua ideia através dos olhos, antes. Quando ela disse "amo" – aí deve ser um momento. Quando você julga, você deve ver.

---

13   Grafado como M.B. no estenograma original, acreditamos tratar-se de um erro do taquígrafo. O correto seria G.V., iniciais dos primeiros nomes de Kristi: Grigori Vladímirovitch.

Conversa Com Assistentes
(5 Novembro de 1935)[14]

(*Antes da conversa, K.S. ouve uma nova aluna do estúdio que apresenta um conto de Górki, "A Menina e a Morte". A aluna termina.*)

K.S.: Não precisa representar, apenas explique para nós o que há nesses versos.

Conte-nos, com as palavras de Górki, aquilo que ele quis desenhar. A maior parte dos atores pensa que quanto mais forte gritarem, melhor. O grito não é força. Se você começa imediatamente a gritar, ninguém vai entender nada.

Antes de mais nada, devemos impedir que em dez anos o Estúdio torne-se um Segundo TAM[15]. Precisamos conseguir que os alunos entendam bem o que é a arte coletiva. Precisamos conseguir que a visão de mundo correta seja trabalhada neles. Sem isso, pode acontecer o seguinte: entra um ator para os agradecimentos, recebe um monte de flores, e é o fim. Ele decide: "Sou um gênio." Uma disciplina específica deve ser trabalhada: uma vez que começamos, devemos manter a disciplina até o fim. Não deve haver nenhuma concessão, ou então a ferrugem começará a se espalhar.

DIRETOR GERAL[16]: É importante que nossos assistentes sejam não apenas pedagogos, mas educadores, e é preciso dar-lhes o poder de decisão. Eles vão se virar bem com isso.

---

14 KS 21139: 2.

15 Stanislávski refere-se ao Segundo Teatro de Arte de Moscou (MKHAT – Vtoroi), formado por Mikhail Tchékhov e Evguêni Vakhtângov em 1924, a partir do Primeiro Estúdio do TAM (1912). Há uma série de cartas de Stanislávski a Nemiróvitch-Dântchenko durante a década de 1930, em que ele mostra profundo desgosto pelos caminhos tomados pelo teatro após a morte de Vakhtângov e a emigração de Tchékhov (Ver K. Stanislávski, *Sobránie Sotchinéni v 9 Tomakh, t. 9.*)

16 Em 21139: 1 aparece o nome do diretor-geral do Estúdio, Radomíslenski (Boris Zakhárovitch).

Estenogramas

K.S.: Se fizermos uma concessãozinha que seja, no sentido da quebra da disciplina, será o fim. É preciso enraizar neles uma atitude consciente para com a disciplina. É preciso que eles atenham-se ao trabalho. O trabalho é nossa vida. Quando o coletivo mantém a disciplina, então nenhum indivíduo sozinho consegue quebrá-la e estragar tudo.

Se eu estiver com saúde, poderei trabalhar com vocês o quanto for preciso. Mas vocês estão fazendo tudo coerentemente. Meu papel é mostrar qual é o OBJETIVO de vocês. Vamos buscar juntos esse objetivo, num esforço conjunto.

ASSISTENTE: Alguns [dos alunos] ainda fazem tudo como amadores e, apenas depois de percorrida a primeira etapa do ensino, começam a entender algo.

K.S.: Depende da pessoa, de quais elementos são mais fortes do que outros.

(*K.S. passa a falar sobre a palavra.*)

K.S.: Aprender a cultura da palavra sem canto e sem música é impossível. É preciso aprender a fala musical e o ritmo no drama da mesma forma, como na ópera. Eu afirmo que vocês não conseguirão ler Púchkin sem uma voz colocada no lugar certo. É imprescindível que os alunos entendam realmente o que se está exigindo deles, é necessário que entendam e que treinem em casa. Então tudo irá muito bem. Cada um pode fazer de si um ser expressivo ou um monstro. Depende de como vão se exercitar. Por exemplo, o camarada fulano é péssimo corporalmente, é extremamente tenso. O que é preciso, para que ele melhore? Ele vai melhorar quando conseguir, por meio de exercícios insistentes, que a necessidade de manter [uma boa postura], ou seja, CORRETAMENTE torne-se um HÁBITO. Quando isso acontecer, é porque vai ter entrado em seu subconsciente.[17]

---

17 Em 21139: 1: "K.S. Isso depende da pessoa. Diferentes elementos respondem mais rápido em diferentes pessoas. É preciso aprender a frase musical e o ritmo no drama, também. Eu afirmo que não conseguirão ler Púchkin sem uma voz colocada no lugar certo. É

É preciso FALAR POR IMAGENS. Então sua fala mudará. Comece a falar de qualquer jeito: "Cheguei aqui". Troque a ênfase. Se você direcionar a atenção PARA A IMAGEM, não vai conseguir se reconhecer. Então você estará transmitindo o SENTIDO. (*Um dos alunos lê para K.S.*) Por que você está colocando a ênfase aqui? Você precisa colocar a imagem na fala, e então conseguirá julgar. Então sua fala será VIVA. O SENTIDO E A CULTURA DA FALA ESTÃO NAS IMAGENS. Visões (*Para uma aluna.*) Hoje, quando você leu, qual era a ideia? Qual era o seu objetivo? Impressionar, se mostrar. A palavra não flui da ideia, mas se fluir da imagem –, então haverá JUÍZO, haverá VONTADE e EMOÇÃO. Todo o estúdio pode liquidar essa insuficiência em um mês.

O que pode gerar uma nova arte? Nova cenografia? Colocar o ator de ponta-cabeça? Nada disso é novo. Hoje em dia, o ator começa já querendo se mostrar, de truque em truque, de *mise-en-scène* em *mise-en-scène*. A linha exterior prende o ator. É necessário, por isso, seguir a linha interior. É preciso ensaiar de forma que o ator não saiba qual das quatro paredes será aberta hoje, e onde estarão os espectadores. Essa "bobagem" tem um sentido enorme. Vamos atuar sem saber qual das paredes se abrirá. É preciso que o ator não ouse saber onde estará o público, e então conseguirá seguir pela linha interior.

Por exemplo, entramos nesse aposento. Isso já é uma *mise-en-scène*. Procurem nesse recinto *mises-en-scène* que lhes sejam confortáveis, desenhem-nas para si. É o museu de vocês. Exposições, o conhecimento das épocas, figurinos etc. – é o dote de vocês. De um figurino definido, deem o necessário, saibam ESCOLHER o mais típico.

Uma vez no TAM ensaiávamos *Talentos e Admiradores*[18]. Eu disse para um dos atores: "Entre no quarto, viva um pouco nele e encontre

---

preciso que entendam o que se está exigindo deles e fazer em casa. Então tudo irá muito bem. Vocês mesmos podem tornar-se expressivos ou monstros, dependendo de como se exercitarem. Por exemplo, o camarada .... o que é preciso, para que ele melhore? Ele vai conseguir se manter melhor quando isso lhe entrar no subconsciente."

18 *Talanti i Poklonniki* (Talentos e Admiradores), peça de Aleksándr Ostróvski, estreou em 1881, no Teatro Máli. A montagem a que Stanislávski se refere é de 1933, no TAM, dirigida por ele e por Vladímir Nemiróvitch-Dântchenko.

Estenogramas

a *mise-en-scène*". E quando ele falou algo, e era um momento em que sequer o víamos, foi muito bom. Vichnévski então correu até mim e gritou: "Olhe, isso é o que não acontece no teatro".

Junto com suas vidas consciente e cotidiana deve pulsar, em vocês, uma outra, A VIDA SUBCONSCIENTE ININTERRUPTA DE ARTISTA. Apenas então poderão tornar-se verdadeiros atores. É preciso sempre aprender a SEGUIR PELA LINHA DAS IMAGENS. O plano da peça deve ir da vida às visões. A peça é um filme. Falem o que veem. É preciso aprender isso com a vida. Observação: vocês vão até a estação Kúrski. A cada vez, vocês vão ver o caminho de uma forma diferente. Depende do motivo que os leva para a estação.

Por enquanto, ao invés de peças, vocês vão montar balé e circo[19]. A questão do repertório é muito séria. É muito importante que vocês consigam a resposta à pergunta: "Para que eu existo?"

Na União Soviética, vamos reduzir o tempo da jornada de trabalho ao mínimo. Serão três dias trabalhados, na semana de cinco. O que as pessoas vão fazer com os outros dois dias? Sentem qual é o papel da arte, do teatro? E se agora vocês deixarem passar batido o melhor da velha arte, depois ela não deixará mais traços, e seus tata-tataranetos jamais lhes perdoarão por isso.

No estúdio ensinamos uma arte militar. Ao estudá-la, vocês também completam seu aprendizado como atores. Quando Tchékhov escreveu *As Três Irmãs*, houve um rebuliço geral entre os militares. Será que o meio militar seria corretamente descrito? Quando a peça saiu, obteve o maior sucesso entre os militares. Nela, Anton Pávlovitch [Tchékhov] conduzia a ideia de que os militares eram os portadores da cultura, que disseminavam a cultura. Agora, quando tanta atenção é dada aos militares, indubitavelmente é assim[20].

---

19 Trata-se da proposta pedagógica de Stanislávski no Estúdio. O trabalho com material dramático começaria a partir do segundo ano. No primeiro, seriam desenvolvidos *études* coletivos e improvisados sobre grandes temas, como balé e circo, por exemplo. Ver *Sobránie Sotchinéni v 8 Tomakh, t. 3*, p. 402.

20 É preciso dizer que "militar", para Stanislávski, era um termo envolvido por significados completamente diferentes da acepção atual. Pensamos que dificilmente, sem a correta mediação, lemos *As Três Irmãs* e entendemos que Tchékhov apresenta a ideia de que "os militares são ▶

Lembro-me quando em Leningrado saí às duas horas da manhã e vi fogueiras, uma multidão... Era noite, fazia 25 graus! As pessoas estavam na fila para comprar ingressos para o nosso teatro. Nesse momento, eu entendi muita coisa. Nós entrávamos em cena de qualquer jeito, e atuávamos para pessoas que não haviam dormido à noite para conseguir ingressos para o nosso teatro. O que se pode comparar à alegria de dominar milhares de almas humanas?

Eu sei que num coletivo jovem sempre há fogo, mas que depois vai enfraquecendo. Vejam, há teatros agora que saíram de minhas mãos. O que vocês têm de comum com eles? Nada. Inclusive há uma certa inimizade. É preciso que vocês não amem a si mesmos na arte, mas a arte em vocês. Entendam todos que é preciso ser um criador coletivo. Não precisamos da disciplina militar antiga, mas outra completamente diferente, consciente, fundada numa posição firme: "EU SOU". E se eu quebrar essa disciplina estou exterminando meu próprio batalhão.

Conversa Com Assistentes
(9 de Novembro de 1935)[21]

K.S.: Ao estudar o sistema devemos sempre nos lembrar de que cada elemento é igualmente importante – seja a liberação

▷ portadores da cultura", como afirma Stanislávski nessa passagem. Para mais explicações sobre o papel dos militares na ilustração russa do século XIX ver A. Walicki, *A History of Russian Thought*. O interessante aqui, ainda que pouco relacionado ao tema deste trabalho é como Stanislávski faz um paralelo entre o meio militar do século XIX e o esforço de militarização/ilustração conduzido por Stálin nos anos 1930. Para entender essa explicação, é preciso recorrer ao conceito de Revolução Cultural empregado por S. Fitzpatrick, *Everyday Stalinism*, e, na mesma obra, o de "nova *intelligentsia* proletária", que explica, no plano da ideologia oficial uma nova ilustração sob o lema voltado para construir uma sociedade socialista, simultânea a uma mobilização permanente para a guerra (e daí, o papel dos militares).

21 KS 21140.

muscular, a atenção, a fantasia, o objeto etc. – porque cada um desses elementos leva o ator, através da técnica consciente, ao subconsciente.

Vocês sentem que os alunos, pela sua inexperiência, têm algo de valioso. É a espontaneidade deles! Como manter essa espontaneidade? Não tenho a experiência necessária com isso. Eu não tenho acompanhado os alunos e por isso estou falando com vocês. Aqui precisamos encontrar a abordagem: com um de uma maneira, com outro, de outra.

Eu estou dando-lhes o objetivo: todos os exercícios servem para que, ao entrar em cena, eles se sintam melhores do que em casa, já que em casa não existe o estado de "eu sou", e para o ator a maior alegria é a solidão pública.

Agora, sobre o relaxamento muscular. Quando acontece o relaxamento muscular, imediatamente ocorre a concentração da atenção. Ou seja, é preciso saber fazer com a atenção o mesmo procedimento que fazemos com o relaxamento muscular. Os músculos jamais relaxam sozinhos.

Como vocês têm trabalhado com os alunos?

ASSISTENTES: Estamos fazendo com que prestem atenção à importância de cada um dos elementos do sistema, isoladamente.

K.S.: Trabalhem praticamente com eles primeiro, e depois expliquem: "isso é por causa disso", "isto é assim", mas por enquanto não deem atalhos para eles. E apenas depois vocês vão nomear as coisas com seus devidos nomes. Talvez assim seja melhor.

ASSISTENTES: K.S., os alunos quase sempre chegam às conclusões corretas.

K.S.: Tentem também dar aos alunos tarefas físicas simples, sem terrores ou tragédias.

Saber fazer as pequenas verdades já é criar. Aquele que é capaz de realizar pequenas ações físicas já conhece metade do sistema.

Deem-me uma trupe que saiba apenas fazer uma sopa, vestir-se, mas fazer a sopa de forma que ela fique bem saborosa. Deem-me um ator que consiga realizar tarefas sem objetos. Deem-me atores que saibam realizar essas pequenas tarefas em diferentes circunstâncias propostas, em Nápoles, no norte, num frio de −50 graus etc. Com uma trupe dessa, eu posso fazer o que bem entender! Isso é muito importante. Trabalhemos isso no estúdio.

Nosso estúdio deve tornar-se um modelo[22], por isso não podemos pensar apenas em nós mesmos. O estúdio deve semear a arte não apenas aqui, mas por todo o país, e não consigo desejar nada melhor do que isso.

Anotem todos os exercícios que fizerem. Seria muito bom se conseguíssemos compor um pequeno manual e publicá-lo. Esse manual é extremamente necessário.

ASSISTENTES: Nós já organizamos uma parte dos exercícios[23].

K.S.: Isso é bom. Agora, como eu vou conduzir as aulas com os alunos? Eu tenho medo de quebrar a autoridade de vocês, se de repente começar a mostrar as coisas de uma outra forma. E penso que vocês podem ter muito mais experiências do que eu, já que, vejam, eu nunca trabalhei com gente tão jovem, mas os alunos podem acreditar mais em mim.

ASSISTENTES: K.S., faça como pensar que deve, e depois de suas aulas nós vamos consertar os nossos erros.

K.S: Nós precisamos fazer desses alunos atores que entrem em cena para agir, e não para representar.

Não há, agora, em nenhum teatro, o pensamento sobre a supertarefa. Mesmo no TAM, e [mesmo lá] tudo é construído sobre truques. Isso é a morte. Verdade, depois de uns truques é possível conseguir um sonoro aplauso, e é só isso o que querem os atores! Mas Púchkin e Shakespeare não escreveram para isso. É preciso que os alunos entendam que é preciso não representar, mas agir.

É preciso fazer com que prestem atenção no que devem fazer. Façam "semanas" de pés, dedos, pulsos.[24]

---

22 Em KS 21140: 3, "Nosso estúdio é um modelo."

23 Esse manual era organizado pelos assistentes e por Sokolova, e encontra-se exposto, redigido por Novítskaia na segunda parte de seu livro *Lições de Inspiração*.

24 Bem no espírito dos anos 1930, Stanislávski propunha "semanas" (por vezes meses, décadas, de forma mais figurada), onde os alunos deveriam prestar atenção em alguma parte especial do desenvolvimento da técnica corporal. Assim, L. Novítskaia, *Uróki Vdokhnovénia* ▸

O que fazem Marsova e Redega?[25] Quero assistir as suas aulas. É preciso fazer alunos flexíveis e leves. Parece que hoje em dia Meierhold e Taírov trabalham muito com o corpo, não?

Eu já contei a vocês sobre a americana. Ela incrivelmente encontrava o centro de gravidade [do corpo]. Conhecia o corpo humano muito bem. Por exemplo, ela conseguia determinar a pose original de uma estátua a partir dos fragmentos.

Dou-lhes a seguinte tarefa: acostumem-se a justificar as poses. Quando fizermos os exames vocês vão me mostrar balé, circo, aí precisarão dominar o corpo.

K.S. Passa à Palavra

Palavra – Lembrem-se: palavra, fala, movimento, ação. Conquistem a cultura da palavra. Há hoje em dia poucos oradores que falam bem! Eu me lembro do advogado Plevako[26]. Ele calmamente dizia a frase. Ele dominava a contenção de forma magistral.

É preciso falar através de imagens sobre aquilo que se imaginou. O ator frequentemente diz a frase sem ter visto absolutamente nada, ainda. É preciso falar através da linha de imagens.

Apreciem a palavra, porque nela há a imagem. Quando [vocês] matraqueiam o papel, não há imagens e a palavra perde todo o valor. É preciso que a palavra seja ativa.

Enquanto não soar a frase, não há fala. Não force a frase para fora. É preciso que a fala também tenha uma linha ininterrupta, lembrem-se [de como é o funcionamento] da gaita de foles. Não corte o verso, no verso há uma linha, a linha de que estou falando o tempo todo, e no verso ela é muito importante. Pense também sobre

▷ descreve as "semanas de pulsos", onde o foco do trabalho era o desenvolvimento da expressividade dos pulsos, mais abaixo vemos a proposta de uma "semana da frase" e, mais tarde, encontramos nos estenogramas a "década da dicção", e assim por diante.

25 Lika Redega (Lídia Lupandina, 1888–1946) e Marsova eram pedagogas de "plasticidade" do Estúdio, encarregadas de trabalhar a expressividade dos alunos.

26 Fiódor Plevako (1842–1908), advogado e jurista russo, famoso no século XIX por sua oratória.

as consoantes e não corte a cada palavra. Lembrem-se de que cada frase pode ter ênfases bruscas.

Pegue a frase: "eu cheguei aqui". Pode haver três ênfases diferentes, na primeira, na segunda e na terceira palavras. Leia algo para mim.

(*Um dos assistentes lê.*)

Você não vê a frase. É preciso terminar a frase. Você necessariamente deve vivê-la e amá-la.

Vocês não podem fazer uma "semana da frase"? Na vida, todos vocês falam mais ou menos certo, porque falam como resultado das imagens [que veem].

É preciso que a vogal se transforme na consoante. Aprendam a dominar as suas vozes. Saibam também que não deve haver duas sílabas na mesma nota.

O ator que conseguir eliminar suas insuficiências e, dessa maneira, fortalecer sua tarefa de vencer a tudo aprenderá a arte de falar e a arte de agir.

Conversa Com Assistentes
(11 de Novembro de 1935)[27]

Todo o nosso sistema existe para, através da técnica consciente, causar a criação subconsciente e, assim, fazer com que nossa natureza comece a agir, já que a natureza é a melhor artista.

Uma vez a atriz Rachel[28] (vocês certamente sabem que Rachel era uma representante da arte da representação) interpretou tão bem num ensaio, que tanto os espectadores quanto ela ficaram em

---

27 KS 21141.
28 Elizabeth-Rachel Félix (1821–1858), atriz francesa, "ídola" de Sarah Bernhardt. Era admirada pelo filósofo russo Aleksándr Herzen, que a considerava uma das únicas capazes de "dar vida" às obras de Corneille e Racine.

Estenogramas

lágrimas. Mas então, quando ela quis repetir, não saiu nada. Ela havia se esquecido do que fizera e ninguém sabia dizer-lhe como fazer. Quer dizer: durante o ensaio, ela estava criando intuitivamente. Ali estava a natureza.

Todos os elementos do sistema existem para criar o sentir-a-si--mesmo interior. Quando há o sentir-a-si-mesmo correto, começa a busca pela supertarefa. E a supertarefa é o principal a ser encontrado no papel.

O que nós aprendemos é: como buscar numa obra a supertarefa a partir do sentir-a-si-mesmo interior, e como passar à ação transversal. Tudo o que estamos aprendendo agora é apenas 1/10 do sistema; ainda é o sistema "com letra minúscula". O fazemos para nos aproximar dos restantes 9/10, do sistema "com letra maiúscula", da criação subconsciente. Tudo é para isso. O sistema "com letra minúscula" não é necessário sem o sistema "com letra maiúscula". Todos os elementos [do sistema] contêm iscas; cada isca pode conduzir à verossimilhança das emoções e à verdade das paixões. A verossimilhança das emoções é antes do limiar, e a verdade das paixões depois dele. Para pisar no limiar é preciso conduzir-se ao subconsciente. Vocês chegam à margem do oceano-subconsciente; uma onda os molha até as canelas, depois outra até os joelhos, e enfim uma onda os leva ao oceano e, depois, os atira à margem de novo.

Tudo isso são momentos da criação intuitiva.

Há momentos em que fazemos uma ação que estava pedindo para ser feita, mas nem sabemos como a fizemos. Isso é um momento subconsciente. Eu acredito que Ermólova[29] tinha esses momentos, e Sarah Bernhardt[30], com certeza, não. Fazer um espetáculo onde haja uns três, quatro, momentos como esse já é muito bom.

---

29 Maria Ermólova (1853–1928), atriz russa do Teatro Máli, um dos grandes modelos de interpretação, para Stanislávski, em que baseava o conceito de "arte da experiência do vivo".

30 Sarah Bernhardt (1844–1923) foi uma famosa atriz francesa do século XIX, considerada, por Stanislávski, uma das maiores representantes do que chamava "arte da representação".

Em cena, é preciso saber captar quaisquer coisas inesperadas, e reagir espontaneamente a elas. Um ator experiente extrai todo um espetáculo do diapasão da vida, e levanta seu tom.

O sentir-a-si-mesmo, a supertarefa e a ação transversal corretos conduzem-nos ao limiar do subconsciente. É preciso firmar-se no limiar, enquanto nadar no mar será nosso objetivo final. É preciso falar constantemente aos alunos qual é seu objetivo final, é preciso lembrá-los que o objetivo final é conduzi-los ao subconsciente.

É preciso inventar certos jogos. Nós, atores do TAM fazíamos assim, antigamente: num vagão de trem, falávamos o texto de nossos papéis, fazíamos a peça, de forma que os outros passageiros, ou seja, o público, não percebesse que estávamos atuando. Encontrem no público algo que ajude a viver uma dada tarefa. Treinem-se. Usem as circunstâncias propostas na vida. Busquem meios que possibilitem "entrar" no jogo o tempo inteiro. Atuem secretamente para seus familiares, em casa.

Entrem em cena para resolver uma dada tarefa. Façam-se a pergunta: como, no estado em que estou, eu faria isso hoje? Fiquem atentos para não forçar. Criem os études mais ingênuos sobre as ações físicas. É possível beber um copo de água, isso é uma ação física simples. Já para beber um copo de veneno é preciso escrever toda uma peça.

Vocês podem dar elementos da teoria para os alunos, mas devem entregar-lhes imediatamente os ganchos, os pregos, onde eles possam pendurar esses elementos, para que não sejam perdidos.

Se os "representadores" [os representantes da "arte da representação"] soubessem o prazer criativo que se experimenta na solidão pública, em cena, recusariam certamente a "representação". A solidão pública é a alegria mais elevada a que o ator deve aspirar. Em cena é preciso viver como se não houvesse ninguém [no público], sem nenhum dos lados aceso.

Quando um ator, em cena, assume a posição lateral para conversar com seu parceiro e continua sentindo o público, é como se esse seu lado acendesse, e sua pose se torna presa, não [é mais] livre.

Estenogramas

(*Um dos assistentes faz um exercício.*)

A realidade deve ser posta em seu círculo através do "se". É impossível não ver o público, mas é possível distrair-se com uma tarefa. Não é possível esquecer-se completamente das mil pessoas sentadas da plateia, mas é possível abstraí-las, distraindo-se com o que há em cena.

Para simplesmente ficar assim em cena, sentado – no estado "eu sou"[31] – é preciso todo um sistema, são necessárias a supertarefa e a ação transversal. Uma tarefa que não seja atraente não vale nada. É preciso distrair-se completamente com a tarefa, e se isso não acontecer, a tarefa começa apenas a fazer mal.

(*Uma assistente faz um exercício com um objeto imaginário.*)

K.S.: Você está nervosa, e seu nervosismo pode ser mostrado apenas uma vez durante o espetáculo. Encontre a verdade na calma. Em contradição com seu gesto nervoso é preciso encontrar um mais calmo. Busque o tempo mais preguiçoso. Encontre a verdade na preguiça e tente lutar contra o seu próprio "acredito/não acredito". É preciso encontrar a calma absoluta, e nela está o ponto de partida. Quanto mais calma você encontrar, mais [estará] perto do limiar do subconsciente.

Agora vocês já começam a adquirir o direito de fazer e pensar o que quiserem. Pensem em seus pensamentos íntimos. Encontrem a verdade não na inação, mas na ação. A verdadeira inação pode ser encontrada apenas na ação.

Você pode comunicar-se conosco, para mostrar que não tem medo de nós.

O público, ao chegar ao teatro, deseja ser enganado e fica alegre com qualquer enganaçãozinha. Quando um ator morre em cena, o público precisa acreditar nisso completamente, e então ficará contente.

---

31 O estado "eu sou", para Stanislávski, era o estado a ser atingido após a mobilização do sentir-a-si-mesmo interior, através dos elementos do Sistema. Em outras palavras, é o estado do ator "no limiar do subconsciente", pronto para a criação artística. A definição é dada em *O Trabalho do Ator Sobre Si Mesmo*.

Se quiserem olhar para o público, olhem como se olhassem para uma parede imaginária. Quando se olha ao longe os olhos ficam paralelos. Quando se olha para perto, é preciso juntar os olhos como se olhássemos na ponta do nariz. Mas é difícil olhar para o público. O público e a fronteira do palco assustam. Ao atravessar a fronteira do palco vocês devem estar concentrados, e isso é algo para o qual devem trabalhar todos os dias.

Um simples relaxamento muscular pode levá-los ao limiar do subconsciente. Em cena vocês podem sempre ser livres com a atenção e o relaxamento muscular. Não importa em que estado entrem em cena, sempre há algo a mais: livrem-se de 90%.

(2º exercício. Um assistente planta flores em um vaso imaginário. Antes disso, K.S. pergunta – O que você quer fazer?)

ASSISTENTE: Posso plantar?

K.S.: Sim, se nisso houver vida da alma humana.

Comece sempre com calma, preguiçosamente. Mesmo se você estiver fazendo um papel de grande temperamento, chegue dez minutos antes em cena e comece da calma total. Antes de abrirem-se as cortinas, vá chegando preguiçosamente ao papel, no próprio palco.

(O assistente examina a flor.)

Olha só, tinha feito bem, quis melhorar ainda mais, adicionou e... ficou ruim. Vou dar o exemplo da trilha.

Eu vivia num lugar e acabei criando uma trilha no chão, de tanto passar no mesmo lugar, todas as manhãs, da minha casa até a estação de trem (nossas ações).

Depois de alguns anos, cheguei à mesma localidade e vi que o mato havia crescido sobre a minha trilha (ao entrar em cena vocês esquecem as ações) e eu acabei pegando a estrada principal, toda esburacada (a estrada do clichê).

Estenogramas

Precisei demarcar a trilha de novo. No começo, eu o fazia devagar, passo a passo, da segunda vez já foi mais fácil, e enfim a trilha estava feita de novo.

Vocês já sabem tudo na vida, mas em cena precisam demarcar tudo de novo.

(*O assistente examina a flor.*)

O que significa examinar? Você nem a observou. O que está fazendo? Lembre-se que em cada ação há tensão, relaxamento e justificativa. Não tenha medo de desenvolver cada ação até o fim. Deixe que o púbico espere. Voltem a esses études, demarquem as trilhas. Levem até o fim, até a ação ultra-hiper-natural. Não é necessário fazer muitos études. Não larguem o que vocês já fazem.

Você está "demarcando a trilha"! Quando você age ultra-naturalisticamente, chega ao subconsciente.

Lembrem-se de que todos os elementos do sistema são inseparáveis uns dos outros. Se vocês quebrarem os elementos e não levarem cada um deles até o fim, vai ficar artificial.

É preciso exercitar-se a vida toda. Da mesma forma como o cantor se exercita todos os dias, os atores dramáticos devem exercitar-se todos os dias, treinar. Meu sonho é que vocês, ao chegar ao Estúdio, gastem pelo menos dez minutos fazendo exercícios. É como tomar banho ou pentear-se a cada dia. O sistema, se não for conduzido à verdade, torna-se nocivo.

Em cada étude, deve haver uma ação transversal. Os que não são capazes, que não amam e que não falam da ação transversal sequer chegam ao limiar do subconsciente. E sem falar sobre o limiar, cai-se no artifício.

(*A um assistente*): Livre-se da mentira. Uma pequena mentira pode estragar tudo. Assim como um único violino que desafina estraga toda a sinfonia.

Com o que você se comunica? A comunicação com um objeto morto é terrivelmente nociva. É preciso receber do objeto e entrar na dependência dele. Não se pode comunicar com um objeto vivo imaginário (um ser humano, um animal), mas com um objeto inanimado, sim, já que ele não muda. Com o vivo, não. Por exemplo, Guermánova[32], antiga atriz do TAM. Havia o tempo todo entre nós e ela uma parede.

ASSISTENTE: como trabalhar em casa, K.S.? Não há parceiros lá.

K.S.: Em casa pergunte-se: "como estou hoje"? O que eu faria hoje para conseguir isso ou aquilo? Ah, hoje não posso fazer isso. Atravessem o papel mentalmente. Lembrem-se do parceiro; pensem no estado em que está o seu parceiro hoje: neste ou naquele? Construam proposições. Não se perguntem "como", mas "o quê".

Em casa é possível atravessar o papel pelas ações físicas. Vocês devem pegar a linha das ações físicas simples e elementares. É possível e necessário trabalhar a linha da vida do corpo humano em casa. Ainda assim, não quebrem a lógica da ação física.

Assim que vocês fizerem o papel verdadeiramente pelas ações físicas, ele estará pronto. Se uma peça é montada por um ano, então por seis meses é preciso trabalhar as ações físicas.

Eu necessito de atores que saibam criar a linha das ações físicas. Quando vocês agem sem objetos, estão "demarcando a trilha"; cada ação será lógica até o final, se vocês verificarem de verdade, como é composta.

É preciso encontrar o tipo da ação. Por exemplo, é possível colocar um prato à mesa de diferentes maneiras (como uma governanta, um lacaio, uma senhora).

É necessário saber a natureza do estado de cada ação.

Repito, se vocês atuarem a vida do corpo humano (de Hamlet, Otelo) corretamente, então vocês atuarão a vida do espírito humano.

---

32 Maria Guermánova (1884–1940), atriz russa do Teatro de Arte de Moscou. Emigrada depois da revolução de 1917, fica na trupe do Teatro de Arte de Moscou em Praga (E. Vássina; A. Labaki, *Stanislávski: Vida, Obra e Sistema*). Em seguida imigra para Londres, Paris e para os Estados Unidos, onde substitui Richard Boleslavsky na direção do "Lab" Theater, a partir de 1929 (S. Tcherkásski, *Masterstvó Aktióra: Stanislavski, Boleslavski, Strasberg*).

Estenogramas

(Uma assistente lê um excerto de "O Sonho de Oblómov".[33])

Não fale as palavras, mas as imagens. Transmita com palavras o que você vê com seus olhos interiores. Fale por ações. Fique completamente calma. Lide com a fala da maneira que julgar melhor. Sinta o seu direito de falar. Conheça a força da vírgula.

Nunca, ou melhor, quase nunca a tônica se faz na palavra "forte". Por que a sua frase não sai? Obviamente a sua ação não foi dita corretamente.

Quanto mais interessante a visão, mais interessante será a fala. Não se apresse, dê-me tempo de receber sua imagem e fazê-la minha.

Primeira Aula Com o Grupo das Seções de Ópera e de Arte Dramática do Estúdio (15 de Novembro de 1935)[34]

Vocês começam a estudar uma arte coletiva. Vocês devem fundir-se completamente em um coletivo. É preciso resguardar a causa comum coletivamente. Aprender isso significa reeducar-se como ser humano e como artista.

Um pintor está sentado em casa, tem seu ateliê, e pode trabalhar quando quiser, não depende de ninguém. Vocês, por outro lado, estão amarrados ao coletivo, em seu trabalho. Vocês devem sentir e viver com todo o seu ser não quando desejarem, mas quando estiver escrito no cartaz do espetáculo. A diferença entre a sua forma de

---

33 "O Sonho de Oblómov" é uma parte famosa do romance homônimo de Ivan Gontcharóv, publicado em 1859.

34 KS 21142.

criação e as outras é gigantesca. Por isso formamos não indivíduos separados (coisa que considero nociva), mas todo um coletivo.

Vocês devem fundir-se completamente, devem entender o que significa a arte coletiva e quais as coisas positivas e negativas, nela. Se não adquirirem essa consciência, o coletivo não fundido se quebra, e podem começar toda a espécie de vulgaridades, a partir da impossibilidade de resguardar a causa comum. Nós devemos estar convencidos de que toda a nossa energia vai ser utilizada para que [essa] nossa causa não se perca.

Nós, professores, vamos pensar em como criar um programa para educar pessoas para a criação coletiva. Se algo não estiver claro, perguntem.

Vocês têm o jornal[35]. Não o utilizem para escrever fofocas, mas para resolver a seguinte questão: para que estão aqui? O coletivo, e por que estão aqui – eis as duas questões sobre as quais vocês devem se lembrar, pensar e escrever. Escrevam para que vieram aqui [para o Estúdio]. Deixem que os colegas discordem de vocês, debatam, mas essa questão deve manter-se viva sempre, não apenas enquanto estiverem estudando, mas durante toda a sua vida artística.

Esquecendo-se dessa questão, assim que tiverem o primeiro sucesso vocês deixarão de se reconhecer. É possível enlouquecer com o primeiro sucesso. Se isso acontecer, é perigoso. É preciso saber parar-se a tempo. Me disseram – e não é fofoca – que entre vocês tem aparecido a seguinte conversa: "Dentro de algum tempo nós desbancaremos o TAM". Isso é conversa de criança, é o caminho para o fracasso. Antes de mais nada, vocês devem pensar sobre o fazer. Pensem que suas palavras podem contaminar o organismo que os alimenta. Em teatro, um pequeno boato nunca é pequeno, é sempre gigantesco. O interesse coletivo está em entender o que é necessário ao trabalho e o que é nocivo ao mesmo.

---

35 Refere-se ao "jornal mural". Forma de abordar os problemas coletivos nos anos 1930, os "jornais-murais" estavam em todos os lugares (fábricas, escolas, repartições públicas etc.). Consistiam em cartolinas com "bolsos", onde qualquer um poderia depositar um artigo sobre um tema a ser discutido, que gerava respostas, e assim por diante.

Para ajudar, vou lhes dizer como vocês são felizardos. Ganharam um espaço, e podem entrar nele deixando todo o lixo, tudo o que é desnecessário do lado de fora, e entrar apenas com os melhores sentimentos. Aqui vocês podem ter conversas com grandes autores como Shakespeare, Gógol, Ostróvski. Neste espaço, vocês podem tornar-se pessoas cultas e criar condições para manter esta casa limpa.

Pode acontecer o contrário, também. Pode ser que alguém traga todo o lixo consigo. Então não será mais um estúdio, e sim uma latrina. Se tiver alguém assim entre vocês, expulsem-no, mesmo se for talentoso, arranquem-no de seus corações. Uma pessoa talentosa que traz sujeira para o Estúdio é venenosa: sabe muito talentosamente espalhar seu veneno. Pode até ser que seja muito necessária para o trabalho, mas é preciso limá-la imediatamente. O ator deve sentir [que] isso é um palco, ou então não é um ator. Lembrem-se de que vocês atuam coletivamente, que vocês vieram para cá para realizar algo grande e limpo.

Esse é o meu conselho para vocês, depois de 58 anos de trabalho e vida nesse caldeirão.

■ ■

Vocês devem ter disciplina. O ator deve sentir o palco, sentir a sala. Quando fomos visitar um teatro fora do país, vimos um recado na porta: "Multa de três marcos por bater a porta". Entram os atores russos e eu ouço: "Bum, bum!" Tivemos de colocar um segurança na porta de cada camarim, e pagá-los para que não pagássemos mais caro pelas multas. Aprendam a ter disciplina já nos primeiros passos. Coloquem as cadeiras de forma que nada se ouça.

O ator de ópera sempre se preocupa com seu instrumento, ou então não pode cantar. E o ator dramático? Sabe falar? Sabe andar? Sei, sim. Bom, vá para o drama, então. Quando na verdade o ator dramático precisa de treinamento tanto quanto o de ópera, ou ainda mais. O ator de ópera já domina a [sua] arte, enquanto o dramático ainda não.

Lembro-me de como veio em turnê Sarah Berhardt, sem uma das pernas. Ela fazia *L'Aiglon*[36]. Uma técnica fabulosa. E todo dia ela fazia aulas de canto, de declamação, de esgrima. Eu a acompanhei em algumas dessas aulas. Fazia *L'Aiglon* com uma perna só! Isso é técnica. Aprendam a [ter a] sistematicidade dos cantores. Os violinistas a têm ainda mais. Uma vez estive nos Estados Unidos num baile, em que estava também Jascha Heifetz[37], conhecido violinista. No momento mais interessante, enquanto todos se preparavam para o jantar, Heifetz de repente deixa o recinto. Em seguida, retorna. Acontece que teria um concerto no dia seguinte, e saiu da sala de jantar para trocar o seu violino de caixa [pois as caixas tinham diferentes temperaturas]. Ninguém podia fazer isso por ele.

Os cantores também devem trabalhar muito profundamente sobre a arte dramática, já que ninguém precisa de um concerto de figurinos. O espectador vem ao teatro e quer ver, ouvir, sentir. (*Os alunos fazem* études.)

É preciso desenvolver a técnica – a ação física – ao absoluto. Agora é necessário repetir os études e levar a linha das ações físicas até a verdade real. É preciso atravessar tudo com a verdade, e então aparecerá a linha interior correta. Da primeira vez em que agirem, a lógica deve agir muito fortemente. Todas as suas ações serão lógicas, e então serão verdadeiras.

Se vocês seguirem pela linha física REAL, então a linha interior seguirá paralelamente, e a emoção correta aparecerá em vocês. NÃO MEXAM COM AS EMOÇÕES. Se vocês as forçarem, elas vão embora pelos pés, rapidamente. É necessário uma técnica que se transforme em psicotécnica[38].

---

36 Peça de Edmond Rostand, estreada por Bernhardt em Paris em 1900. Em 1905, durante turnê pelo Brasil, Sarah sofre um acidente em cena que a levaria anos depois a amputar uma das pernas. A turnê russa a que Stanislávski se refere acontece em 1910.

37 Jascha Heifetz (1901–1987), considerado um dos maiores virtuosos do violino. Após a Revolução de Outubro emigra para os Estados Unidos.

38 Stanislávski afirma em diversos momentos, tanto durante as aulas como em seu livro *O Trabalho do Ator Sobre Si Mesmo*, que sua técnica é uma psicotécnica. Cabe lembrar que a década de 1930 viu o auge, na URSS, da discussão acerca de uma subdisciplina da psicologia – logo abandonada – chamada de "psicotécnica". Essa disciplina tinha por objetivo organizar as faculdades psíquicas necessárias para exercer uma determinada profissão. O termo, um pouco ressignificado por Stanislávski, é um desses que serve de mediador entre seu trabalho e as necessidades oficiais do poder soviético.

Assim que a VERDADE DESAPARECE vocês começam a tentar espremer as emoções, e imediatamente vêm os clichês. É preciso conhecer através de que CAMINHOS CONSCIENTES influencia-se a emoção. Tudo o que vocês fazem agora [em aula] são elementos da psicotécnica, sobre os quais vocês precisam trabalhar longamente, e que então irão IMPULSIONAR a emoção. Se abandonarem um étude feito pela metade, um étude de que já cansaram, então ele lhes fará mal, já que os ensinará apenas a mentir. É preciso interessar-se pela verdade real, e então vocês chegarão à verdade autêntica.

Consigam que seus músculos ACREDITEM, que eles mesmos busquem a VERDADE. Não percam isso, busquem por anos a fio. Vejam, quando vocês carregam peso [em cena], seus dedos não estão vivos. Mas os DEDOS SÃO OS OLHOS DA MÃO. É possível expressar tudo, com os dedos.

Por que a vida na criação artística é mais interessante que a vida comum? O ator busca, para a criação, algo interessante, algo que o move. A vida criativa é ainda mais vívida e rica que a própria vida, porque o ator a aquece com seu desejo. O tempo é um filtro que elimina tudo o que é desagradável e deixa inteiro apenas o luminoso. Vocês saem do país. Muitos momentos desagradáveis – desentendimentos com os bilhetes etc. Mas o tempo apaga todo o desagradável e o que sobra de agradável é sempre enfeitado com seu desejo, ao contarem repetidamente as histórias da viagem. Esse é o tipo de mentira permitida. Em cinco, dez anos vocês nem lembrarão o que realmente existiu, e o que vocês inventaram.

O ATOR DEVE VER TUDO, PERCEBER TUDO, LEMBRAR-SE DE TUDO. Extraiam da vida, da literatura. Observem. Mas apenas observar não é suficiente. É PRECISO ACALENTAR AS OBSERVAÇÕES COM AS FICÇÕES DA IMAGINAÇÃO.

Um dia eu estava sentado num bulevar. Vi uma grande senhora, que empurrava um carrinho de bebê com um passarinho dentro. Eu pensei logo que seu filho havia morrido e que a única coisa que lhe sobrara de valioso era o tal passarinho. E ela o balançava. Na verdade, pode ser que nada disso tenha acontecido, mas graças à minha conclusão, lembrei-me disso para a vida toda. SUAS ficções são O MATERIAL para a criação. (*Fazem exercícios de* mise-en-scène.) Façam esses exercícios. A *mise-en-scène* ajuda a linha interior da emoção. Não importa o quão complexa for a *mise-en-scène*, ela deve sempre ajudar o ator.

Vocês fizeram [uma *mise-en-scène*] com uma cadeira e a coluna[39]. A cadeira – melhor dizendo, a menina na cadeira – é a solidão. A coluna está no caminho, é a encruzilhada. Pronto, daqui é possível seguir pela linha interior. Houve um baile. Ela o ama, mas ele gosta de outra. Mas a outra partiu. Ela está ali, esperando que ele se aproxime, e ele espera na coluna e não sabe se vai até ela, ou sai em busca da primeira. Daqui é possível agir.

Vocês perceberam que não havia ação, nesse étude que vocês fizeram? Vocês ficaram o tempo todo no mesmo lugar. Ele abre o rascunho da pintura, era possível partir daí. Vejam, de alguma forma Korôvin[40] se apressou em terminar de pintar o telão de fundo do cenário. No último momento, as tintas esparramam, e fazem um borrão no meio do quadro. Tentamos limpar tudo muito rápido, não há tempo, e Korôvin em desespero manda o telão pintado ainda fresco para o palco. Juntos, nos escondemos na plateia, nas últimas fileiras. Abre-se a cortina. De repente ouvimos: "Kóstia, Kóstia!", chamando Korôvin. Répin[41] e muitos outros artistas estavam lá. Arrastam Korôvin para o meio do palco e o beijam, parabenizam e dizem: que telão mais lindo. Veem o que acontece, aqui? Era uma tragédia, mas ficou tudo bem. Isso poderia ter acontecido [no étude de vocês]. Levaram os rascunhos, e de repente um borrão acaba ajudando.

---

39 O palco da sala Onéguin, onde Stanislávski encontrava-se com os alunos, tem o proscênio sustentado por maciças colunas neoclássicas.

40 Konstantin Korôvin (1861–1939), famoso pintor impressionista russo. Stanislávski usa frequentemente esse recurso de colocar pessoas famosas como referência para cenas imaginadas que ilustram o que está querendo dizer.

41 Iliá Répin (1844–1930), também um famoso pintor russo da escola realista, um dos mais importantes representantes do movimento dos *peredvijniki,* pintores que iam ao interior do país para retratar a realidade dos camponeses.

Estenogramas

É PRECISO DESENVOLVER O SENSO DE *MISE-EN-SCÈNE*. O que pode ser tirado da cadeira, que emoções? Justifiquem uma pose acidental com ações. Quantas *mises-en-scène* podem ser extraídas de uma simples cadeira! Jamais mintam em cena. Não é permitido se fazer de besta em cena, vocês farão de si os bufões de seus colegas. O ator não deve ser um bufão. Ele deve conduzir a multidão atrás de si, fazer com que ela ria e chore. É preciso entrar em cena sempre muito seriamente. (*A um aluno.*) Vê, perto da cadeira você encontrou doze *mises-en-scène*, logo, doze diferentes estados de humor. A ópera tem muito mais convenções cênicas do que o drama. No drama se pode falar dando as costas para o público. Pode até ser que se possa cantar assim na ópera, mas mesmo assim é preciso saber cantar.

O ator que entra em cena deve encontrar para si *mises-en-scène* novas a cada vez. É muito difícil ficar muito tempo encarando o público e continuar interessante. Duse só conseguia fazer isso, durante cinco minutos. Salvini, por seis, sete minutos. Isso é muito. Um ator fica em cena por trinta, quarenta minutos. Se vocês o tempo todo forem ficar de frente para o público – não será uma cena, e sim um concerto com figurinos. É PRECISO SABER USAR E APRECIAR A *MISE-EN-SCÈNE*.

Todos esses exercícios devem ser levados à vida. É preciso observar-se a si mesmo e trabalhar todos os dias. Fazer tudo o que fazemos no Estúdio por apenas duas horas é muito pouco. Vocês têm alguns músculos completamente subdesenvolvidos. O ator precisa de cada músculo, de cada dedo. É preciso levar os exercícios à vida e desenvolvê-los à mecanicidade. Na vida deve haver um observador constante, que controla todos os movimentos. Se vocês tiverem esse observador constante, então muito rapidamente desenvolverão um aparato flexível. O aparato deve ser bem construído e preciso.

Segunda Aula Com o Grupo das Seções de Ópera e de Arte Dramática do Estúdio (17 de Novembro de 1935)[42]

K.S.: Vocês estão começando a aprender uma arte coletiva[43]. O que significa isso? Significa que vocês devem se fundir completamente em um coletivo e aprender a resguardar coletivamente o trabalho comum. Aprender isso significa reeducar-se como ser humano e como artista.

O pintor pinta em casa e não depende de ninguém. O cantor depende do maestro, já o ator dramático depende de seu parceiro de cena. O parceiro pode responder muito mal nos momentos da criação [em cena]. A atmosfera da coxia tem um papel muito importante também. Você, ator, depende do alfaiate, do segurança, do técnico de luz.

É com essa arte coletiva que vocês devem se acostumar e que devem entender. Vocês devem viver uns com os outros em paz e se ajudar mutuamente. Vocês dependem de seus colegas e devem entender o que é necessário para o trabalho. Devem preocupar-se com as relações de companheirismo. Os atores sempre estarão envoltos numa atmosfera de criação muito nervosa. Um ator cria pela manhã e à noite. Desenvolve uma grande imaginação, mas também um estado de nervos muito grande. Enquanto vocês ainda não o desenvolverem, é preciso ir se temperando, se fortalecendo e entender o que é o trabalho coletivo.

Não preciso dizer que hoje em dia há muitos coletivos, mas que eles não existem como coletivos e sim como teatros. Antes eram coletivos amistosos, mas com os anos perderam a unidade de coletivo, e desfizeram-se enquanto tal. Essa questão do coletivo é uma

---

42 KS 21144: 2.
43 Essa aula, que começa muito similar à aula anterior, de 15 de novembro de 1935, foi dada apenas para a seção de Arte Dramática do Estúdio.

questão importante e complexa. É necessário não apenas entendê-la, mas senti-la. Cada um deve pensar sobre seus atos: será que a causa coletiva precisa disso que fiz? Saibam falar apenas o que não destrua a causa coletiva. Saibam amar a arte em si, e não a si mesmos na arte. Se começarem a [tentar] escravizar a arte, a arte os trairá. A arte é muito vingativa. Repito, mais uma vez: amem a arte em si mesmos, e não a si mesmos na arte. Esse deve ser o pensamento que os conduz. Não é o teatro que deve existir para vocês, mas vocês para o teatro.

O maior prazer está em trabalhar para a arte, sacrificar-se pela arte. É preciso entender claramente para que vocês vieram ao teatro. É claro – a ribalta, os figurinos, o público – tudo isso move, tudo isso reconforta. Mas também estraga. A gente se acostuma tanto com a constante autodemonstração e os elogios, e chega uma hora em que já não sabemos mais como viver sem eles.

Tem muito mais valor quando um velho professor vem ao camarim depois do espetáculo (ele teve de subir e descer escadas, mas decidiu vir!) e diz que atuamos mal ou errado em uma parte específica do papel, que devemos encontrar outra coisa, do que o grito fanático dos psicopatas, dos adoradores e fãs, que são o que o ator geralmente pensa que lhes trará a boa reputação. Quando Francesco Tamagno[44] veio a Moscou, ouviu-se um grito enlouquecido em um de seus espetáculos: "Tamagno, bravo, bravo!". Era uma de suas admiradoras. Depois disso, ela começou a fazer isso em todos os outros teatros. Ficou louca. Corria para todos os lados e gritava: "bravo". Tem muita gente assim.

Os atores pensam que esse tipo de grito é propaganda. Não. Quando um ator trabalha, cresce. Quando cai nos berros dos psicopatas, deixa de crescer. Atores não devem encarar seus fãs seriamente. Conheço um ator cuja casa era frequentada pela melhor gente de cultura. Trata-se de um ator que conseguiu elevar-se muito em sua arte. Aos poucos, no entanto, essa companhia começou a diminuir, e a ser substituída apenas por fãs. E o ator parou de crescer.

44 Francesco Tamagno (1850–1905), cantor de ópera italiano.

Não me lembro de quem são as palavras: "o ator deve ser ou um sacerdote, ou um bufão". Mas não sejam bufões no mau sentido da palavra. Se começarem a dar ouvidos para o público, vocês se tornarão os seus bufões. Uma vez um ator me ensinou que é preciso fazer reverência ao público. Tinha um truque que fazia com que o público o chamasse de volta para os agradecimentos umas trinta vezes. Primeiro fazia a reverência para um lado, depois para o outro, depois para uma fã, depois para outra, sua rival. Fazia que ia sair, depois voltava, e assim por diante...

Se quem elogia é gente leiga, gente que não entende [de teatro], significa que estão interpretando mal. Se uns criticam e uns elogiam – bom, já é bem melhor. Se vocês seguirem a linha da arte verdadeira, vão ser muito criticados e poucos serão os que elogiarão. Mas serão os importantes. Isso significa que interpretaram bem. Não sejam nunca os bufões do público, levem o público consigo. O espectador deve crescer até o seu nível. Vocês possuem um aparato expressivo, é preciso resguardá-lo. Não se pode tocar um instrumento bom, se estiver desafinado. Seu instrumento deve estar preparado para um verdadeiro trabalho. Quanto mais sutilmente sentirem, mais necessário será o instrumento.

Vocês devem entender que quando se emocionam e o corpo não corresponde às emoções, as mãos ficam tensas, essa emoção só causará risos no público. Repito: se quiserem tocar Beethoven num instrumento desafinado e ruim, nada sairá dali. É preciso preocupar-se com que os músculos que a natureza lhes deu estejam em ordem. Isso é necessário para transmitir todas as sutilezas e nuances da experiência do vivo.

Que sofrimento passa a pessoa que sente tudo maravilhosamente bem, mas não consegue transmitir essas emoções! Quanto mais complexa e interessante a linha e mais profunda a emoção, melhor deve estar seu aparato, para conseguir transmiti-los. Imaginem um surdo-mudo apaixonado. Se quisesse transmitir suas emoções, teria de expressar-se com um som indefinido. Da mesma forma, o ator que sente e não pode transmitir suas emoções, porque suas mãos são [duras] como pás, [porque] não tem voz, o corpo não mexe, experimentaria o mesmo sofrimento do surdo-mudo[45]. Não esqueçam de que os olhos são o espelho das almas, e os dedos são os olhos do corpo. Perguntem aos seus professores que músculos desenvolver, quais são as suas insuficiências. Exercitem-nas, dediquem alguns anos a este trabalho.

Eu sinto meu gesto desde "dentro", sei o que ele expressa. Tentem conseguir isso vocês, também. É algo que se consegue com uma técnica enorme. E essa técnica vocês devem adquirir agora. É preciso que saibam disso, de uma vez por todas. O que significa dominar o corpo? É pouco saber como posicionar as pernas etc. É preciso desenvolver-se para [ser capaz de] andar, viver, conversar com um inspetor dentro de si – o prana[46] –, a energia vital, que verifica todos os seus movimentos. Esse inspetor, para além de suas vontades, acompanha todas as suas insuficiências. Vocês devem chegar a um estado em que não sejam mais capazes de entrar em cena com os músculos tensos. É preciso amar isso.

Vocês nem podem imaginar a alegria que é quando vem a consciência de ter falado e andado errado a vida toda e, de repente, de ter aprendido a falar e a mover-se bem. Como é maravilhoso que uma pessoa possa dominar seu corpo, sua fala! Então, [quando isso acontecer], vocês poderão entrar em cena e não pensar, não esforçar-se para atuar, mas apenas mover os olhos. E duas mil pessoas acompanharão os movimentos dos seus olhos. Vocês pensarão, e eles pensarão com vocês. Adquirir o direito de entrar em cena, não fazer nada e viver em uníssono com o espectador é uma felicidade imensa.

---

45 Ver Comunicação, *O Trabalho do Ator Sobre Si Mesmo, v. 1*, em que Stanislávski propõe o experimento de vendar e amarrar o aluno (no caso, seu *alter ego* Kóstia Nazvánov) e pedir que se comunique e o diretor Arkádi Tortsóv dá o mesmo exemplo do "surdo-mudo".

46 Sobre a influência do pensamento da ioga hindu no desenvolvimento do Sistema de Stanislávski, foi lançada há pouco minha tradução de *Stanislávski e o Yoga*, do professor Serguei Tcherkásski. Sem acesso aos materiais do Estúdio, no entanto, Tcherkásski apenas supõe que alguns termos continuavam sendo empregados na prática do mestre nos anos 1930, apesar da autocensura realizada em suas publicações. Aqui está uma das confirmações dessa suposição do professor Tcherkásski.

Para isso, para dominar essa felicidade, é preciso entender para que vocês vieram ao palco, entender que o ator, ao entrar em cena, deve fazer com que as pessoas pensem, sofram e alegrem-se com ele. Vocês chamam consigo o espectador, o ser humano, para fazer com que ele chore junto, ria junto, pense junto. Eu já lhes contei mais de uma vez como um dia, depois de um péssimo ensaio em Leningrado, eu vi na praça Mikháilovskaia muitas pessoas sentadas ao redor de fogueiras. Era inverno, estava frio. Fui ver o que era. Eram pessoas guardando lugar na fila para conseguir ingressos para o nosso espetáculo. Então pensei: O QUE poderia ter-me feito sentar, à noite, no gelo, na rua? Para conseguir, o que eu o faria? E as pessoas ali, sentadas, esperando.

Em circunstâncias como essas é possível divertir-se e alegrar-se de que nossas emoções e sentimentos tenham chegado até as pessoas. Vocês devem entender a alegria que sente o ator, quando é entendido. É uma alegria elevadíssima, mais elevada do que tudo o que se possa imaginar. Decidam: para que vieram ao teatro? Não tenham medo de dizer o que pensam. Falem besteiras, deixem que os outros discordem de vocês, mas é preciso falar sobre isso, é preciso pensar constantemente sobre isso, porque esse é o seu motor principal, seu guia. E isso, aquilo para o qual viemos ao teatro, vamos chamar de super-supertarefa. Pensem constantemente sobre a super-supertarefa de suas vidas.

Eu já falei da outra vez: peguem, por exemplo, qualquer trabalhador, não sei, um tecelão ou algo do gênero. Imaginem que ao tecelão é pago um salário mensal, e de repente, enquanto todos ainda trabalham, ele já terminou o que tinha para fazer e começa um escândalo, para que lhe deem mais trabalho [sem aumento do salário]. Não, não, claro, não estou falando de agora, pois agora pessoas assim existem. Mas antes, por via de regra, não poderia existir gente [que pensasse] assim. Mas experimentem não dar um papel para um ator… Mais fácil deixar de pagar-lhe o salário, do que deixar de dar-lhe um papel.

Vocês receberam uma casa. Vão morar nela e fazer tudo o que quiserem. Mas à entrada vocês devem, junto com suas galochas,

Estenogramas

deixar tudo de ruim que possuem. Essa casa é o seu Estúdio. Nessa casa, vocês devem usar seus melhores sentimentos para dirigir-se aos colegas. Há certos amadores que carregam consigo um monte de lixo, e que vêm sacudi-lo dentro da sala do Estúdio. Vocês devem expulsar imediatamente do Estúdio uma pessoa que tiver vindo aqui para cuspir. Sem nenhuma piedade. Vocês não devem permitir ao seu lado uma pessoa que vem contaminar toda a atmosfera saudável do Estúdio. Se alguns de vocês estão numa situação ruim em casa, então que aqui, no estúdio, fique tudo bem.

Mexam as cadeiras sem barulho. Cada barulho que eu ouvir – três marcos de multa, como no teatro alemão. Da última vez, eu lhes contei como a esposa do compositor Wagner me levou ao palco para mostrar como, em um minuto, sem barulho algum, eles conseguiam tirar de cena um navio e colocar uma moça fiando a roca. Ou, outro caso: era preciso tirar imediatamente de cena um monte de louças de cristal. Cada ator pegava dois copos e saía. Tudo era feito momentaneamente, em silêncio, sem ruído e sem barulho.

(*Começam os exercícios com objetos inexistentes. Zinóviev tira água de um poço.*)

K.S.: Creio que não entendi, como é esse seu poço. É melhor pegar algo de que pode se lembrar depois. Senão você inventa um poço que funciona assim: vai até a parede, gira, gira, gira uma manivela e a água começa a brotar, e o público fica sem entender de onde veio a água. Só que, se o público não entender nada, então não foi convincente. (*Para o aluno.*) Faça mais uma vez, mas deixe claro que os músculos estão trabalhando. Traga o objeto, faça tudo com ele, e depois faça a mesma coisa sem o objeto. Você se sentirá bem, quando sentir que é realmente de verdade, que isso se faz precisamente assim, dessa forma.

Através das ações físicas simples vocês despertam em si um pequeno momento de fé, e em cena terão toda uma linha de ações físicas. Vocês ACREDITARÃO nela e viverão por meio de suas próprias emoções, esquecendo-se do público.

Atravessem assim todo o papel, e então vocês verão que sentem corretamente, já que é inconcebível que as mãos façam a coisa certa e disso venham emoções erradas.

(*Um aluno discorda, dizendo que a linha interior pode ser diferente da exterior, ou seja, que se pode fingir estar muito feliz em encontrar uma pessoa quando de fato a odeia.*)

K.S.: Não é sobre isso que estou falando agora. O que você está falando é o seguinte: Turguêniev e Dostoiévski eram inimigos. Mas, uma vez, Dostoiévski foi fazer uma visita a Turguêniev. Turguêniev pensou que fosse uma expressão de amizade, ficou muito feliz e acreditou em Dostoiévski. Eu estou falando agora em como conseguir viver corretamente em cena. ATRAVÉS DA LINHA DAS AÇÕES FÍSICAS VOCÊS ACORDAM SUAS EMOÇÕES. Se eu digo à minha emoção: "Sinta isso, depois aquilo"... Ela se incomodará e irá embora. (*Ao aluno.*) Veja, sinta amor.

ALUNO: É impossível.

K.S.: Sim, e no entanto alguns pensam que são capazes de fazê-lo. Entram em cena e começam os clichês: as mãos no coração, os suspiros, mas não conseguem encontrar a ação de modo nenhum. Se você pensar em se declarar assim a uma garota na vida, ela o mandará embora. Por algum motivo, em cena, isso é considerado possível. De que é composto o amor? Você quer se encontrar com seu objeto, mas faz de conta que não o percebe. Você quer tocá-lo, mas faz-se de difícil etc. Cada emoção pode ser decomposta em uma série de ações lógicas e coerentes.

Se você atravessar o papel pelas ações externas, você terá uma espécie de linha, vamos chamá-la de [linha da] vida do corpo humano, e, ao mesmo tempo, vamos desenvolver a linha da alma humana.

· ·

Étude

Um pai e duas filhas. Uma de sangue, outra adotada. Inventem vocês mesmos as circunstâncias propostas.

(*Os alunos conversam entre si, combinando.*)

K.S.: Agora eu lhes darei um étude. Vocês chegam em casa e põem a mesa, e querem dar de comer ao pai de vocês. Mas sabem que seu irmão foi atropelado por um automóvel, e que vocês devem falar isso ao seu pai. (À aluna.) Não comece com uma tragédia. É preciso que seu pai veja que vocês estão ali, mas que não perceba que algo aconteceu. Ponham a mesa.

Nós agora estamos trabalhando sobre a linha do corpo humano. Vocês não sentiram a VERDADE. Tudo o que fazem é insuficientemente lógico. ONDE HÁ LÓGICA – HÁ VERDADE, ONDE HÁ VERDADE, HÁ FÉ.

Vocês devem combinar tudo, até o fim, todos os detalhes. Mesmo os pequenos detalhes cotidianos devem ser verossímeis. Tirem a mentira. Que portas são essas, que abrem sozinhas para vocês passarem? E esse mancebo mágico, que, não importa o que se jogue, ele estica os braços e pega? E depois ainda ajeita no cabide. Mas como é, na vida? Comparem o tempo todo. É preciso que cada ação tenha seu tempo, e que ocupe tanto tempo quanto precisa para se realizar. Tudo deve ser inteiramente verdade, até o fim. Não procurem logo de cara uma grande verdade, busquem a partir da pequena verdade das ações.

Veja, você me disse que é professora, mas chegou do trabalho e sequer lavou as mãos. Uma professora é uma pessoa educada, culta. Levem tudo até o hiper-ultranatural. Quando Maeterlinck soube que na Rússia o consideravam impressionista, começou a fazer gestos obscenos na direção de Moscou, já que não considerava ter absolutamente nada a ver com os impressionistas, e chamava-se de "ultranaturalista das vivências elevadas".

O elevado começa onde há o ultranatural. Eu me lembro de uma peça de Maeterlinck, *A Intrusa*. Em cena, acendia uma lâmpada, que depois se apagava, ouvíamos um barulho de carrinho de bebê etc. E assim, toda uma série de ações físicas simples, que deveriam ser muito precisamente executadas. Depois, adicionava-se a isso que, no quarto ao lado jazia um moribundo, e então tudo adquiria um outro aspecto. As coisas seguiam como sempre, mas no limiar sentia-se um drama, e tudo adquiria um outro significado. Façam a si mesmos apenas uma pergunta: "O que eu faria, se" – e comecem a agir. Então será de verdade.

Verifiquem todas as suas circunstâncias propostas dizendo: "Se meu filho tivesse morrido, como eu agiria?" Ou: "E se tudo isso estivesse acontecendo na Manchúria, e não aqui?" Só justifiquem imediatamente: por que e como foram parar ali. Enquanto não há o "se", a arte não começa. Numa peça há toda uma série de "ses" colocados pelo autor, pelo cenógrafo, pelo iluminador e por vocês mesmos, ao redor de si. É preciso desenvolver essas condições e encontrar-se a si mesmo nelas, colocar-se em novas condições e encontrar-se a si mesmo nestas – eis onde começa a criação.

Vocês já sentem que não conseguirão fazer esse étude hoje. Mas não devem abandoná-lo, já que isso só os ensinará a mentir. Eu lhes dei uma cena que, pelo jeito, ainda não podia ter dado, mas, de qualquer forma, é preciso ensaiar essa cena como uma peça, e levá-la até o fim, ou então ela lhes fará mal.

Étude Com o Dinheiro e Com o Corcunda

Em meu livro, descrevo um étude, em que, na ação, um corcunda joga dinheiro no fogo. A pessoa que traz o dinheiro para a cena deve contá-lo. Como contar dinheiro? Vejam: a contagem de dinheiro é toda uma história. É preciso fazê-la até o fim[47]. Têm um significado enorme todos os seus detalhes.

---

47 O livro a que Stanislávski se refere é o primeiro volume de *O Trabalho do Ator Sobre Si Mesmo*, em que trabalhava nas últimas correções antes de enviar para a gráfica (de fato, o livro é ►

Quando vocês repetem a ação algumas vezes, sentem a verdade e aparecem os detalhes subconscientes. Quanta atenção é necessária para tirar o elástico, contar o dinheiro, veja que são notas muito velhas, quase se desfazendo.

Mais um exemplo: eu chego a um lugar onde não vou há muito tempo. Antigamente, quando morava neste lugar, acabei traçando uma trilha no mato, da minha casa até a estação de trem, de tanto caminhar. Agora, quando volto, o mato já cresceu de volta e não há mais a trilha. Sobrou só uma estrada ao lado, bem acidentada. É o caminho dos clichês. Pode até ser que seguir por essa trilha seja mais fácil do que buscar a minha trilha. Mas eu atravesso ela por duas vezes, seguindo os traços deixados, depois uma terceira vez, e assim por diante, até que enfim a trilha pisada por mim aparece de novo.

Na vida, vocês sabem como por uma mesa, como trazer a comida. Por que então, quando entram em cena, não conseguem fazê-lo? Encontrem o caminho certo, como com a trilha que o mato ocupou. Agora examinem algo. (*Ao aluno.*) Duvido que você examine algo desse jeito, na vida.

ALUNO: Uma vez, eu fiquei olhando para um objeto por quatro minutos, na vida.

K.S.: Mas você sabia para que o examinava? Não se pode examinar algo sem uma tarefa. Olha, você examina o piano. Mediante que condições você pode examinar um piano?

ALUNA: Eu queria comprar um piano.

K.S.: E por que não se aproximou mais para examiná-lo?

ALUNA: Eu queria, mas não sabia se podia.

K.S.: Vocês devem saber para que estão aqui sentados, quem sao vocês etc. VOCÊS DEVEM TER UM PASSADO, UM PRESENTE E UM FUTURO. Mesmo a inação se expressa através da ação. Não é possível sentar e ficar a coçar os olhos. SEM FICÇÕES E IMAGINAÇÃO A ARTE

▷ publicado apenas em 1938), como contam E. Vássina; A. Labaki, op. cit. O *étude* do "dinheiro queimado", no entanto, é uma espécie de *étude*-modelo, que vai se aprofundando a medida que os capítulos se tornam mais complexos. O caso descrito, da contagem do dinheiro, está em "Fé e Senso de Verdade", publicado em *Sobránie Sotchinéni v 9 Tomakh, t. 2*, p. 224.

NÃO PODE EXISTIR. Imagine que você está sentado perto de alguém importante, e isso traz desconforto. Você não se sente à vontade para levantar, mas vocês querem olhar a marca do piano. Aí sim, vai ser justificado. Vocês podem criar tudo o que quiserem, COM A CONDIÇÃO DE QUE A EMOÇÃO ACREDITE. Quando estão em cena, vocês devem SABER que é preciso AGIR. Nossa arte é a ARTE DA AÇÃO. Assim que a ação para, não pode mais haver verdade.

Imaginem que eu escreva uma peça: três pessoas que não se conhecem e não querem se conhecer. E também não querem conversar. Seria interessante? Existe uma peça, em que atuou Chúmski[48]. A personagem o tempo todo quer dizer algo muito importante, mas não consegue fazê-lo até o final do terceiro ato. Aí há uma ação enorme.

(*Exercício de enfeitar a sala.*)

K.S.: Fizemos o exercício duas vezes. Da primeira vez, demarcamos a trilha, da segunda, seguimos pela trilha demarcada. Quando vocês conseguirem a verdade, não a esquecerão. Olhem como eles estão apenas parados! Discordam, brigam – e quanto é possível fazer aqui, e eles apenas estão ali, parados. Qual é a questão? Nós sentados, assistimos como vocês fazem bobagens, e nos interessamos por isso. Se encontrarem a verdade, não a perderão jamais. É muito fácil voltar a uma trilha já demarcada.

Étude Voo no Aeroplano

K.S.: Busquem a verdade, mas também sintam a mentira, já que a mentira leva à verdade. Busquem a verdade, mas se não puderem encontrá-la de uma vez, busquem a mentira, e vão descobrir, a partir dela, a verdade. Dei-lhes agora uma tarefa sobre algo que vocês nunca

---

48 Serguei Vassilievitch Schúmski (1820-1878), ator russo, aluno de Mikhail Schépkin, considerado um dos grandes modelos de interpretação para Stanislávski.

Estenogramas

fizeram[49]. Encontrem um estado de prazer, nisso. Se suas ações forem lógicas, então aparecerá o senso de verdade. (*A um aluno.*) Você quer abrir a janela. É preciso sentir o que você está pegando com as mãos. Lembre-se de todos os detalhes. Até o fim. Então você será lógico. Neste étude, propusemos algo que não é próximo, que lhes é desconhecido. Como fazer? Busquem ajuda pesquisando em livros. É preciso tatear e acreditar em todos os detalhes de forma que os outros também acreditem. Não importa se é exatamente assim na realidade – ainda que, claro, seja bom que corresponda à realidade –, mas o mais importante é que vocês acreditem totalmente.

Percebem qual é o trabalho aqui? Vocês farão esse étude algumas vezes, completando-o sempre com novas ações. Quando vocês reunirem todas as ações, terão noção do que significa voar num aeroplano. Para isso, precisam encontrar a verdadeira vida do aeroplano e conhecê-la tão bem como os próprios pilotos.

O que mais me lembro de minha vida foram os momentos em que menti, inventei. Digamos que vocês cheguem de uma viagem ao exterior. Começam a falar sobre uma coisa, sobre outra. Os detalhes desagradáveis somem e vocês ainda adicionam um pouco de desejo às partes boas. No geral, resta uma memória agradável. O desejo coloca-se na realidade, mistura-se com ela e em cinco anos, vocês já não saberão mais o que realmente aconteceu na realidade e o que é mentira.

Então, essa mentira, esse desejo, amem-no mais do que tudo. A imaginação condensa as tintas. A imaginação é sedutora: ali tudo é possível. O ator mente a partir das necessidades interiores, da fantasia. A vida da imaginação é encantadora. Ali, tudo é seu. Vocês podem construir castelos e depois destruí-los, se não gostarem. Não existe nada melhor que a natureza. Se a natureza começou a trabalhar, não a atrapalhem. Se encontram a verdade e acreditam nela, significa que estão no campo do subconsciente. Nesses momentos, o ator deve ser ingênuo. Acreditem, não pensem, deem liberdade à natureza, não queiram ser espertos demais.

---

49 Em meados de 1935, poucas pessoas já haviam voado num avião.

UMA DE NOSSAS BASES É: A PSICOTÉCNICA CONSCIENTE DO ATOR PARA A CRIAÇÃO INCONSCIENTE. Assim como existem a lógica e a coerência de cada ação, existem a lógica e a coerência da emoção humana. Isso é muito simples de entender.

De que ações se compõe o amor? Peguem uma série de ações. Falam ao ator: você deve interpretar um amor assim como, digamos, o de Romeu. Por que, então, imediatamente começa a interpretação das paixões, o mexer frenético das mãos... Vocês veem que tudo isso é clichê? E o que é o amor? Vou andando pela rua, vejo uma donzela. "Nada mal" [penso]. Uma outra, moreninha, é ainda mais bonita. Vou e falo com ela, mas não falo com a primeira, porque ela é muito quieta. Mas ela vem, e me olha de novo. Ah, para quê? Bem, tanto faz, para mim. Ela entra em uma das alamedas do parque, eu vou atrás. Nos encontramos. Quero me apresentar, acabo desistindo, vejo que ela fica brava e, no final das contas já esqueci a moreninha, e lembro-me apenas da loirinha. Assim, aos poucos, vamos até o casamento. Veem quantas páginas podem ser escritas sobre isso? Em cena, não se pode deixar passar nada.

Assim, É PRECISO DECOMPOR CADA EMOÇÃO EM AÇÕES. Saibam fragmentar as ações nas partes que as compõem. Não pode existir emoção "em geral", elas não significam nada. Apenas um cadáver pode não sentir nada.

(*Os alunos fazem um* étude: *esperando a consulta médica.*)

K.S.: Vocês estão esperando: isso é inação. É preciso encontrar nela a ação. Comecem a agir, de alguma forma. Imaginem "e se" isso fosse na Abissínia?[50] Onde? Longe do *front*. Será que existe a ameaça de bombas aéreas? O que vocês fariam, dadas as circunstâncias? E quando começarem a responder a essas perguntas, começa a criação. O momento de decisão, o QUE vocês começam a fazer AGORA –, e começarão a criar.

---

50. Em 1935, a Abissínia acabara de ser invadida por Mussolini.

As circunstâncias propostas trarão novas emoções. Vocês devem responder às perguntas QUANDO, ONDE, O QUÊ, POR QUÊ, e, depois dessas respostas, perguntem: "O que eu faria?" Então ficará claro, e a ficção começará a ganhar vida. Ainda assim, lembrem-se do passado, do presente e do futuro. Não pode haver presente sem passado e sem futuro.

Assim, de onde começa a criação?

1. "Se"; 2. Circunstâncias propostas; 3. "O que eu faria?" Não como eu interpretaria, mas o que eu FARIA, precisamente.

ALUNO: A emoção vem como resultado de toda uma série de ações lógicas, mas pode ser que a ação seja desperta pela memória emocional, através da concentração em mim mesmo?

K.S.: Às vezes, é possível encontrar a figura imediatamente. Tinha uma peça, eu me lembro, *Michael Kramer*[51]. Nós a lemos uma vez e saímos, eu com a andada de Kramer, e Moskvín com a andada de seu filho. Eu fazia o Dr. Stockmann. Sempre o interpretam como herói, e eu o fazia como uma espécie de abestalhado. De onde veio isso? Eu o fiz por muitos anos, e apenas depois de muito tempo percebi quem era a pessoa, de onde tinha vindo. Era um professor de quem eu já havia esquecido e inconscientemente o havia corporificado na figura de Stockmann. Isso é o trabalho de nosso subconsciente. Quando um ator consegue pôr vida nisso imediatamente, é uma alegria enorme. Papéis assim são um ou dois, para a vida inteira. Trata-se do caso raro, quando a natureza começa a trabalhar sozinha. Não é necessário se intrometer onde age o subconsciente.

E quando vocês pegarem um Ibsen, como pôr vida ali? É preciso pôr vida, imagens, já que não pode haver ser humano sem imagens, nem na vida e nem em cena. A VISÃO SÃO AS IMAGENS. Quando uma pessoa age sem imagens, o resultado é inerte, morto. Para que

---

51 Apesar de *Michael Kramer*, de Hauptmann, ter sido montada por Stanislávski no Teatro de Arte em 1901, tudo leva a crer que Stanislávski aqui confunde as peças e refere-se, de fato, a *Um Inimigo do Povo*, de Ibsen, montagem a que se reporta logo em seguida e, como descreve em *Minha Vida na Arte*, onde criou a personagem Dr. Stockmann através da intuição.

uma narração tenha vida, é preciso que esteja INTEIRO em imagens, para vocês.

Aprendam a não INTERPRETAR, mas a AGIR, E SERÃO ATORES PRONTOS.

Aula Com os Assistentes
Sobre O Mal de Pensar
(19 de Novembro de 1935)[52]

Trabalhem todos os exercícios entre quatro paredes, atuem e exercitem-se entre quatro paredes. Atuem sem quaisquer *mises-en-scène*. Expliquem tudo, para quê, por quê. Em cada *mise-en-scène* deve haver um sentido. Expliquem tudo para mim, para quê e por quê. Vejam, vocês chegam, entram em cena. Podem sentir a vida, aqui? Vivam em cena de forma que lhes seja confortável e agradável.

O que vamos fazer agora?

ASSISTENTES: Buscar ações.

K.S.: Não precisamos forçar nada. Não fiquem tentando buscar a experiência do vivo.

ASSISTENTE: Eu vou procurar, como se fizesse…

K.S.: De onde você tirará algo que a ajude?

ASSISTENTE: Partindo da lógica.

K.S.: Vocês dois estão juntos, sentados conversando, durante [toda] a noite. Jogam. Leem. As pessoas fazem o que fazem porque nossa arte é ativa. O que vocês fariam? Moltchálin toca flauta. Avaliem as circunstâncias, saibam em que circunstâncias isso tudo acontece. Sofia o impede de sair, e Moltchálin deve ir embora de forma que não a deixe magoada. Sofia, sobre o que você pode

---

52 KS 21143.

Estenogramas

falar, você, uma moça educada, em tais condições? Encontre algo sentimental.

ASSISTENTE: Sofia deve começar a conversar sobre as notícias da cidade, depois passar para algo mais elevado.

K.S.: E ela precisa disso para quê? Qual o objetivo interior?

ASSISTENTE: Ser interessante [para ele].

K.S.: Ou seja, mostrar que você não é como é, mas sim a heroína de algum romance[53]. Aliás, seria bom se cada um de vocês tivesse um caderninho e, se inventarem alguma conversa, anotassem nele.

Qual o objetivo de Moltchálin? Ele deve agradá-la, mas, ao mesmo tempo, não ser pego por Fámussov. Vamos executar apenas as tarefas externas. Agora, vocês podem encontrar o impulso a partir daquilo que vocês mesmo fariam.

ASSISTENTE: Sofia impõe-se, já que Moltchálin é de uma posição [social] inferior à dela[54].

K.S.: Ela o tomou como seu protegido. Temos aqui um heroísmo burro, e Moltchálin não precisa disso.

ASSISTENTE: Para a carreira, ele precisa, em parte.

K.S.: Ou seja, ele precisa agradá-la e não despertar a ira de Fámussov contra si. Façam sem objetos, pois assim darão mais atenção às ações físicas. (*Para Liza.*) O que significa dormir a noite toda sentada numa cadeira? Sente-se mais confortavelmente, mas em apenas uma cadeira – você não ousaria pegar mais de uma – e durma. Eu não estou aqui. (*Para Sofia.*) Você importuna Moltchálin por amor. Ele deve ficar aí, olhar para você e expressar a dor. Ao mesmo tempo, Moltchálin deve ficar atento para escutar cada barulho [vindo de fora]. Sofia, mostre a ele que você toca para ele, para que o som de cada nota voe em direção ao seu coração. Não importa o que faça, deixe que ele sinta que é você quem faz. Se ele não sorrir de volta para o seu sorriso, significa que se ofendeu, e você pode começar com um ataque histérico, e ele tem medo disso. (*Para Sofia e Moltchálin.*) Estão forçando. Isso é o pior.

---

53 Sofia é uma jovem nobre moscovita do século XIX, que, segundo Stanislávski, "leu muito romance francês".

54 Moltchálin, na peça de Griboiêdov, é secretário do pai de Sofia.

Não falem apenas por falar. Melhor darem dois, três momentos de "mãos dadas e olhos grudados". (*Para Moltchálin.*) Você está aí parado como um senhor casado de vinte anos de idade. (*Moltchálin beija as mãos de Sofia.*) Ah, não, o que é isso? Ainda falta muito para chegar nisso. (*Moltchálin se senta.*) Será que ele consegue sentar-se? Ele é um amante-lacaio. (*Para Liza.*) Durma profundamente. Você encontrou uma única pose, e eu preciso de umas 35. (*Para Moltchálin.*) Encontre a verdade, você ainda não avaliou corretamente, não entendeu bem o que significa ser um "secretário-gerente"[55]. (*Para Sofia.*) Você fez uns seiscentos movimentos, mas nenhum verdadeiro, tudo falso. (*Para Moltchálin.*) Pode ser até que você deixe escapar uma lágrima. (*Para Sofia.*) Sem as mãos. Elas mentem. Entendam sobre quais ações físicas eu estou falando. Que verdade existe [no fato de que] ele apenas está parado, e você olhando para ele.

Aula Com os Assistentes do Estúdio (25 de Novembro de 1935)[56]

(K.S. conduz, com os assistentes, o novo método de trabalho sobre o papel através das ações físicas, com o material de *O Mal de Pensar.*)

K.S.: Lembrem-se de que o importante não é saber COMO, mas O QUE vocês fazem. Não interpretem nada, mas RESOLVAM A TAREFA QUE VOCÊS MESMOS SE DERAM. É preciso encontrar mediante as dadas circunstâncias O QUE EU FARIA, e nem sequer pensar nas emoções, [é preciso] deixar as emoções em paz. ENCONTREM A SI MESMOS EM AÇÃO.

---

55 Referência ao trabalho de Moltchálin.
56 KS 21145.

Estenogramas

Cada um age de uma forma. Um Tchátski, ao entrar no quarto, imediatamente atira-se na direção de Sofia. Outro, antes, passa os olhos por todo o quarto e depois, apenas, vai até ela.

PENSEM NO QUE VOCÊS FARIAM nas circunstâncias dadas. Suas ações com o parceiro são um jogo de xadrez. Um faz assim, o outro, dependendo do que o primeiro fez, responde assado. Mas VOCÊS são sempre VOCÊS. Aqui vocês podem inventar o que quiserem, mas lembrem-se sempre de que TODA a invenção deve partir do fato de que tudo é muito fácil e simples. Primeiro encontrem A SI MESMOS, e depois eu vou limpar tudo o que for desnecessário, ou tudo o que não corresponda, digamos, à época que está sendo representada.

ASSISTENTE-SOFIA: Eu comecei a pensar no que eu faria agora, mas assim que comecei a me mover, sinto que comecei a mentir.

K.S.: Você tem IMPULSOS INTERNOS. Eles são sutis como uma teia de aranha. Mas quando você começou a agir, ao invés de uma teia de aranha, você tinha uma corda. Que seja assim: primeiro O QUE EU QUERO deve fortalecer-se e crescer em você. Não comece dos gestos. Que se fortaleça: "O QUE EU QUERO", então os gestos serão difíceis de controlar.

(*O Assistente-Tchátski entra correndo no quarto.*)

K.S.: Bom, você encontrou correndo... Sofia está fria. O que aconteceu com ela? Você deseja DESCOBRIR, ENTENDER. Tchátski não entende nada. E aqui vemos diferentes quereres.

Hoje você quer e pode executar algo de uma maneira, amanhã de outra. Mas lembre-se de que os dispositivos de adaptação são sempre subconscientes. Que o seu "o que eu quero" cresça e se fortaleça. Se você se impedir de agir imediatamente, depois não conseguirá se controlar. Haverá algo que o impulsiona DESDE DENTRO.

Para a criação é necessária uma verdade pequenina, que é o diapasão da vida. Na criação, a verdade pequenina já é uma coisa gigantesca. (*A Sofia.*) Por que você está tentando se livrar de Tchátski, quando Liza tenta o tempo todo levá-lo a você? Encontre para si os motivos, e você voltará ao que já está em *O Mal de Pensar*, já que [lá os motivos] são muito lógicos e convincentes, e por esse caminho você chega a eles, como se fossem os seus próprios.

(*A Sofia e Moltchálin.*) Para a agudeza da posição tente fazer com que esse seja o primeiro encontro. O dia de hoje, para as personagens, é como se fosse "um dia maluco". Pensem só, quantos acontecimentos! Há a chegada de Tchátski, o baile e tudo mais. Como será a aparência de vocês no último ato, depois de tudo isso?

Geralmente esquece-se que, na peça, todas as ações se passam em um dia. Tudo acontece desde as nove da manhã até as onze, meia-noite. No decorrer de umas dezessete horas.

Vocês sentem, por exemplo, a exaltação de Sofia, sua capacidade de se apaixonar rapidamente. Isso é uma caracterização interior, é preciso partir do estado (*sostoiánie*) e encontrar o que faz uma pessoa nesse caso. Quando vocês encontrarem o PLANO[57] da ação, tudo ficará mais fácil.

Imaginem que Sofia ainda está convencida que "com o amado, serei feliz até num barraco"[58]. Ela tranquilamente pode pensar assim, já que se acostumou com que todos os seus desejos sejam satisfeitos pelo pai, e está certa de que, nesse caso, ele também lhe concederá. Mas, no pior dos casos, ela também está pronta para ir para "um barraco". Só que esse "barraco", para ela, está em algum lugar na beira do mar, onde há palmeiras, frutas... É dessa certeza que você precisa.

Agora peguemos Sofia e Liza. Sofia, o que você precisa, para que Liza a deixe em paz?

ASSISTENTE: Eu digo "Deixe-me em paz".

K.S.: Isso é o que você pensa, mas FAZER isso é possível de diferentes formas. Varie essas palavras. Você quer que ela tenha pena, quer se ofender. Vamos lá, vamos enumerar. O que é preciso fazer para conseguir livrar-se de alguém?

ASSISTENTE: Virar a cara.

---

57 Ou seja, o que, a partir da próxima aula sobre *O Mal de Pensar* ele chamará de "esquema do papel".

58 Tradução aproximada para a expressão *s milim rai v chalashe* (com o amado, o paraíso é numa choupana, em tradução livre), muito utilizada em russo, tem sua origem numa fala de Sofia, na peça de Griboiêdov.

K.S.: Isso é muito genérico.

ASSISTENTE: 1. Eu quero levá-la para o outro lado [do quarto]. 2. Quero que ela tenha pena de mim. 3. Quero convencê-la, fisgá-la, confundi-la.

K.S.: Você quer despertar a piedade, ofender-se. Veja que isso é a mesma coisa – o OBJETIVO é o mesmo. Mas cada uma das palavras nos desperta diferentes imagens.

A SOLUÇÃO DA TAREFA depende de como esta é nomeada. Eu lembro que montamos, uma vez *O Doente Imaginário*[59]. Se pegarmos a tarefa "quero ser doente" para a personagem doente, isso dará pouco ao ator. Mas se tomarmos a tarefa: "Quero fingir-me de doente" – isso é outra coisa totalmente. Do NOME DADO à tarefa aparecem ações completamente diferentes. Primeiro ESTUDEM AS AÇÕES, e depois o desnecessário cairá por conta própria, e permanecerão apenas as ações que conectam todos os momentos.

ASSISTENTE: Pode ser que isso de que você fala seja muito simples mesmo, mas para executar tudo isso com sucesso é preciso exercitar-se muito.

K.S.: Para isso, é preciso pensar assim também na vida: "O que eu faria, aqui? Veja, nessas condições tais, eu faria assim". Busquem A SI MESMOS no papel. Mas sempre em todo lugar deve haver lógica. Frequentemente o ator não ouve COMO o parceiro fala suas palavras. Mas vejam que se ele diz com maldade, você responderia diferente do que se ele dissesse a mesma coisa de maneira leve ou contida etc.

Os atores devem necessariamente estudar A NATUREZA da emoção humana.

ASSISTENTE: Já começamos a anotar. (*Mostra seu caderno a K.S.*)

K.S.: Ainda é pouco. Continuem. Busquem incessantemente, o tempo todo. LEMBREM-SE DA IMPORTÂNCIA DE CADA PEQUENA AÇÃO FÍSICA E TAREFA. Apenas elas levam ao subconsciente, à verdade real. Amem as pequenas verdades. Olhem para a lógica da ação física.

---

59 Peça de Molière que Stanislávski montou em 1913. O caso também é relatado por Knebel (Ver *Análise-Ação*, p. 47), para ilustrar o conceito de "supertarefa".

É preciso que haja coerência das ações internas e externas. Agora, vamos passar à palavra.

(*Um assistente lê.*)

K.S.: Eu serei capaz de te ouvir apenas se estiver interessado. Agora eu não entendi uma palavra sequer.

PERGUNTA: Quando e como abordar a supertarefa?

K.S.: (*desenha*) Primeiro falem muitas palavras ao redor da supertarefa, sem tocá-la diretamente, apenas denotem aproximadamente o caminho em sua direção. Quanto mais perto da verdadeira supertarefa, menos palavras. A supertarefa é sempre denotada por uma palavra-chave.

Aula Com o Estúdio – Seções de Arte Dramática e Ópera (5 de Dezembro de 1935)[60]

K.S. (*entrando*): Bom dia, amigos. Como estão os pulsos?

(*Na aula anterior, K.S. tinha dado a tarefa de fazer a "semana dos pulsos".*)

RESPOSTA: Ainda não temos resultados concretos.

V.S. ALEKSÊEV[61]: Não está nada mal, para o pessoal da seção de arte dramática.

---

60 KS 21147.
61 Vladímir Aleksêev (1861–1939), irmão mais velho de Stanislávski e de Sokolova, era um dos pedagogos do Estúdio de Ópera e Arte Dramática.

K.S.: Por favor, alguém venha até aqui. Pegue duas cadeiras. Sente-se em uma e, nas costas da outra, coloque os pulsos.

(*O aluno senta-se de forma que os pulsos fiquem apoiados nas costas da cadeira, e que as mãos fiquem penduradas no ar, e que fique completamente visível.*)

K.S. (*aos alunos*): E então? Gostam? Libere as mãos, de forma que ela fique pendurada completamente. Como for melhor para você. Uma mão bonita considera-se uma mão longa, fina com dedos compridos, mas nem todos têm, naturalmente, uma mão assim. Eu, por exemplo, não mostro minha mão de forma que fique muito aparente quão grossa ela é. Os dedos que alargam a mão devem ser escondidos. (*K.S. dobra levemente os dedos médio e anelar, esticando o indicador.*) Quando é preciso mostrar uma pessoa delicada, então eu nunca mostro a minha mão assim (*K.S. junta os dedos, e estica o dedão para o lado.*) Vejam que se eu mostrar a minha mão assim, como aconselhei antes, vocês jamais perceberão que ela é grossa e larga. Para mim, é um costume automático, isso. Quando vocês aprenderem a verificar [as de vocês], então elas irão para essa mesma posição. Prestem atenção nas estátuas clássicas. (*A uma aluna.*) Os dedos não devem ficar espetados. Agora a sua mão está tensa, e a minha, macia, é isso que você precisa conseguir. O terceiro dedo deve estar um pouco dobrado, o segundo deve estar livre, mas não dobrado. Trabalhem as mãos e elas se tornarão expressivas.

Claro que uma mão pode ter umas vinte mil diferentes posições, mas saibam justificar cada uma delas. Alguém mais quer mostrar? (*Entra um aluno.*) O segundo dedo não fica tão dobrado assim. O mais importante é que os dedos estejam livres, e então eles irão para a posição correta. É preciso ensinar-se aos poucos para que essa posição de mãos torne-se, em vocês, natural. Toda a questão está em conseguir essa leveza extraordinária. Apenas uma mão leve pode ser bela. Alguém mais quer me mostrar? (*Entra um aluno.*) Faça de pé. Libere completamente as mãos. Os dedos ainda não se acostumaram, mas você precisa de uma posição mais ereta. Quando você estica o segundo dedo, sente que a mão se torna mais bonita? Por que as estátuas são belas? Porque têm uma posição normal das mãos. É preciso que haja prana, que essa energia vital flua por toda a mão. É preciso que saia do coração e flua até as pontinhas dos dedos. (*K.S. mostra.*) Sigamos. (*Entra uma aluna e dobra todos os dedos.*) Quando a pessoa segura os dedos assim – isso não é bom. Você tem dedos bons e compridos, e os está encurtando. Não tensione o segundo dedo. Faça o seguinte exercício: (*K.S. solta os pulsos, balançando as mãos.*) É como um penduricalho, deve balançar. Quando você se acostumar com isso, então os dedos vão por si mesmos [à posição correta].

Vejam as mãos de Chaliápin[62]. Vocês nunca reconhecerão seus pulsos. Ele "maquia" os pulsos e a cada papel, tem mãos diferentes. Ora sua mão é encantadora, ora, como uma pata grosseira. Se pegarmos a mão de uma pessoa que trabalha muito os músculos, obviamente que não se acostumou a ficar estendida, porque está constantemente trabalhando – seus dedos estarão sempre dobrados.

(*Entra a aluna A. para o étude de "sovar a massa do pão".*)

Ponha vida nos dedos. O que mais trabalha são as pontas dos dedos. Seus dedos estão trabalhando muito pouco, e as pontas dos dedos fazem o papel principal aqui. Desenvolva cada ação que você faz até a verdade completa, então, os mesmos músculos que são necessários para determinada ação vão começar a trabalhar. (*Para todos os alunos.*) Exercitem-se todos, não fiquem aí sentados sem fazer nada.

O que estamos fazendo agora? Estamos fazendo ações que vocês conhecem muito bem na vida. E bem agora estamos tentando imitar essas ações. Que tipo de atenção é necessária, para que se sinta cada momento dessa ação? Entendam, aqui não se pode deixar passar nenhum momento de transição. Vejam a atenção que é necessária para descobrir

---

62 Fiódor Chaliápin (1873–1938), cantor de ópera russo, também imensamente admirado por Stanislávski. Foi, entre outras coisas, o primeiro a conquistar o título de Artista Popular da República, depois da Revolução de Outubro. Foi diretor do teatro Marínski entre 1918 e 1921.

o que fazem os seus músculos. Que os seus músculos trabalhem da mesma forma com o "vazio" e então vocês sentirão a verdade física.

O mais difícil até agora é levantar e baixar pesos. Peguem alguma coisa e verifiquem agora mesmo: o que significa pegar. Vejam que pegar uma pluma é toda uma história. Vocês podem pensar que isso é uma bobagem, mas na verdade tudo isso é necessário para o subconsciente.

Continuem. Que todos aqui exercitem sua atenção. Claro que isso deve ser feito de maneira consciente, entendendo para que fazemos isso. A atenção precisa ser exercitada muitas mil vezes. Apenas então ela começará a trabalhar automaticamente. Vocês tem uma desculpa: exercício – e trabalhem. O mais importante é acompanhar os [o trabalho dos] dedos, entendam que eles cumprem um papel gigantesco.

(*Para a aluna* A.) Isso que você está fazendo agora com toda a mão, neste caso, é preciso fazer com as pontas dos dedos…

Comecem a entender a importância que têm as pontas dos dedos. Tudo são elas que fazem, e não as mãos.

Se você não tem a sensação de que pegou alguma coisa, aí não há nenhum obstáculo. Não importa o que você pegue, deve haver obstáculo, e veja que para sovar uma massa é preciso apertá-la com os dedos. Sinta muito mais os dedos. (*K.S. continua verificando todos.*) Os dedos devem agir ainda mais. Junte essa massa. Faça muito devagar, para que os dedos sintam. A sua massa está sendo sovada sozinha, ainda não há verdade. Sempre acreditamos que, quando falamos de criação é preciso algo gigante, grandioso, quando na verdade a criação é uma coisa muito pequena: deem a verdade real. Pegue a massa de forma que você possa dizer a si mesma: "Sim, eu peguei uma massa, eu a vejo, a sinto, posso colocá-la ali, aqui". E veja que a massa é grudenta, grudenta. Pegue as menores sutilezas. Eis a massa, e eu começo a sová-la. (*K.S. mostra como sovar a massa, mas repete cada pequeno movimento algumas vezes.*) Eu estou buscando.

ALUNOS: Nossa, parece muito.

K.S: Comecem a acreditar. E aí vocês acreditarão que eu realmente estou buscando algo e sentindo algo, porque isso lhes é transmitido. Ou também dá para fazer assim. (*K.S. faz rapidamente alguns movimentos com a mão, os alunos riem.*) Eis todas as pequenas ações, os mínimos elementos, e quando eles chegam à verdade física absoluta, levam ao limiar do subconsciente. E dessa pequena história, feita com verdade, vocês em um minuto estarão no oceano do subconsciente.

Parece que estamos fazendo bobagens, mas na verdade estamos fazendo uma coisa importantíssima porque, graças a isso, nos forçamos a ficar na margem do oceano do subconsciente, no lugar mais difícil da criação. Sim, eu repito: como na beira do oceano. Vem a primeira onda, e os molha até os tornozelos, vem a segunda – os joelhos, a terceira onda vem e os leva por inteiro, a quarta os joga para o mar, fica remexendo vocês ali e joga de volta para a margem. Isso é o que acontece, quando age o subconsciente. Mas existem procedimentos técnicos, a psicotécnica, que ajudam a entrar de vez no oceano. Pode ser que vocês fiquem todo um ato ou toda uma cena no oceano do subconsciente e, depois disso, se lhes perguntarem como atuaram, vocês não saberão o que responder. Esses são os minutos de inspiração.

Isso acontecia com Ermólova. Uma vez ela atuava num espetáculo e, ao final do ato, no momento da morte, começa um escândalo no público: todos murmuravam, levantavam-se de seus lugares e tudo porque pensavam que ela havia morrido mesmo – na peça, ela deveria envenenar-se. O espetáculo termina, na plateia há um falatório, gritos, pessoas indo até a boca de cena: "O que aconteceu com Ermólova?" Bem, claro que ela estava completamente saudável. Tinha sido apenas um êxtase criador. Ermólova tinha permanecido naquele estado de humor o ato todo, e o público tinha se convencido de que ela estava atuando pela última vez e que havia decidido envenenar-se de fato, na frente da plateia. Na verdade, Ermólova estava nadando no oceano do subconsciente durante todo o ato.

Agora não, estamos apenas molhando os dedos nas ondas, mas façam muito mais exercícios, conduzam-nos até a verdade e verão que já terão entrado [no oceano] até as canelas.

Dessa forma, eu os estou ensinando, através da sensação de verdade e fé, a chegar até o limiar do subconsciente, onde começa a atuação verdadeira. De modo que o que fazemos agora são coisas muito importantes.

Acontece, às vezes, de entrarmos em cena e não conseguirmos atuar de jeito nenhum, não sai nada. De repente, o parceiro deixa cair um lenço. Você sai do papel por um segundo, pega-o, e de repente sente que nesse segundo o fez não como ator, mas como ser humano. "Olha aí, a vida. Assim é." E já começa a ver a vida e a verdade. Você faz-se a pergunta: "O que eu faria agora?" Se é um ator experiente, então ele pega esse momento, esse diapasão e começa a atuar o papel de forma diferente. É preciso amar esse diapasão. De um pequeno momento assim de verdade você faz todo o espetáculo de outra maneira, como se uma corrente de ar vivo tivesse inundado a atmosfera parada no mesmo momento em que você, humana e verdadeiramente, pegou o lenço que caiu.

Veem como essas pequenas casualidades, essas pequenas verdades têm um significado enorme. São essas verdades que estou tentando lhes ensinar.

Bom, vamos voltar ao exercício. (*Os alunos continuam a exercitar-se. K.S. fala com um aluno.*) Seus dedos ainda estão torcidos. Ainda não agem, não abandone os exercícios até que seus dedos acreditem. No começo, faça os gestos bem devagar, busque a verdade, pois veja… ela não virá por conta própria.

De uma pequena verdade busque outra, sem se apressar. (*Ao aluno.*) Os dedos ainda estão torcidos, é muito mais leve. Pegue as pontinhas dos dedos. Entenda o significado do segundo e terceiro dedos.

(*A aluna B cuidadosamente tira algo dos dedos.*)

K.S. (*à aluna B*): Agora alguma coisa deu certo.

ALUNA B: É que a massa grudou nos meus dedos.

K.S.: E assim você começa a pôr vida nisso, as circunstâncias propostas começam a se desenvolver aos poucos, uma verdade requer outra verdade. E então, dessa pequena verdade que você encontrou, você começa lentamente a cultivar uma outra. Veja que se eu lhe dissesse: me dê imediatamente uma verdade enorme. O que você tem para fazer aí? É como certos diretores, que andam com um bastão para cima dos atores: "Mais vida… Mais vida…" E os atores tentam com todas as suas forças e o que temos, afinal? Tensão e canastrice etc.

Havia um certo ator, Monferrari, que ficava tão tenso em cena, que acabou estourando um músculo. Vocês devem imaginar como ele atuava "tragicamente". (*Os alunos riem.*)

(*Aos alunos.*) Encontrem a lógica e, depois disso comecem a agir. Estudem cada uma de suas ações, como se estivessem num microscópio. Assim como com o papel, não se apressem a começar a atuar.

(*À aluna* A, *que junta um punhado de massa.*) Você ainda não apanhou a massa. Faça muito devagar. (*Mostra.*) Busque e tente adivinhar onde está a verdade. Veja que, se começar a se agitar, então deixará passar vinte pequenos detalhes e você mesma não vai acreditar. Nosso subconsciente fica nos esconderijos mais profundos, e assim que ele sente que tudo está certo, vem e começa a agir por conta própria. O subconsciente é assustadiço, é como as sombras noturnas, como um aroma sutil e quase imperceptível. Se tudo for verdadeiro, então você conseguirá atraí-lo.

Cheguem até os menores detalhes possíveis.

(*A aluna* B *continua a amassar a massa e, com os dedos, limpa um pouco de água que se espalhou.*)

K.S. (*à aluna* B): Você começa a fantasiar, isso é bom.

ALUNA B: Quando eu derramei a água, lembrei que, para que ela não se espalhasse, eu deveria rapidamente usar as mãos para impedir o fluxo. (*Mostra.*)

K.S.: Vê, a própria vida começa a viver em você. De onde veio isso?

ALUNA B: Eu apenas pensei em como fazer da maneira correta.

K.S.: E o que a fez pensar assim? O fato de que alguma vez, em algum lugar você já o fez ou já o viu, na vida. (*Dirige-se ao aluno* F, *que está fazendo o mesmo exercício.*); busque com as pontas dos dedos.

Estenogramas

É a partir daí que eu sinto onde está a verdade. A verdade cênica atrai. Você olha para ela, e algo faz você querer olhar mais e mais.

Agora vocês entendem para que estão fazendo isso, entendem que isso não é apenas uma aula besta, mas que nisso está o cerne, gigante e importante? O que fazemos agora é uma aula avançada, mas eu coloquei [essa disciplina] logo no começo, para que essa aula não se tornasse exteriormente mecânica, para que vocês sentissem imediatamente sua importância – algo que, como penso, não há nas escolas de teatro. Por isso, [lá], dá-se aos alunos apenas études externos, quando é preciso que estejam conectados com a vida interior o tempo todo.

Vamos seguir.

(*A aluna K faz o exercício: trouxe um pacote com bolo e o come.*)

K.S.: Agora você já está mais acostumada a entrar em cena, com público.

ALUNA K: Muito fácil. (*A aluna faz o exercício.*)

K.S. (*para todos os alunos*): Havia verdade absoluta aqui ou não?

RESPOSTA: Havia um pouco.

K.S.: Onde não houve verdade?

RESPOSTA: Quando ela comia as migalhas com as mãos.

K.S.: Repita. Essas migalhas são doces, ou não? Certamente são gordurosas, você as espalhou sobre a palma da mão, tente agora comê-las direto. Vê, elas continuam nas suas mãos.

(*K.S. mostra: ele põe as migalhas na boca, ajudando com os dedos da outra mão.*)

Você deixou de fazer algo, comeu tudo muito rápido.

Agora tente abrir a porta. (*A aluna tenta abrir uma porta imaginária.*) Agora abra a porta de verdade. (*A aluna vai até a porta e a abre.*) Pegue material da vida e entenda qual é a questão. É preciso saber o que podemos recuperar da vida e trazer à cena. Faça algumas vezes para fixar quais músculos trabalham. (*A aluna se exercita.*) Onde está o momento de girar a maçaneta? Sinta esse detalhe. Esses exercícios ensinam a sua atenção a acompanhar os movimentos dos músculos. Todos os exercícios de levantamento de peso, de abrir portas etc. precisam ser conduzidos à verdade. Aqui uma pequena verdade os lembrará de outra e assim começa a criação.

(*À aluna que fez o exercício com o bolo.*)

Veja, você está comendo um bolo doce. É preciso que todos os nervos gustativos se mexam. Pense que quando você se lembra de um bolo, você deve salivar. Por exemplo, se eu pegasse um copo e o bebesse assim (*K.S. bebe devagar, degustando a bebida.*) veja que você sentirá todo o frescor e a gostosura do que eu estou bebendo.

ALUNOS: Sim, é muito saboroso, podemos sentir.

K.S.: Por favor, alguma dupla, aqui. Andem em dupla pela sala e conversem. Eu sou um espectador. Andem para frente e depois voltem. Ao chegarem até o palco, voltem e caminhem no sentido contrário.

(*Os alunos andam pela sala.*)

K.S.: Quando uma dupla anda junta, como se viram? Se há um objeto, então não se vira para o outro lado do objeto. Na vida, claro, vocês sabem disso, mas em cena, por algum motivo, esquecem e viram assim.

(*K.S. anda ao lado de um dos alunos e, ao chegar na parede, vira para o outro lado, dando-lhe as costas. Todos riem.*)

K.S.: Por que riem? Porque acostumaram-se com essa lógica e quando ela se rompe então involuntariamente vem o riso. Façam mais uma vez e entendam a diferença. (*Os alunos o fazem.*) Agora, um vai para um lado, e o outro, para o outro.

Estenogramas

(*Os alunos andam em direções opostas, uns em direção aos outros.*)

K.S.: Como se deve andar? Para onde virar, para que lado? Vocês estão indo ao lado da parede e devem virar-se não encarando a parede, mas o público, e na parede, por alguma razão, andam ao contrário. Alguns atores querem fazer mais fácil e recorrem ao clichê, e trabalham um clichê para cada ação. E então, depois de servir a cena por 58 anos, imaginem a quantidade de clichês que é possível formar. Já será não um clichê, mas uma "clichezice" só. Veem que depois disso não dá mais para recuperar o ator. Assim que entendam logo de início a lógica de cada ação.

(*K.S. mostra como se deve andar.*)

K.S.: Agora façam mais uma vez.

(*Os alunos vão até a parede e se viram, dando as costas para o público.*)

K.S.: Por que vocês se viraram assim?
ALUNO: Estou esperando meu colega vir de lá.
K.S.: Repita e encontre o que você deve fazer.

(*O aluno vai mais uma vez até a parede, vira-se com o rosto em direção do público e fica parado, olhando ao longe.*)

K.S.: Sim, há uma tarefa; isso está certo, mas se ela não existir, então é preciso que o público veja seu rosto. Se não há nada que o distraia, então é preciso desenhar o movimento de forma a mostrar-se naturalmente. Para que se esconder? Se para você tanto faz como andar, que você possa fazer de forma que o público não tire os olhos de você. Se você atua com o rosto, então em cena tente que mil pessoas olhem em seus olhos, e que você possa mostrar com os olhos, o máximo possível, o que se passa dentro de você.

Faça a seguinte coisa: um cavalheiro anda com uma dama, depois a senta. Imagine que você está fazendo *O Mal de Pensar* ou alguma outra peça antiga. (*K.S. se levanta, pega cuidadosamente com as pontas dos dedos a* mão de uma aluna e põe sobre a própria mão. Começa a conduzi-la pela sala. Depois, dirigindo-se ao aluno A.) Agora, você.

(*A aluna estende a mão para o aluno, ele a toma e coloca sobre a sua.*)

K.S.: Sozinha... Sozinha...

(*O aluno tenta mais uma vez, coloca a mão dela sob a sua e a aperta contra si.*)

K.S.: Voltem. (*Todos riem.*) Sabem o que aconteceria naquele tempo se você fizesse isso que fez agora? Você seria expulso de casa. Aproximar-se de uma mulher e pegá-la dessa maneira é coisa para depois do casamento. Seria um horror! Com a permissão da mãe dela, você poderia pegar a sua mão assim. (*K.S. mostra.*) A mão faz como uma redoma.

(*K.S. dobra a mão, sobre a qual está posta a mão da dama.*)

K.S.: Tome a senhorita e traga-a para cá, conversando com ela. (*O aluno se aproxima da aluna e pega suas mãos.*) Não, é proibido tocá-la antes de obter permissão.

Primeiro aproxime-se e, com os olhos, pergunte: "Posso"? A própria dama não vai estender-lhe a mão. Segure a mão da dama na junção do cotovelo e agora conduza-a para onde quiser: para a direita, para a esquerda. Tentem fazer, todos. (*Os alunos andam com as alunas pela sala.*)

ALUNO: Eu não sei de que lado devo sentá-la na cadeira. (*Pega a aluna pela mão e a coloca na cadeira.*)

K.S.: Você deve conduzi-la. O que você fez agora? (*mostra*) Você quase a empurrou! Dirija ela. Para que ela daria as costas para

Estenogramas

você? (*K.S. mostra.*) Agora imaginem que vocês estão fazendo um cavaleiro. Os cavaleiros tinham as luvas sujas, talvez cheias de sangue depois de um torneio, de um combate. Como vão dar a mão à dama? Abrir a mão e mostrar a palma suja – isso era considerado falta de educação. Como eles faziam? Eles davam a mão fechada à dama, voltada para baixo, e a dama punha sua mão sobre o punho fechado. Entendem o porquê do punho fechado? Porque a palma da luva está suja. (*K.S. mostra como conduzir uma dama.*) Na época, as damas usavam longas saias, e por isso os homens não conseguiam aproximar-se muito, e as conduziam à distância do braço estendido (*K.S. mostra.*) Imaginem que é o século XVIII, e as damas usam crinolinas. O cavalheiro conduz a dama à distância do braço aberto, e a direção é dada apenas pelo dedo indicador. Façam o que quiserem com esse dedo, mas a dama deve se submeter, deve sentir para onde virar. O cavalheiro diz à dama para onde se virar. E não se aproxima da dama.

Agora, como sentar a sua dama? Vejam que a crinolina é uma coisa dura e cheia de fios. O que acontece se ela se quebrar?

Eu me lembro de que fazíamos *A Aldeia de Stepántchikovo*[63], e tínhamos uma velhinha bem querida. Essa velhinha usava crinolina, entrava, sentava-se numa cadeira e a crinolina levantava-se até a sua cabeça. Ela, coitada, não conseguia de maneira alguma se arrumar, e os próprios atores, de tanto rir não conseguiam ajudá-la. (*Risos.*) O que é preciso fazer, para que isso não aconteça? A dama, quando se senta, deve dar uma levantadinha atrás da crinolina, e mesmo assim, levantá-la já é toda uma história.

Vejam que isso precisa ser feito de maneira bela, charmosa, e daí vem toda a afetação do século XVIII. A dama nao poderia passar batido por uma cadeira. Se por acaso a crinolina batesse na cadeira,

---

63 A peça *A Aldeia Stepántchikovo*, baseada na novela homônima de Dostoiévski, foi ensaiada entre 1916 e 1917, no TAM. Uma seleção dos documentos dos ensaios a que Stanislávski se refere (estenogramas, anotações) estão publicados por Vinográdskaia no mesmo volume em que os estenogramas do Estúdio de Ópera e Arte Dramática. Em suas notas introdutórias (*Stanislávski Repetíruet*, p. 43), ela diz tratar-se da primeira vez que Stanislávski enuncia, num ensaio, o papel do inconsciente na criação do ator.

mas a crinolina tinha os bambolês, como um arranjo, e eles podiam ser pegos e levantados, soltos. Mais um novo motivo para flertar com o cavaleiro.

(*Anuncia-se um intervalo.*)

(*Depois do intervalo.*)

K.S.: Coloquem algumas cadeiras ao redor da mesa. A *mise-en--scène* de vocês é a seguinte: são quatro paredes e vocês não sabem onde vou me sentar. O que vocês podem fazer numa *mise-en-scène* assim?

ALUNOS: Jogar cartas, conversar, beber algo, jogar loto, ocupar-se de algo.

K.S.: Sim, é confortável conversar, mas sobre o quê?

ALUNO: Podemos estar numa conspiração. Podemos fazer algumas coisas não usuais.

K.S.: Que coisas, precisamente? Vamos dizer que vocês estão conversando sobre a aula de hoje. Eu não existo. Falem sobre mim, me xinguem, o que quiserem, mas lembrem-se de que eu aqui não existo.

(*Entram em cena quatro alunos.*)

ALUNA: Pode ser que esses três tenham vindo me visitar e eu vou contar para eles o que aconteceu na minha família?

K.S.: Fantasiem como queiram, mas que não haja muita crítica de si mesmos. Tudo é bom, se estiver relacionado ao fazer. Vocês são um quarteto. Pensem agora mesmo em algum tema, talvez um tema banal, mas que dê asas à fantasia de vocês. Não me importa o que vocês falam, se vocês tiverem algo que falar, falem. Como fazer a imaginação agir? No caso, apenas a folha de pergunta simples[64]: "onde você vive, onde tudo isso acontece, em que ambiente etc., quando?

---

64 Tratava-se de um questionário impresso que os alunos recebiam, com as "perguntas básicas de Stanislávski".

Estenogramas

ALUNA: Deixe-me falar. O que eu pensei, mas pode ser que não sirva.

K.S.: Tudo serve.

ALUNA[65]: Eu tenho um marido, e nós dois estamos em uma célula do partido[66]. Meu marido se mostrou um traidor e, além disso, eu sou uma comunista convicta, e ele cometeu um ato de traição, de forma que eu não posso mais viver com ele, mas o amo muito fortemente. Todos os meus camaradas sabem da minha relação com ele.

K.S.: Muito bem. Você pegou um momento trágico. Talvez ainda seja cedo para pegar uma tragédia, mas mesmo assim, tentem.

ALUNA: Todos os camaradas me são muito caros e eu fico desconfortável diante deles, pelo que meu marido fez. Ele fez uma coisa que destruiu nosso trabalho, interrompeu uma reunião importante na fábrica. E agora os camaradas vieram se aconselhar sobre o que fazer.

K.S.: Você fantasiou ainda mais profundamente. Agora decida como vocês vão sentar, como você vai se preparar para discutir isso, para dar o informe para eles.

ALUNA: Eu quero ainda falar a ideia principal. Eu ajudei meu marido a fugir do país. Eu sei que fiz mal, mas o fiz por amor. Minha consciência me perturba terrivelmente e eu chamei os camaradas para contar-lhes tudo.

K.S.: Você tem uma mesa e quatro cadeiras. Como será mais adequado falar sobre isso? Sente-se de maneira que lhe seja confortável. Em que consiste esse exercício? Vocês sentem o que a *mise-en-scène* – o plano de cena, o posicionamento – sugere, dada pela própria vida, e a pessoa usa desse plano de cena de acordo com suas ações e necessidades interiores.

---

65 O trabalho que se segue, em nossa opinião, é um dos mais interessantes, tanto por mostrar a confecção de um *étude* de *mise-en-scène*, como por tratar de um tema específico da época, fornecendo algumas pistas sobre as circunstâncias políticas e sociais em que existia o Estúdio. Além do final do primeiro plano quinquenal e da revolução cultural (ver S. Fitzpatrick, Cultural Revolution in Russia: 1928–1932, *Journal of Contemporary History*, v. 9, n. 1), o desenvolvimento do *étude* mostra o clima de desconfiança, primeiros sinais da histeria coletiva contra os *inimigos do povo*, depois fortalecida pelos expurgos de 1938 (ver idem, *Everyday Stalinism*).

66 A célula era o organismo de base do Partido Comunista.

(*Os alunos entram e sentam-se ao redor da mesa.*)

K.S.: No caso, agora vocês entraram e se sentaram como lhes era mais confortável, para isso. Pode ser que você os queira sentados, e você mesma fique em pé, pode ser que antes de começar a falar você ande um pouco pela sala, pare em algum lugar, para que seu nervosismo não fique muito aparente, seus olhos, o rubor de seu rosto.

Construa para si uma *mise-en-scène* em que seja possível em alguns momentos esconder-se dos olhos deles. A *mise-en-scène* depende de seu estado interno, depende da linha interna das tarefas.

ALUNA: Minha tarefa é contar toda a verdade. Julgar-me é por conta deles.

K.S.: Ótimo. Tenha uma tarefa. Mas onde você os sentará?

ALUNA: Eu preciso me concentrar um pouco, para pensar sobre como recebê-los. Eu ainda não sei como sentá-los. Ainda, eu gostaria que tivéssemos uma senha, porque sei que estou sendo perseguida.

K.S.: Isso tudo é muito importante. Não é possível passar batido por isso, jamais, realize seus caprichos, se isso a ajuda.

ALUNA: Sim, eu preciso disso. Mas... pode ser que tudo isso não seja bom?

K.S.: Tudo o que você fala é muito bom, é assim mesmo que precisa ser. Apenas agora podemos começar, quando vocês têm algo de onde se possa partir, onde se apoiar. (*Aos alunos.*) Vocês vão fazer as peças e todo o seu repertório, atuando entre quatro paredes, ou seja, o público os cercará de todos os quatro lados. Vocês nunca saberão qual das paredes se abrirá. Agora, entendam como vocês devem lidar com a *mise-en-scène*. Para que estamos fazendo isso[67].

---

67 Trata-se de uma ideia já expressa por Stanislávski em trechos anteriores, a de um teatro de paredes móveis. Essa imagem, ainda que fantasiosa, parece corroborar os relatos de Knebel (ver *Vsiá Jízn*) e Novítskaia (ver *Uróki Vdokhnovénia*), de que Stanislávski pretendia fundar, com o Estúdio, um teatro completamente novo, nunca antes visto. Aqui no caso, trata-se, ademais, de uma noção importante de *mise-en-scène*. Ao contrário da *mise-en-scène* externa, voltada para a encenação, ele revela a existência de uma interna, ligada à ação interior, em relação contínua com a ação e com o jogo do ator.

Um ator atua cem vezes a mesma peça. Fez uma vez, uma outra, uma terceira. Quando ele atuava no começo, pode ser que sentisse toda a vida na *mise-en-scène*, mas ao fazer pela centésima vez, já não a sente mais, uma vez que essa *mise-en-scène* perdeu o sentido interno, e no final das contas o ator fixa o papel pela superfície, em diferentes *mises-en-scène*. Acontece o seguinte: primeiro uma *mise-en-scène*, depois outra, depois um truquezinho de ator – e eis toda a linha, eis toda a partitura do papel. Isso não serve para nada, isso significa que o papel está morto.

O ator deve conhecer todas as *mises-en-scène* existentes, deve treinar-se a tal ponto que pode justificar toda e qualquer posição em que for colocado.

Eis a linha necessária: a única linha que restará intocada – é a linha da ação interna, e além disso vocês não vão "emperrar" em uma *mise-en-scène* específica, e assim que virem que emperraram, imediatamente refaçam.

Eu vou atrapalhar suas *mises-en-scène* propositalmente, para fortalecer a linha interior. (*Aos alunos que vão fazer o* étude.) Esse quarto é isolado, ou não? Vocês estão sendo observados, ou não? Tudo deve ser levado em conta e disso dependerá a forma como se sentarão na cena. Pode ser que precisem andar um pouco, escutar através das portas etc.

ALUNA: Eu ainda não consigo inventar uma tarefa, ou melhor, não sei como sair dessa história.

K.S.: Você quer que haja uma história. Está certo, mas agora você deve apenas mostrar o exercício e o que você inventou já é suficiente para seu exercício. Este é o seu quarto. Pegue o que há de fato, porque se ainda formos inventar aqui coisas que não existem, vai ficar apenas mais difícil. Eis o quarto, a mesa e quatro cadeiras. Como você os esperará?

(*Os alunos entram, sentam-se, a aluna conta a história. O* étude *termina.*)

K.S.: Muito boa fantasia. Você fez isso muito bem. Houve diálogo e vocês não falaram mal. Pode haver uma cena em que o "instrumento de ação" seja a palavra. Aqui pode-se ficar em paz com qualquer *mise-en-scène*, mas vejam que às vezes é preciso se ajudar. A cena que vocês fizeram pode ser ainda mais suculenta, se, para cada pedaço, para cada experiência do vivo vocês encontrarem sua *mise-en-scène* típica.

ALUNA: Por vezes, eu senti que começava a encontrar algo, mas de repente eu mesma ficava com vontade de rir.

K.S.: Uma vez eu fazia uma peça, *Michael Kramer*. Estávamos no último ato: o filho morto enterrado, um pai infeliz... Choro... e de repente, no momento mais trágico, Anton Tchékhov, que estava na plateia, salta da cadeira e começa a gargalhar. Eu congelei. Bom, fracasso, claro. Depois ele vem me ver no camarim. "Escute, foi maravilhoso..." Mas... por que você riu, então? – pergunto eu. – "Porque foi muito bom!"(*Todos riem.*)

Para que serve esse exercício? Tentem esclarecer vocês mesmos. Os que chegam têm o seguinte momento: chegaram e ainda não entenderam para que foram chamados, vocês não sabem o que aconteceu, para que ela chamou vocês aqui? Para a sua linha, isso é muito interessante.

ALUNOS: Sim.

K.S.: Você os recebe e ainda não sabe onde sentá-los! Talvez você mesma nem sente, e os visitantes se entreolham. Vocês, convidados, podem mudar de lugar, reposicionar as cadeiras como se quisessem conversar uns com os outros, apenas, mas toda a atenção está voltada para ela, sobre como se aproxima, o que dirá. Depois ela se levanta em algum lugar, em algum lugar lhes dá as costas. Sentem, como é possível fazer isso? Começam a conversar naquele canto do quarto, depois vêm para cá, se movimentam, alguém se senta sobre os joelhos, outro se espreguiça. Pensem: que arranjos são possíveis nessa *mise-en-scène*?

Tentem por enquanto, deixar que os arranjos se formem automaticamente. Às vezes, é possível começar a atuar e o próprio papel vai

Estenogramas

dando as *mises-en-scène*, mas às vezes não. Vem então um diretor experiente e diz: "Olha, aqui você precisa de um pequeno intervalo, precisa ir até a janela". Veem que frequentemente é necessário fazer uma pausa para que o público possa digerir o que se faz em cena? Frequentemente o ator já vivenciou tudo, mas o público ainda não teve tempo. Então, os diretores mais experientes conhecem esses lugares e ajudam o ator. "Aqui é preciso parar, aqui, ficar em silêncio".

Quando o papel flui e está pronto, então as *mises-en-scène* vão se criar por si sós, mas também acontece do papel emperrar, não sair de jeito nenhum. Vejam, eu não posso dizer para vocês: "Façam uma forcinha para sentir". Todos os elementos são faróis; ajudam e, entre esses faróis, um deles é a *mise-en-scène*. Nós devemos saber encontrar esses faróis e conhecê-los muito bem. Por isso, eu estou dando esses faróis para vocês, agora, faróis que vocês devem conhecer no tempo certo.

Em quatro anos, vocês devem exercitar-se nisso. É preciso que na vida [ou seja, fora de cena] sua atenção seja direcionada às *mises-en-scène*. É preciso saber prestar atenção na vida. É preciso ver a vida. Às vezes acontece o seguinte: "Ah, eu já experimentei tudo, agora o diretor vem e me diz como fazer essa peça". Isso está errado. É preciso que o próprio ator seja um mestre. O diretor deve apenas dar-lhes alguns momentos de aquecimento, e vocês devem entender seu sentido e executá-los como atores. Dessa forma, vocês não apreenderão formalmente a *mise-en-scène* que lhes for dada, mas internamente.

Cada um deve saber que é necessário mostrar todas as possibilidades de arranjo com essa mesa e essas quatro cadeiras, todas que aqui estão.

Agora, vou passar à segunda possibilidade – como é possível chegar, partindo da *mise-en-scène*, a uma emoção que ainda não ganhou vida? Vocês passaram agora pelo caminho interno, mas agora vocês precisam falar da *mise-en-scène* exterior. Como é possível ir dela à emoção? Como é possível sentar-se com essas quatro cadeiras? Que grupos pode haver? (*Os alunos se sentam.*) O que mais é possível? Por exemplo, você. (*Dirige-se ao aluno que virou a cadeira de lado, de perfil para o público e conversa com o parceiro, mas um pouco virado para os espectadores.*) Está certo isso que você fez?

RESPOSTA: Não.

K.S.: Ressaltou, iluminou-se seu lado esquerdo, você quer se mostrar para o público. Veja, você veio conversar com ela. Se você se dirigir a ela apenas pela metade, significa que esse momento para você não é importante, e veja que você precisa ver todo o rosto dela, cada músculo do rosto dela. Veja, ela veio até você e fala algo, como você vai olhar atenciosamente? É preciso olhar para o seu objeto através dos olhos, deixá-lo entrar na alma, sentir o que o objeto sente. Lembre-se do que significa entender, ouvir, ou seja, entender o que acontece lá, na alma, nos olhos do outro. Você sente que *nós precisamos ver*.

Agora, sobre a *mise-en-scène*. É preciso conhecê-la, é preciso que todo o tempo haja a sensação do coletivo, do grupo. Trabalhem para conseguir essa sensação do grupo. Façam agora de forma mecânica, e do mecânico vocês chegam à emoção, aos sentidos. Depois vocês justificam. Façam uma posição que considerem bonita. Sim, como se vocês agora estivessem compondo um quadro. Eu agora estou indo de fora para dentro, apenas estou buscando o grupo. (*Os quatro se sentam à mesa.*) Não, isso é muito chapado, não há linha. Sintam a linha. (*Um dos alunos se levanta e se inclina em direção a uma aluna.*) Fique assim, converse com ela. O que mais é possível fazer? (*Outro aluno se levanta e, falando, vai até o outro lado da sala.*) Não, isso é proibido. Querem sair e tirar uma soneca também? Essa saída de vocês é ruim porque estamos falando de um grupo, e como, de repente, o grupo vai para o outro lado da sala? Nós precisamos que haja forma, linha. Façam um grupo. (*Os alunos ficam em linha, um ao lado do outro.*) Isso é o que chamo de "quatro pedaços de pau plantados num jardim". Transformem isso num grupo. (*Os alunos se amontoam.*) Mais uma vez, quatro pedaços de pau, agora com as cabeças juntas. Por que vocês ficam como pedaços de pau? Vou mandar serrá-los, se não fizerem uma linha uniforme. (*Uma aluna levanta um dos braços, apontando para cima.*) Ela fez esse gesto, façam

Estenogramas

algo vocês também, para que não pareçam pedaços de pau (*Todos se inclinam.*) Agora são quatro pedaços de pau quebrados.

O grupo tem um ápice: um ponto mais alto e um ponto mais baixo, o desenvolvimento do baixo para o alto e a dissipação. Agora levantem-se todos. Façam uma cena de massa. Acostumem-se a fazer as coisas sem risinhos.

(*Todos se amontoam, apertados, como uma parede.*)

E agora temos um "coral cigano". Transformem isso numa cena de massa.

Sempre que peço para fazerem isso, começa uma cena de briga. Tenham em mente que isso é uma grande praça, em Moscou. E aqui, nessa praça, é preciso que tudo seja preenchido. Agora, eu vejo que vocês se espremeram e mais nada. Criem a impressão de que toda a sala está preenchida.

(*Os alunos se espalham pela sala.*)

Parem, atenção. Eu vejo vinte pessoas, e vocês são uns sessenta. Onde estão os outros quarenta? Levem em conta que eu sou um empresário, que pago dinheiro. Eu quero ver todos. Saibam que nas cenas de massa é necessária uma atenção aguçada e silêncio, ou então o diretor perde a voz.

Preencham toda essa praça, fiquem intercalados. Garantam que vocês estão à vista, nos espaços vazios. (*Os alunos sobem nas cadeiras e nos peitorais da janela.*) Fizeram certo, de subir, ou então não seria possível vê-los. Fiquem de forma que não haja um só lugar vazio. Nenhum de vocês justificou a distância. É preciso que cada um tenha um braço de distância do outro. Façam de forma que cada um encontre seu lugar, de onde possam me ver. Agora vocês se espremeram num só lugar, e lá atrás está vazio.

Eu preciso de uma grande expressividade. O que vocês farão? (*Todos se esticam na mesma direção.*) São pedaços de pau num jardim, agora entortados pelo vento. Não se estiquem em minha direção ou para o fundo – isso não é expressivo. Se ficarem de perfil para mim, será melhor. Esforcem-se para encontrar a linha. (*Os alunos tentam.*) Mais expressivo ainda: podem, ou não? (*Os alunos se agrupam.*) Parem! Vocês têm o topo, estiquem-se para o mais para a direita e para a esquerda quanto possível, mas de perfil para mim. Quando vocês se esticam para o fundo, eu não vejo. É preciso que a linha do perfil estenda o pescoço para cima. (*K.S. mostra.*) Agora estiquem-se em direção do chão. (*Todos dobram o corpo.*)

O que vocês podem fazer com essa posição corporal? (*Os alunos apontam para o chão, buscam algo, examinam.*) Os pés estão colados no chão. Agora achem um ponto para onde se esticar e justifiquem--no. (*Os alunos de perfil para o público se agrupam e olham para cima.*) O que vocês estão olhando? Um aeroplano ou o quê? Apenas estiquem-se justificando tudo isso. Por enquanto, só com a cabeça. Agora, peguem o ponto mais baixo. Colem os pés no chão.

O corpo se divide em algumas partes: cabeça, depois até a cintura, depois até os joelhos e – o corpo todo. Para cada parte, há um ponto mais alto e um mais baixo. Todas as viradas que podem ser feitas – justifiquem. Movimentem o corpo todo, começando pela cintura. Agora passem aos joelhos. Os pés colados no chão. Façam uma pequena queda, abram as pernas, acompanhem toda a pose, até os joelhos. Inventem mais poses. Assim que inventarem, justifiquem-nas. (*Os alunos tentam.*)

Agora todo o abdômen. Façam a queda e podem se esticar para onde quiserem, os pés ainda estão colados. Proibido bater os pés no chão do palco. Torçam-se para todos os lados e justifiquem tudo, mas que não seja assim: (*K.S. dobra o corpo pela metade, com as costas duras, e faz alguns movimentos com os braços esticados.*) Ou seja, que a sua energia motora flua através da coluna, e não dobrem em dois como se fossem uma cancela. Que tudo seja fluido.

Agora briguem uns com os outros. Escolham alguém para lutar, mas da forma como eu lhes mostrei.

Estenogramas

(K.S. mostra como é possível lutar sem tensionar os músculos.)

Nas cenas de massa não deve haver quaisquer conversas. Isso é muito importante. Vocês devem sentir o que o parceiro quer fazer. Não atrapalhem-se uns aos outros, se ajudem. Façam os movimentos que forem necessários, mas sem sair do chão, sem descolar os pés do chão.

Não se pode lutar de verdade, para evitar acidentes de verdade. Todas as dobras e poses que precisam ser feitas, façam por conta própria, e não porque tem alguém mandando. Não toquem o outro; que se crie a percepção de um golpe forte com um único toque de dedo. Não é preciso lutar, isso é terminantemente proibido no teatro. Não é permitido. É algo perigoso, pode-se quebrar um braço ou uma perna.

V.S. ALEKSÊEV: Vocês viram a nossa *Carmen*?[68] Como José enforca Carmen? Ali há uma ilusão completa de luta, e na verdade ele nem a toca.

K.S.: Façam todos os movimentos possíveis. Entendem o que significa bater no rosto? Veja, deve haver técnica para isso, para criar a impressão de um golpe no rosto! Não façam isso, por enquanto, para vocês isso é ainda muito difícil.

Em todos esses movimentos, deve haver uma disciplina, ou então será impossível trabalhar.

(Depois desses exercícios, a aula termina.)

---

68 Vladímir Aleksêev refere-se à montagem da ópera *Carmen*, de Bizet, no Teatro de Ópera K.S. Stanislávski (formado a partir do Estúdio do Bolshói). Estreou em 4 de abril de 1935.

Aula Com o Grupo de Assistentes
(7 de Dezembro de 1935)[69]

K.S.: O que faremos?

ASSISTENTE: Temos *O Mal de Pensar*. Podemos ler. Depois podemos fazer exercícios com objetos imaginários.

K.S.: Entendem para que isso é necessário? [Os exercícios com objetos imaginários.] Esses exercícios os ensinam a seguir a vida que vocês já conhecem muito bem, mas segui-la tanto interna quanto externamente. [Eles] ajudam vocês a não deixar passar os detalhes que fazem a verdade real, ajudam a fazer uma análise detalhada, tanto da lógica das emoções, quanto da lógica dos movimentos. Sentem o significado gigantesco que tem a lógica? Agora sobre o esquema do papel.

Percebem que, através do esquema, em um minuto se pode fazer a peça inteira? Em que consiste o esquema? Peguemos *O Mal de Pensar*. O ator não sabe o que fazer. Às vezes ele sente de repente, e isso se chama intuição. Então vem o diretor e diz: você vem, anda daqui para lá, depois para cá, depois para lá de novo... Percebem que aí, ao invés de olhar para a vida, ao invés de buscar ações lógicas conscientes, vocês passam a olhar apenas para o diretor? Ao invés de criar por conta própria, vocês começam a imitar uma criação alheia, a copiar, ou seja, são forçados a viver e a copiar o tempo todo uma vida alheia, viver com ideias alheias, sem se fazer perguntas, mas submetendo-se. Vocês percebem que isso só trará dor de cabeça, e que não conseguirão mais criar?

Ou [por outro lado], é possível falar, conhecer determinadas etapas da peça segundo a linha interior; conhecer a natureza do estado de tais etapas e, a partir delas, as ações. Por vezes, vocês atravessarão a peça, mas poderão dizer para si – aqui eu sei o que fazer, aqui ainda não, mas ali já está claro. Poderão passar a peça toda em meia hora.

---

69 KS 21148.

Estenogramas

Se formos nos exercitar durante as aulas, isso vai levar bastante tempo. Eu, claro, não sou contra, vamos lá: se vocês querem *O Mal de Pensar*, tudo bem, mas [saibam que] até que haja atenção à vida, à lógica das emoções e à ação, até que isso se enraíze internamente em vocês, claro que vai durar muito mais tempo. Depois, quando vocês entenderem e se apropriarem disso tudo, então, será mais fácil. Penso que deve haver um ator assim, que na análise do papel já tenha consciência do que querem que faça. "Ah, isso eu entendo, ou seja, devo fazer isso, isso e aquilo", ou seja, nele aparecem pensamentos próprios. Num primeiro momento, isso é difícil, porque quando vocês fazem, ainda estão educando a própria atenção, e pode ser que a tensionem ainda um pouco demais. Tudo se resume, afinal, à educação da atenção, tudo é para, ao final, utilizar-se de uma atenção treinada.

O que acham, devo continuar?

Z.S. SOKOLOVA: Claro que sim, continue. É preciso mostrar com *O Mal de Pensar* o que precisamente você quer.

KRISTI: Nas montagens futuras não saberemos qual das paredes cairá. Surge, assim, a questão sobre o treinamento da *mise-en-scène*[70]. Então pode ser que seja necessário treinar a atenção deles por meio disso [da *mise-en-scène*], o tempo todo.

K.S.: Veja que eu não sei o que vocês fazem em aula. Agora estou dando, dando, e vocês devem pegar tudo isso de mim. Claro que, se for cedo demais, devem me interromper.

É preciso um tempo enorme, e por isso eu tenho um pouco de pressa. Em quatro anos dificilmente haverá tempo para tudo isso. Essas variações de *mise-en-scène* requerem um tempo enorme.

Z.S. SOKOLOVA: Eu acredito que não dá para interromper um trabalho que já começamos.

K.S.: Minha infelicidade é que devo escrever um certo sistema, e ao mesmo tempo não sou uma pessoa bem sistemática. Se me

---

70 Há um exemplo de *étude* para exercitar a *mise-en-scène* na aula anterior, de 5 de dezembro de 1935 (supra KS 21147), o *étude* onde a "célula do Partido" é convocada para comunicar a traição.

pusessem em algum sistema, eu definharia imediatamente. Alguma coisa me vem, eu sinto algo – e só então posso lhes falar. Da próxima vez, pode ser que eu nem me lembre [do que disse], porque não tenho qualquer programa. Se estou lhes dando algo, então peguem tudo, roubem-no de mim.

Penso que é preciso dar a maior quantidade possível de tarefas de treinamento. Ou então pode acabar acontecendo o seguinte: os alunos vão conhecer o sistema muito bem, mas não conseguirão fazer nada na prática, e cairão no clichê.

Para mim, é muito importante que eles aprendam a olhar uns para os outros. Depois, claro, começarão a ir ao espelho, mas [no espelho] é preciso tomar muito cuidado. É preciso fazer com que os alunos se ajudem uns aos outros. Percebam que eles não tiveram governantas, e eram precisamente as governantas que, o tempo todo, corrigiam nossa atenção para as coisas que deveriam se tornar automáticas. Uma pessoa com educação física tem tudo isso, porque sua atenção dos músculos é treinada. Percebe, como cada músculo possui a sua própria atenção?

Mas vamos falar sobre o esquema. Ele é uma coisa extremamente simples, e por isso mesmo, muito difícil. Quando vocês já tiverem se apropriado de um papel, quando um papel feito já tiver funcionado. Vamos supor que vocês façam o mesmo Fámussov. O que há para atuar aqui?[71] Fámussov entra e [vê] "Moltchálin"... Por que ele está aqui? O que é preciso fazer aqui? O ator quer muito interpretar. Mas percebam que é preciso apenas olhar e olhar... Percebem que eu preciso apenas olhar para ele? (*Mostra.*) "Por que aqui, e a esta hora?" Vejam, [isso] é apenas uma pergunta. Ou seja, tudo são momentos lógicos. O que há aqui? É preciso apenas receber a sua resposta e sua conversa. Mais nada. É muito pouco, mas esse "pouco" é o que é mais difícil em cena. Mas é tudo.

"Sofia?" "Por que ele está aqui?", e ameaçar Moltchálin, e colocá-lo em seu devido lugar.

---

71 A seguir, Stanislávski passa a analisar a primeira cena de *O Mal de Pensar*.

Como vocês chamarão o esquema? O que é o esquema? Vejam que podemos fragmentá-lo em diferentes momentos: com Sofia é um momento, com Moltchálin, outro, e, no final das contas, qual o significado disso tudo [da cena toda]. Toda essa cena os leva a escrever em suas partituras *esclarecer*. Vejam que Fámussov se irrita porque não entende. Quando ele responde sobre o sonho de Sofia é a mesma coisa que tentar esclarecer e, mesmo assim, ele sai sem ter esclarecido nada. Ou seja: aqui há o esclarecimento dos fatos, e mais nada.

Para Moltchálin: mimá-la, e tudo o que aí está incluído. Aqui entram algumas ações lógicas: para poder mimar, é preciso falar com ela, para mimar é preciso uma desculpa para aproximar-se dela... Se houver algum perigo, então é preciso protegê-la desse perigo. Vocês dividem tudo em pedacinhos, momentos separados, depois juntam num grande pedaço e essa junção das partes já vai se tornando subconsciente. Eles [as personagens] naturalmente entram na ação para executar tarefas. É possível realizar uma pequena tarefa isoladamente. Então ela se tornará uma tarefa independente precisará de outras subtarefas para si. Vocês pegam uma grande tarefa, dividem ela em pequenas para analisar. Quando tiverem analisado tudo, vocês juntam de novo as pequenas tarefas em tarefas maiores, em muitas tarefas grandes e maiores ainda. No final, juntam tudo e temos uma só supertarefa. Dessa forma, é possível passar pelo papel inteiro em um minuto. Fámussov chegou... Olhou para essa [Liza], para aquela [Sofia], para Moltchálin. Olha, compara e começa a punir um, outro, o outro...

Nisso, se lhes disserem – peguem tal *mise-en-scène*, tanto faz qual delas... Depois, uma outra... Para vocês deve tanto fazer qual *mise-en-scène* pegar. E tanto fará mesmo, se seguirem pela linha lógica e correta.

Se vocês não seguirem a linha correta, mas se seguirem apenas a linha da *mise-en-scène*, imediatamente se confundirão.

Por isso, eu digo: "sem quaisquer *mises-en-scène*". De forma que a linha da ação transversal torne-se exclusivamente importante. Sem ela, vocês se perdem.

z.s. SOKOLOVA: Mas como definir "o que é o esquema?"

K.S.: O esquema pode ser muito comprido e difícil, se formos o tempo todo dividi-lo em pequenas tarefas e cada tarefa for [tomada como] uma tarefa isolada.

Alguém me diz: "é preciso esclarecer uma confusão". Eu olho e está tudo claro para mim, e então não preciso mexer. Mas eis que vejo algo que não encaixa. Preciso analisar, preciso dividir em partes, componentes, e examinar cada uma delas. Depois junto tudo isso em um [pedaço], ou seja, perpasso [as partes] com a ação transversal.

Qual a ação transversal aqui? Para Fámussov, a ação transversal é "a princesa Maria Aleksêevna", para Tchátski, "a liberdade". Para Fámussov, o tempo todo é: "será que a princesa Maria Aleksêevna vai aceitar isso", ou "o que ela pensará, se eu for bom demais com a empregada"... Tudo isso compõe o estado: "princesa Maria Aleksêevna".

Quando os atores conseguem fazer, sem objetos, essa lógica das ações, quando tudo isso estiver dentro deles, quando praticarem tudo isso, então muito rapidamente chegará o momento quando todo o papel estará perfeitamente claro.

Vocês sabem que o amor – não é apenas "amor", mas uma coisa muito complexa. Um ator se lembra que passou por essa linha e a encontrou em sua vida pessoal. Ele pode esquecer-se de alguns detalhes, mas não de determinadas etapas do amor.

Acontece o seguinte: digamos que vocês decompuseram o que fizemos da última vez. Vocês têm uma percepção pequena, ou seja, têm [o que fizemos] dividido em pequenos pedaços de vida, mas chegaram num lugar de onde não conseguem mais ir adiante. Peguem o seguinte. Se não der para ir, não se forcem. Então vocês seguirão a intuição, apenas perguntem para seu consciente. Aqui tanto faz: consciente, subconsciente, lógica e intuição – é tudo misturado, trabalhando. Quando o trabalho subconsciente para, a mente começa a ajudar, e ajuda a analisar e a encontrar.

O consciente dá algumas premissas lógicas, e depois, a conclusão.

Vocês entrarão em cena e dirão "o que se pode fazer, aqui?" E então, quando começarem a buscar – o que se pode fazer aqui – esse

Estenogramas

233

momento é um momento de criação. Quando vocês repetem o que já foi feito, sem coerência lógica e apenas formalmente, não é criação, mas apenas canastrice.

KRISTI: Mas poderia acontecer de cavarmos muito cuidadosamente cada cena, e mesmo assim percebermos, quando a peça já foi passada, que a ação transversal está errada? Como começar? Do geral às cenas menores?

K.S.: Sempre começamos a buscar, a procurar superficialmente. É sempre possível julgar alguma tarefa superficial – alguém coloca obstáculos a alguém. O ponteiro ainda não está certo, não está preciso, mas está apontado... aproximadamente para esse lado, meio aproximadamente, mesmo, para lá... Pode ser que seja um erro, mas mesmo assim é um erro menor, do que se você for para o lado oposto, [o que acontece se] agirmos completamente sem a supertarefa.

(*Dirige-se a Moltchálin.*)

Perceba que quando Moltchálin entra, ele deve examinar tudo... Se há alguma voz no corredor... Ou seja, é preciso dizer que "amanheceu enquanto conversávamos..." Aqui há um pensamento: como cair fora o mais rápido possível?

Dessa sua posição aparece uma série de outras questões. O que fazer aqui? É claro que você, no lugar de Moltchálin, também não saberia o que fazer.

ASSISTENTE: Sofia quer o tempo todo alongar o momento da despedida. Eu percebo muito isso, e essa tarefa me aquece muito: que ele fique pelo menos mais um pouquinho.

K.S.: Amanhece, é preciso apagar a lâmpada. Você deve necessariamente viver essa despedida de modo romântico, lembre-se que Sofia leu muito romance francês.

ASSISTENTE: Mas preciso anotar essa tarefa de alguma forma, ou o subconsciente é quem me deve ditá-la – como segurá-lo mais um pouco? Como definir a tarefa?

K.S.: Se você já a definiu no subconsciente, se essa sugestão subconsciente já foi de alguma forma fixada, como "tararabumbia", por exemplo; ou de alguma outra forma, tanto faz... Mas então para você essa "tararabumbia" tem um significado enorme. Se chamar não de "tararabumbia", mas de "barabumbia", então deve ter outro significado.

Por enquanto, vocês devem anotar tudo o que vier e deixar lá, em suas partituras. Deixem lá. Quando forem passá-las a limpo, então vocês manterão as tarefas, e depois as reunirão todas e, assim, compõe-se uma [super]tarefa.

Sigam, por enquanto, por meio da fábula e dos pensamentos, levem em conta como se desenvolve a fábula. Não leiam o texto de seus papéis, mas perguntem a alguém "qual o pensamento ali". Isso porque quando vocês mesmos olham, frequentemente há uma quebra, e isso apenas os distancia da linha.

ASSISTENTE: Sofia é muito frívola?

K.S.: Você precisa falar disso agora? Agora, estamos seguindo apenas os fatos simples. Se você disser que "ela é frívola", o que isso acrescenta? Isso a levará apenas a representar a "frivolidade". Traduza essa "frivolidade" em circunstâncias propostas. Você vai ter vontade de representar uma menina "frívola", de qualquer maneira, mas "frívola" é um clichê.

Faça de outro jeito, então: ser "frívola" significa que o pai a mima, que ela faz o que quer. Eu gosto do que ele [Moltchálin] diz uma hora, no minuto seguinte discordo e me irrito. Pegue as circunstâncias propostas de "por que ela faz assim", mas não use a palavra "frívola".

Você tem uma flor. Você precisa fazer essa flor florescer. A flor murcha, não se abre. Mas mesmo assim você não pode fazê-la de cera ou de papel. Mas como colocar vida na flor? É preciso ir até a raiz e fazer algo lá, como regar, plantar em outro vaso etc., mas é preciso fazer alguma coisa com a raiz, necessariamente. Você pega a raiz e, assim, cultiva uma nova flor, a sua flor. Crie circunstâncias supostas que permitam com que Sofia aja assim, e não de outra forma, ou seja: não diga que ela é apenas "frívola", mas decomponha em circunstâncias o que a faz "frívola", encontre a raiz.

Estenogramas

(*Anuncia-se um intervalo, depois do qual começa a aula conjunta das seções de ópera e arte dramática do estúdio. Gr.E[72] mostra um étude: um antiquário com diferentes brinquedos antigos, que ganham vida à noite, enquanto seu dono dorme.[73]*)

K.S.: No que diz respeito ao étude com os brinquedos, ele é muito bonitinho, mas os brinquedos precisam de alguma vida interior. É preciso inventar que eles estão bravos com seu dono, ou algo assim. Ele, [o dono], também precisa de uma certa linha. Inventem uma linha para ele. Esta é, para vocês, uma tarefa muito importante. Por exemplo, Formgold entra e procura um fósforo. Os fósforos não acendem de jeito nenhum e, bem no momento quanto ele consegue uma fagulha na escuridão, a mola de algum dos brinquedos estoura e faz algo que o assusta terrivelmente. Trata-se de um empurrão para que sempre algo inesperado aconteça com ele. Ele começa a procurar se há alguém ali, na loja. Isso deve acontecer logo no começo. Depois, ele vai verificar as engrenagens [dos brinquedos]… Verifica uma, outra, uma terceira… bem… e depois? Já ficou chato, e então é preciso diversificar o exame das engrenagens [colocando] alguns obstáculos, colocando ali alguma diversidade, mas ainda assim segundo uma linha bem definida: que o dono da loja quer criar um ser humano vivo. É como se ele tivesse começado, e pode haver alegria e medo de que essa pessoa-brinquedo possa lhe fazer algo de mal. Então, haverá ação e contra-ação. No final das contas, os brinquedos já estão irritados de tantos parafusos rosqueados em seus corações e partem para a vingança.

Se houver uma ação transversal coletiva, então cada brinquedo encontrará sua tarefa.

---

72 Não conseguimos, infelizmente, recuperar o nome do aluno em questão. Não há nos arquivos, curiosamente, uma lista com os nomes dos alunos da seção de Arte Dramática ou de Ópera, do Estúdio.

73 O *étude* da "loja de brinquedos" era um dos *études* iniciais que serviam, segundo Stanislávski, para introduzir aos alunos os elementos do Sistema. Esses *études* (como "circo", "balé") eram exercícios que iam se tornando mais complexos à medida que os alunos passavam a dominar mais e mais elementos. Ver, sobre isso, o apêndice deste trabalho, e o *Plano de Encenação do Estúdio de Ópera e Arte Dramática*. (Ver Stanislávski, *Sobránie Sotchinéni v 8 Tomakh*, t. 3, p. 402.)

Aula Com o Grupo de Assistentes
(13 de Dezembro de 1935)[74]

K.S.: Como anda *O Mal de Pensar*?

ASSISTENTE: Ainda estamos com dificuldade na linha [das ações], ficamos o tempo todo tentando lembrar o texto, nos pegamos fazendo isso...

K.S.: Para que estamos fazendo tudo isso?

ASSISTENTE: Precisamos da linha da ação interna.

K.S.: Antes de tudo, busquem a sua própria natureza, ou seja, a lógica de sua própria natureza. Vamos pegar o encontro de Tchátski com Sofia. No momento em que você chega, o que você faz? É preciso olhar para elas [para Sofia e Liza] e vê-las. Anote isso para si mesmo. Examine-as não apenas por fora, mas também por dentro. Apalpe seu objeto com o tato dos olhos[75]. Trata-se de uma lei geral. Então, não a deixe passar batido. Aqui, há a sua lógica de um lado e, do outro, a lógica da ação. Aprendam a olhar e ver coisas que na vida já conhecemos muito bem. Ou seja: aqui há a lógica, de um lado, e o conhecimento da própria natureza, do outro. Em um, você vai da ação à emoção. No outro, da emoção à ação.

Em casa, escreva o que uma pessoa faz quando se encontra com outra. Peguem o encontro com Tchátski. O que faz uma pessoa quando encontra o seu ser amado, a pessoa com quem se aspira ficar?

RESPOSTA: Olha.

K.S.: O que significa "olha"? Podemos apenas dizer "olha", mas é necessário que os olhos suguem de dentro do coração. Aqui ele não apenas olha "como" ela está e "como ele está, para ela". Quer dizer, apenas "olha" é genérico demais. É preciso dizer qual deve ser a ação

---

74 KS 21151.

75 As noções de "tato dos olhos" e de "tentáculos que saem dos olhos" são desenvolvidas por Stanislávski a partir dos conceitos de irradiação e inradiação, que apresentados em Comunicação, *O Trabalho do Ator Sobre Si Mesmo, v. 1*. (K. Stanislávski, *Sobránie Sotchinéni v 9 Tomakh, t. 2*.)

Estenogramas

aqui. Tchátski olha a alma dela, quer saber qual a atitude dela para com ele. Ou seja, aqui há inradiação, e pode ser irradiação.

Então, o que significa o momento do encontro?

ASSISTENTE: O desejo de aproximar-se dessa pessoa, de alguma forma.

K.S.: Não, isso é depois, lá na frente.

ASSISTENTE: É preciso compará-la com antes, entender como era...

K.S.: Tomem cuidado com isso. No teatro sempre se faz assim: a personagem chega e já vai entendendo tudo. Enquanto isso, entender ou não é um processo gigantesco. Vejam que aqui é necessária toda uma série de dúvidas, de perguntas [do tipo] "pode ser que tenha vindo te ver, pode ser que não".

ASSISTENTE: Mas isso é quando ele começa a falar e descobre, pela conversa, a atitude dela. No primeiro momento, quando ele chega, fica parado olhando para ela. Para que ele veio? Ora, ele quer se aproximar dela.

K.S.: Antes de tudo, precisamos pensar logicamente. Encontrem e dividam a lógica da ação. O que há aqui? Bom, ele chega, olha... Quando começa falar "Seu pai...", Tchátski quer se aproximar de Sofia, porque acredita que ela pensa igual. Ele vai logo transmitindo todos os seus pensamentos, dizendo tudo o que pensa por acreditar que ela pode entendê-lo. Trata-se, aqui, de um só grande processo de recepção, "voltar para ela", voltar para esse quarto, examinar, explicar. Se deixarmos passar esses momentos a coisa toda morre e depois fica muito difícil continuar.

Tchátski não apenas quer aproximar-se de Sofia, mas também pode ser que esteja esperando ser recebido por ela. Ele precisa "botar para dentro" muito rapidamente [tudo] aquilo que ama. A digestão acontece só depois.

Dessa forma, temos aqui o que chamamos de "olhar", "entender", "sentir". Repito: tudo isso é um processo longo. Não coloquem tudo num bolo só.

Para Tchátski, "olhar" significa "sentir como ela está". Não existe ver e entender tudo logo de cara, imediatamente, e apenas depois perceber que "não era bem assim". Em tudo há sempre pesos diferentes, dúvida. O estabelecimento dos pesos das coisas é um processo muito longo. Tchátski olha e tudo a sua volta relaciona-se com Sofia. Aqui, tudo é ele retornando à vida feliz que tinha antes [do exílio].

Assim que, no começo, ele apenas olha para ela. A aproximação começa apenas no monólogo.

As palavras estão atrapalhando? Imaginem que leram a peça uma vez e que, depois, alguém veio e a tirou de vocês. É importante retirá-la porque, assim, o que resta não é um texto alheio, mas vocês mesmos.

Sofia e Tchátski encontram-se apenas uma vez, conversam, e depois acontece um certo desentendimento que nunca se resolverá.

Encontrem, aqui, os momentos que dizem respeito à ação. Pode ser que os encontrem na vida, não necessariamente nas questões amorosas, mas em outras coisas. Em algum lugar onde possa acontecer também algum encontro entre duas pessoas, um estabelecimento de relações, uma conversa e um desentendimento. Se encontrarem esse momento, anotem. Existem algumas leis gerais da vida, não as quebrem. Se forem quebradas – como frequentemente acontece em cena – começamos a sentir que é mentira. Então, na própria perspectiva de construção da cena já haverá uma mentira. (*A Tchátski.*) Bem, agora entre e olhe. O que você vai querer fazer? Não precisa representar. Se começar a representar agora, sem sentir o que está fazendo, você imediatamente cai no clichê. O clichê é o resultado de uma ação que você não sente internamente.

(*Tchátski entra.*) Percebe como isso demora, "entrar, ver"? Lá está "ela", e ainda por cima neste lugar [onde passaram a infância]. Veja que é preciso "pôr tudo isso para dentro de si" e olhar – como ela vai lidar com você? O que fazer para entender qual a atitude dela em relação a você?

ASSISTENTE: Devo olhá-la muito atentamente e tentar entender, pela expressão de seu rosto, o que ela sente.

K.S.: Descubra como essa pessoa aqui olha para você. (*O assistente entra correndo no quarto.*) Não interprete. Você acabou de entrar correndo. Você sentiu, ou apenas entrou correndo para nós? Você ainda não tem como correr e conseguirá entrar correndo da maneira correta apenas perto do ensaio geral. (*O assistente se aproxima de Sofia, a olha de cima a baixo.*)

K.S.: Sem esse apaixonamento todo, não precisa de nada disso. Faça apenas o que é necessário para que haja alguma forma de comunicação. (*A Sofia.*) Como ele está agora? Percebe que você também precisa vê-lo?

(*A Tchátski.*) Vá até ela e olhe como ela está agora.

(*Tchátski se aproxima, olha para Sofia.*)

K.S.: Será que esse é o "ver" de que precisamos? Seu olhar foi um tanto ameaçador agora. Tente assumir uma posição que não a obrigue a olhá-lo com olhos assutados, e sim com os olhos com que ela gostaria de olhar. Peça-lhe permissão.

(*K.S. levanta-se, olha para os olhos de Sofia, sorri.*)

K.S.: Vê que aqui há uma espécie de constatação: "Cheguei, estou aqui…" Eu não apenas olho, mas começo a entender o que usarei para agir: "Diga-me, você me ama?…" Tudo isso junto é o que chamamos de "olhada". Ela não quer o seu olhar perfurante, mas você quer fisgar o dela. De forma que esse encontro ganha um outro significado, ou seja, a constatação de algo: fazer com que Sofia olhe-o com os olhos que você deseja. (*Tchátski olha duramente para Sofia.*) Se você olhar para ela assim vai assustá-la. É preciso que haja um "venha aqui", nesse olhar.

Fujam de qualquer interpretação. Pergunte a si mesmo se [o que você faz] "não está sombrio demais"? Você agora não está olhando para Sofia, mas para um objeto, para um animalzinho numa gaiola.

Percebe que, aqui, você espera que ela se jogue em seus braços, você [entra], olha e… "e então?"

E Sofia?

ASSISTENTE (*para ela*): Há, aqui, um momento de "como ele pôde vir até aqui?" E depois: "não quero vê-lo", e, bem nesse momento, ele entra. Ou seja, ela não consegue escapar. Agora, ela quer apenas conseguir se controlar.

K.S.: Ou seja, não se mostrar demais. Você mesma [a atriz] também não está querendo a mesma coisa agora? Percebe que, como ser humano, você não tem esse querer agora. Como fará? Como você faz nos casos em que precisa resolver uma tarefa a partir de uma emoção, mas essa emoção não existe?

ASSISTENTE: Eu fico apenas olhando para ele.

K.S.: Você está deixando passar um momento importante: o que faria "se estivesse nessas circunstâncias?" Coloque esse "se". Você vai ficar um bom tempo buscando-o. Aqui deve haver fantasia. O que significa fisicamente? Não, na verdade, psicologicamente, mostrar quem é você agora? É preciso sorrir, mas você não consegue e precisa de alguma forma esconder essa falta de educação. Busque isso. O que é preciso fazer, estando nessa posição, para se esconder? Por enquanto, não há nada a ser escondido, você pode apenas lembrar-se do processo de esconder algo de alguém: não olhar nos olhos, tentar sentir-se à vontade. Você não está alegre? Tente ficar alegre.

(*A assistente ri.*)

K.S.: Mesmo assim, eu olho e não acredito.

ASSISTENTE: Não, de verdade, estou muito alegre agora.

K.S.: Não, não acredito. Vejo tudo pelos seus olhos. Ou seja: é preciso conseguir uma alegria que nos seja crível. Busque fisicamente: o que se faz numa hora dessas? (*Tchátski entra e, ao ver Sofia, desacelera os passos, aproximando-se dela lentamente. A Tchátski.*) Não, não faça isso. É um clichê.

ASSISTENTE: É que estou me aquecendo, ainda.

K.S.: Você está usando um clichê. [Por enquanto], você ainda pode fazer coisas que Tchátski não faria. (*K.S. bate palmas alegremente, ri, olha Sofia nos olhos.*) Vamos supor que tenha encontrado apenas dois momentos, que apareceram [na improvisação]. Você deve anotá-los,

Estenogramas

necessariamente. O primeiro momento é "eu quero fazer algo" e o segundo – "quero me aproximar, pois preciso irradiar".

Bom, agora Sofia e Tchátski se abraçam, mas Sofia está incomodada. Nesses casos, quando é preciso abraçar, mas falta coragem, os olhos olham apenas por um segundo, e vem a vontade de esconder o rosto o mais rápido possível.

O que vocês devem anotar? Você quer se esconder dele, e ele vai te fisgar e te expor. O que significa expor? Entendam essa ação. O que significa amar e "expor"? (*A Sofia*) Durante toda essa cena seus olhos não param sobre ele nem por um quarto de segundo. Apenas passam por cima, rapidinho... Encontre uma desculpa para não mostrar os olhos.

(*A Sofia*) Dê a ele a ilusão, porque você agora não é irmã dele. Encontrem atitudes, relações entre irmãos. Só que, nesse caso, "você não quer ser irmã dele". Ainda assim, veja, você não corta a relação logo de cara, pois fazer isso traria certas consequências, você teria de se explicar... Percebem, isso é Griboiêdov. Aqui, ele colocou a si mesmo. Não se esqueçam de que uma vez ele chegou a entrar na casa de sua tia montado num cavalo e até subiu a escadaria de mármore... Foi um escândalo enorme, na época.

Ou seja – vejam quem chegou! Púchkin e Kózma Prótkov[76] eram piadistas, arruaceiros.

Mas agora chegou Griboiêdov. Ele fala alto, não tem medo de ninguém, é calmo, ri. (*Os assistentes aproximam-se um do outro.*) Encontrem mais [relações de] irmãos.

(*A Sofia.*) Não, isso não são irmãos. Você ainda não está em sua casa.

(*Tchátski entra correndo: "Sônia", se atiram um ao outro, riem.*)

---

76 Aleksándr Púchkin (1799–1837), o mais famoso poeta e escritor russo até hoje. Kózma Prútkov, por sua vez, era o pseudônimo coletivo que usavam Aleksei Tolstói, e os irmãos Aleksei, Vladímir e Aleksándr Jemtchújnikov para escrever sátiras de humor social durante os anos 1850 e 1860. A Púchkin e Prútkov, Stanislávski contrapõe Griboiêdov, sério e altissonante, parte da conspiração dezembrista de 1825 e depois exilado político.

k.s.: Agora vocês descobriram o encontro, mais ou menos... um encontro entre irmãos.

Faça de tudo, coisas que se pode fazer só com uma irmã. Não interpretem, pois cairão no clichê. Não interpretem, apenas ajam. O que significa comportar-se à vontade? Você pode fazer o que quiser. Por exemplo, com essa mesma entrada livre, você a coloca numa situação desconfortável. Ou seja, isso dá a ela mais o que fazer. Por enquanto, peguem da vida coisas que, talvez, nem estejam na peça.

ASSISTENTE (Tchátski): Se fosse a minha irmã, talvez eu agisse de outro jeito.

k.s.: Não, nada disso é assim, vocês agora estão presos. Veja só, Tchátski é completamente diferente. Busquem como poderia ser. Imaginem se, agora, ela fosse "Sônia Fámussova" e ele, "Sácha Tchátski"[77]. Os dois entram, mas você já tem dezenove, vinte anos, e ela dezessete, dezesseis. São crianças ainda. Levem em consideração que esse menino de vinte anos vai para os bailes de Fámussov e fica disparando ideias socialistas, e que o velho Fámussov tem medo dele. Percebem que se trata de um menino muito promissor?

Por alguma razão, [no teatro], sempre o fazem como um velho.

Tchátski, trate-a, dirija-se a ela como se fosse a sua menina-irmã, Sônia. Assim, veja, você a colocará numa situação ainda mais difícil. De que maneira ela sairá dessa? Construam novas inter-relações. Brinquem de luta. Percebam que, no passado [das personagens], pode ser que os dois, ao encontro, começassem a "brincar de lutinha", se ela realmente o estivesse recebendo alegre, se o estivesse esperando. Se não fosse por Moltchálin, ela continuaria apaixonada por ele.

O que "poderia ter sido" e que agora não é mais possível? Vocês devem saber o que "poderia ter sido". Apenas então haverá tragédia. Vejam que sem isso esse encontro sequer existiria. E que encontro

---

77 Sônia e Sácha, em russo, são diminutivos carinhosos para Sofia e Aleksándr. Geralmente as crianças chamam-se pelos diminutivos, o que é considerado informal. O que Stanislávski propõe é que os atores encontrem de novo a relação de proximidade da infância das personagens.

deve ser esse? "Sônia! Sácha!" E os dois se beijariam, se sentariam juntos, se abraçariam... e depois disso tudo Sofia se lembraria, é "meu pai do céu, eu já sou uma moça...". Para isso, para saber "o que não fazer", é preciso saber o eles quereriam fazer. Tchátski entra: "Sônia!" Sofia se atira para encontrá-lo, "Sácha!" Ele a rodopia pelo quarto. Os dois riem, pegam-se as mãos, sentam juntinhos.

Isso, agora sim vocês se encontraram, riram... Percebem?

ASSISTENTE: Sim, foi mais leve...

K.S.: Agora façam como se Tchátski continuasse o mesmo, mas você já tivesse mudado. Só não joguem fora o que acabaram de fazer. Se ele quiser te beijar, você oferece a bochecha, ou o pescoço. Sabem quando uma das pessoas não quer muito o beijo? Mas você não pode recusá-lo logo de cara. Quando ele chegar, você embarca em algumas coisas, outras esconde, para que a mudança ocorrida não seja imediatamente perceptível. Para que isso não aconteça, você deve dar algo "[da Sofia] de antes"... Pode ser um certo sorriso, um gesto. Percebem quanto há para pensar, sobre como escapar [dessa] situação? Mas isso tudo apenas porque você sabe o que deveria ter acontecido, e sabe como Sofia está mudada.

Ou seja: você tem uma tarefa! Colocá-lo em seu devido lugar. É preciso se colocar certos limites. Percebe que se não fizer isso rapidamente, ele vai começar a se declarar? Ou seja, você deve contornar isso, de algum jeito. Pode ser que haja alguma explosão emocional... Você pode até imaginar que está feliz, mas para quem assiste tudo parecerá falso. Talvez você vá ao encontro dele, mas depois para, subitamente. (*Mostra.*) O que quer que faça, tente não mostrar os olhos. Os olhos queimam como as bochechas ora empalidecem, ora enrubescem. Isso significa que deve escondê-las de alguma forma. (*Tchátski entra e faz uma reverência para Sofia.*)

(*Ao assistente Tchátski.*)

Não, agora você voltou a ser Tchátski... Você deve continuar se comportando como um palhaço, como Sácha Tchátski. Pode se ajoelhar, fazer o que quiser. Não pense agora em como, mas apenas faça-a rir, alegre-a. Lembre-se de que agora você é alguém que esteve no estrangeiro. Hoje em dia é muito fácil voltar do estrangeiro, mas antes quanto tempo se passava numa carroça! Antes, falávamos sobre isso por um ano inteiro, era todo um acontecimento, imagine quantas coisas você tem para contar.

(*Assistentes repetem o encontro. Sofia está fria. Tchátski entra alegre. Depois, de repente, cumprimenta Sofia, sério.*)

K.S.: Não, você não terminou a ação. Vocês agora não se encontraram. Façam a mesma coisa que tinham feito antes. (*A Tchátski.*) Você ficou provocando a emoção e ela veio. Mas veio toda de uma vez, porque não é uma emoção real, não é uma ação real. Você precisa de uma ação real, precisa cumprimentá-la como se cumprimentariam Sácha e Sônia. "Um pouco de luz, e já de pé... (*Mostra.*) E quem se alegra tanto, como você?"[78]

(*Sofia sorri consternada a Tchátski, abaixa a cabeça para esconder o rosto.*)

K.S.: Continue fazendo isso até que ele entenda. É o que mais acontece em cena: entra correndo e já sabe de tudo. É a mesma coisa que, se no lugar de uma passagem musical, você me desse apenas uma nota. (*A Tchátski.*) O que significa o encontro de Sácha e Sônia? É o estado de humor de antes [do exílio], é voltar a ser o bobo que era aos dezessete anos. Ele deseja, o tempo todo, voltar tudo ao que era. Está errado ele parecer um *gentleman*. Ele quer voltar à vida anterior. (*A Sofia.*) Agora você entende o que deveria ter sido, mas não foi?

SOFIA: Sim, está claro agora.

K.S.: Se continuarmos assim, vamos passar o resto da aula só nesta cena. Conseguiram encontrar alguns momentos aqui?

78 Palavras inciais de Tchátski em *O Mal de Pensar*.

Estenogramas

ASSISTENTE: Sim.

K.S.: Por enquanto, vocês encontraram apenas alguns pontos, mas depois esses pontos começam a gerar outros, que vocês atravessam depois com um pensamento só. É como se estivessem num lugar fechado em cujas paredes houvessem pequenos buracos, por onde se vê a luz do sol. Pontinhos de luz, apenas. Mas se vocês começarem a cavar esses pontinhos, os buracos aumentarão, aumentarão, e logo o recinto inteiro estará iluminado por um único raio de sol.

Vocês têm ainda partes isoladas, borrões isolados. Tudo isso deve ser fixado – é nisso que devem se apoiar.

Se começarem a marretar demais a parede, sobrará apenas o clichê. Não a toquem ainda.

De que você precisa, quando se encontra com Sônia? Daquilo que havia quando eram crianças, quando ficavam felizes em encontrar. É isso o que pode te ajudar aqui – o resto todo ainda é interpretação de ator, desnecessária. Por isso, digo: interpretem menos, tentem menos "expressar as suas emoções". Agir, no entanto, vocês podem o quanto quiserem. Ajam, mas não representem. Não precisamos representar.

Vocês ainda não encontraram novas ações, mas já encontraram um certo pedaço, encontraram uma verdade. Amem essa verdade. Quando vocês encontrarem a ação real, vocês vão agir de outra forma. Entendem isso?

ASSISTENTE: O que devemos preparar para a aula que vem?

K.S.: Não precisam gastar [o que já encontraram]. Agora você se sente mais leve com ele?

ASSISTENTE: Sim, eu senti isso logo que começamos a cena.

K.S.: Não saia desse caminho. Isso é muito importante. Nessa hora sempre aparecem os truquezinhos de ator, que podem secar o que vocês já têm. Bom, vocês têm algo que já ganhou vida, aqui já tem vida, agora procurem por esse caminho. Vocês podem agir como seres humanos, mas não interpretar como atores.

Onde estou querendo chegar? Imaginem que todos os diretores morreram, que não há mais diretores. Quem vai ser o diretor?

Sim – todos os que assistem [os presentes no ensaio] devem ser diretores. O diretor é um ser humano – espelho: "acredito, não acredito". Isso é o que deve falar, quem assiste. Por que "não acredito"? Porque o ritmo ainda está falso. Ou seja, peguem a ação. Mas que ação? E aí vocês começarão a pensar e não a representar. Lembrem-se bem de tudo o que encontraram, não da ação em si, mas do que os levou a fazê-la. O que os fez agir corretamente?

ASSISTENTE: O fato de que eu imaginei muito claramente o "se", e me coloquei nas circunstâncias de que "uma pessoa veio me ver, mas eu não quero recebê-la".

K.S.: O que você adicionou à sua partitura, nesse caso?

ASSISTENTE: Quando eu me imaginei a antiga Sônia, quis me atirar nos braços dele, depois me aproximar de alguma forma, abraçar, beijar, tagarelar. As palavras não fluem, porque quero ouvir o que aconteceu com ele.

K.S.: Não é a mesma coisa dizer isso, ou dizer: "quero ser a antiga Sônia". O que é melhor para você: "ser a antiga Sônia", ou "abraçar, beijar"? Você começa das ações físicas simples. Você encontrou uma certa lógica. A pessoa chega, essa pessoa é seu "irmão", então você quer reestabelecer as relações como eram"... Isso diz alguma coisa para vocês?

RESPOSTA: Sim.

K.S.: As ações que dizem algo devem ser anotadas na partitura. "O encontro de Sônia e Sácha". Isso já é muito, e podemos encontrar essa definição nas palavras "quero ser a Sônia de antes". Isso lhe diz algo?

RESPOSTA: Sim.

K.S.: Quero, como antes, sentar-me com ele num sofá, ou brincar de cabra-cega... O que lhe diz mais: "quero ser a Sônia de antes" ou "quero beijá-lo"?

ASSISTENTE: A primeira é melhor.

K.S.: Todos esses componentes aparecem por si mesmos, mas quando não aparecerem, o que fazer? Percebe que tivemos de tentar de muitos jeitos para encontrar isso? Isso é uma análise. Não uma análise mental, mas emocional.

Estenogramas

Pode ser que hoje não consigam fazer mais nada, mas já têm algo, têm alguns "oásis". Agora, devem fortalecê-los bem, devem se tornar muito seguros neles. Como Sônia encontra Sácha? Isso vocês já podem agir. Agir, e não interpretar.

Diga o que ela faria "se as coisas tivessem sido de outro jeito". Ou seja, não dê espaço para a interpretação, mas fale "eu faria assim". Anote para si. À noite, você acorda e vai se lembrar de algo: também anote, necessariamente. Isso é muito importante. Busque como chamar as coisas, os nomes têm um significado enorme, porque para encontrá-los é preciso sentir o tamanho da experiência do vivo, a quantidade de memórias que devem ser criadas.

ASSISTENTE: Uma vez, você disse que o melhor é quando o ator não conhece a peça. De fato, conhecer a peça atrapalha muito.

K.S.: O futuro repertório de vocês deverá ser criado a partir de exercícios, sem dizer [para os alunos] que se trata de uma peça. O texto, as *mises-en-scène* – tudo isso atrapalha muito. É preciso pegar a ação transversal e a supertarefa o mais rápido possível. Isso é o mais importante. Quando isso estiver forte, então o texto não será mais necessário. Por isso, eu digo "fora com as *mises-en-scène*".

ASSISTENTE: Podemos fazer a seguinte experiência: trabalhar com algum *vaudeville*, mas não falar nada antes [para os alunos]. Iríamos tateando os momentos imprescindíveis, e depois, quando algo já tiver ganho alguma vida, leríamos [a peça].

K.S.: Isso é muito interessante. Façam essa experiência. Tentem fazer isso. Vocês podem pegar algum pedaço de um ato – do primeiro, do quarto –, mas não falar nada antes [para os alunos] e fazer, como um étude.

ASSISTENTE: Mas acredito que é importante saber como um pensamento segue o outro no texto.

K.S.: Já eu, acredito que isso mais atrapalha. Vocês precisam conhecer a natureza do estado, a lógica e a coerência do estado humano. Se conhecerem isso, poderão fazer não apenas essa cena, mas qualquer cena de *vaudeville*. Eu não tenho nenhum manual para isso, e percebem como essa lógica e coerência são ao mesmo tempo necessárias?

Por isso, eu lhes digo "escrevam, escrevam"... e preencham essas anotações constantemente. Isso leva a criação do ator a uma dimensão completamente diferente. Ficou claro agora?

Se vocês se esforçarem para fazer essas anotações, então terão algum material. Vocês saberão que uma tarefa atravessa algumas barreiras. Paulatinamente vocês vão construindo a linha dessa lógica e coerência das emoções. Se as pularmos, então tudo se quebra. Fazemos uma coisinha pequena, um detalhe mínimo qualquer, e imediatamente virá a emoção real.

O que vocês estão fazendo agora é o mais difícil. É como se não tivessem feito nada e, ao mesmo tempo, fizeram muito. Se fizeram isso, então terão feito tudo. De outra forma, teríamos de começar de [algo ainda mais] mais difícil – a memória emocional.

É possível acostumar-se com as ações sem objetos? É possível desenvolvê-las ao absoluto?

RESPOSTA: É.

Z.S. SOKOLOVA: Hoje eu vi o quão séria e atenciosamente começaram a fazer. Eles realmente progrediram hoje.

K.S.: Toda a atuação está nisso. O verdadeiro ator atua apenas com as pontas dos dedos. Os verdadeiros [atores] franceses construíram tudo sobre isso. Progredimos, então?

ASSISTENTE: Acredito que sim. Eu, pessoalmente, progredi.

K.S.: Acredito que não tem por que continuar com vocês hoje. Se forem capazes de trabalhar nisso por conta própria, ou seja, se isso lhes causa inquietação interna, é bom. Trata-se de um trabalho criador real, que segue através da própria linha interior. Se começarem a colocar muito de si, no entanto, cairão no clichê, e como o clichê é muito vulgar, depois é impossível pará-lo.

Sobrou em vocês alguma sensação da cena trabalhada?

ASSISTENTE: Acredito que sim.

K.S.: Vocês têm prazer em fazê-la, é como se fosse sua? Mesmo assim, o que quer que façam, lembrem-se do clichê. O senhor clichê não dá descanso, está sempre lá. Assim, busquem discernir constantemente: "isso é clichê, isso é ação".

ASSISTENTE: Temos que ficar controlando o tempo todo!

K.S.: Não é fácil controlar, é preciso [impedir] que o crítico não se transforme num "cri-crítico"[79]. Tentem sempre pensar menos do que a vontade de fazer.

Voltando à cena que fizemos. Então, tatearam algo ali? E agora?

ASSISTENTE: O desejo de Tchátski de reviver, trazer de volta o passado e o meu, de colocar-lhe uma barreira. Aqui há ação e contra-ação.

K.S.: É preciso agora encontrar a posição, as circunstâncias propostas para que vocês possam agir logicamente nelas. Isso é de que devem ocupar-se agora. (*A Tchátski.*) Percebe como toda a sua vida futura é "Sofia"? Depois, quando ela ganhar um aspecto mais oficial, vai ser ainda mais difícil encontrar as relações anteriores. Dessa forma, você vai tomar a via da separação. Você quer fazer voltar o passado o tempo todo, e ela o recusa. Liza, nessa cena, é secundária, mas ela será importante depois.

Tchátski tem um momento de encontro, espanto e satisfação completa. Depois você volta a ela, conversa com Fámussov – por ela –, a observa durante as cenas com Moltchálin. A primeira declaração – o desconforto – e como tudo isso entra no consciente, [o fato de que] Sofia está perdida? Então, busque o que significa "perder a mulher amada". Façam études. Assim, ao longo de todo o papel você terá: encontro, uma certa busca...

Quando encontrar, você terá uma nova "decepção com essa mulher". Ela está apaixonada por Moltchálin. Qual a possibilidade disso? Você se recusa a acreditar. Isso só será descoberto no último ato. Aos poucos, ela vai te deixando louco. Vê que é muito difícil conviver com isso. Percebe o trabalho que há aqui? Sente que você entra mais na peça quando esse tipo de coisa é colocada? Então o trabalho fica mais claro. Agora você está apenas vagando na escuridão.

ASSISTENTE: Na linha de Tchátski, além da linha da relação com Sofia, há também os ataques à sociedade. É preciso que isso se junte, ou isso será apenas complementar?

---

79 "Cri-crítico" é a forma que proponho de traduzir a palavra lúdica "kritikan", que Stanislávski inventa em *O Trabalho do Ator Sobre Si Mesmo* para referir-se à autocrítica nociva por parte do ator.

K.S.: Eu preciso que vocês escolham uma linha e que fortaleçam-na. Agora estamos [trabalhando] na linha do amor entre Sofia e Tchátski. Mas vê-se que a questão não está aí. Isso é apenas a fábula, mas, claro, a coisa toda está em outro lugar. Vamos supor que vocês possam fazer essa peça sobre "o amor de Sácha e Sônia", e a sua ação transversal e supertarefa é "quero fazer voltar a Sônia [de antes]". Foi para isso que você veio. Essa linha, para você, é a correta. É a linha mais fácil. Por isso, começamos nela. Mas você não quer apenas voltar a Sônia de antes, mas também à pátria – o eslavofilismo[80]. Assim, você precisa não apenas de Sônia, mas da pátria e de Sônia dentro dela.

Ele se decepcionou no estrangeiro, voltou e começa a decepcionar-se em sua terra. Você troca de tarefa: imagine que, em toda a Rússia, há apenas você e Sônia, que você se casa com ela; você pensa que ela também é assim, revolucionária, que vocês juntos vão abrir um salão para propagar a cultura. Imagine que você consiga [criar o papel com] tudo isso, encontrou tudo isso – fez a peça durante uns três, quatro anos e então percebe que não são apenas Sônia, a pátria e o eslavofilismo, mas também a humanidade. A supertarefa passa a ser a liberdade. Percebe como tudo muda?

Fámussov, para você, não significa nada. Ele é, no entanto, uma das pessoas que atrapalha a liberdade que você professa, a que você aspira. Entende o quanto a relação com Fámussov torna-se outra? Você será mais duro ainda com ele se quiser salvar toda a humanidade – e não apenas algumas pessoas específicas. Aqui começa algo diferente, mais elevado, já que aqui você entra não apenas na supertarefa, mas já na super-supertarefa, que o leva ao oceano do subconsciente. As ações que você começa a fazer vão se tornar metade subconscientes. Por exemplo, você sai em viagem. Passamos por Tver, Bologoe e, claro, tudo é muito interessante, mas você está indo a Leningrado, onde, digamos, vai fazer a sua primeira turnê. Que

---

80 Eslavofilismo era o nome de uma corrente de pensamento russa (com correntes progressistas e conservadoras) do século XIX, que Stanislávski atribui a Griboiêdov e, por conseguinte, à Tchátski. (Ver A. Walicki, *A History of Russian Thought*.)

diferença faz, para você, afinal, Tver, ou as estações menores, onde o trem sequer para? Todas elas passam automaticamente. Sua super-tarefa é Leningrado. Você aspira a ela. Entende? Isso é difícil?

RESPOSTA: Parece interessante e atrativo, mas quando começamos a fazer é bem difícil.

K.S.: Mas magnético. Como dizem os [em branco no estenograma original.][81] "peguem um punhado de ideias e joguem no [em branco no estenograma original.]." Seu trabalho é reunir esse punhado de ideias, alimentar-se delas. Mas não façam como as crianças inocentes, que plantam uma semente e a cada meia hora a desenterram, para ver se já começou a brotar. Atuemos a nós mesmos. Acabamos de fazer algo: deitamos as raízes. Reguem-nas, joguem esse punhado de ideias.

Desenterrem as memórias emocionais, e elas lhes sugerirão ações. Só evitem anotar os sentimentos emocionais, mas anotem as ações físicas. Se começarem a ação correta, conectada às suas emoções, e mais ainda, se vocês tecerem todo um fio lógico, verão como isso faz emergir as emoções. É preciso entrar em cena não para se mos-trar ao público, mas "agir para o parceiro". É como se fosse muito difícil, mas veem que, na verdade, não é tão difícil. Isto é, se vocês não quiserem fazer tudo de uma vez. Vejam, fizemos algo hoje, busquem o tal punhado de ideias. Assim, aos poucos, seguimos adiante. Suas bochechas enrubescem, depois empalidecem, ficam "assustadas", os olhos confusos. Isso não deve ser mostrado ao parceiro, é preciso saber escondê-los de tal forma que pareça que não está acontecendo nada. Você começa essa ação de maneira simples – "não mostrar as bochechas". E disso, do fato de você não querer mostrar as bochechas, começa a aparecer um outro ritmo.

Tente fazer o seguinte: "se você chorasse", o que faria? O que faria para que não percebessem as lágrimas que inundam seus olhos? Se

---

81 Segundo as informações trazidas por Serguei Tcherkásski (*Stanislávski e o Yoga*), e com-parando com trechos similares de outros períodos (mais precisamente, de antes de 1917), tudo leva a crer que Stanislávski refere-se aos iogues hindus e ao "bolsão do subconsciente". "Peguem um punhado de ideias e joguem no bolsão do subconsciente". Como dissemos antes, este é um dos intrigantes trechos onde há censura nos estenogramas.

à essa ação correta e verdadeira você ainda adicionar uma fábula, verá que se não chorar, as lágrimas pelo menos estarão próximas. Isso já é suficiente. Quando se chora em cena de verdade é coisa mais desagradável, porque em cena dificilmente chora-se bonito. Por isso, em cena, é bom quando as lágrimas começam a aparecer, apenas.

O que faremos a seguir?

ASSISTENTE: Palavra.

K.S.: A palavra é muito importante, é a mesma coisa que agir fisicamente da forma correta. (À assistente que, na apresentação do estúdio, anunciou que [em branco no estenograma original].) Porque eu não entendo nada, quando você fala para um grande auditório, que "a aluna tal fez tal coisa"? Nesse momento, você pensa que é importante que te entendam?

ASSISTENTE: Certamente não estamos dando a ênfase onde ela é necessária.

K.S.: E por que na vida vocês dão todas as ênfases corretas?

ASSISTENTE: Bom, na vida nunca acontece de estarmos falando e alguém dizer "não estou ouvindo". Então começamos a pensar que o importante é outra coisa que não o que achávamos.

K.S.: Em todo caso, agora você não está falando sobre a imagem que lhe veio. Quando você fala "o arioso de Liza", você pensa no que, precisamente, é um "arioso"?

RESPOSTA: Sim.

K.S.: Percebe que ver e ouvir são coisas diferentes? Veja que o importante, para mim, é que as palavras falem sobre a visão que contêm.

Z.S. SOKOLOVA: Sim, mas e se eu não conheço esse "arioso"?

K.S.: Se eu disser precisamente "arioso", terei uma imagem. Eu posso não entender nada de ópera, mas os que entendem, obviamente, para eles é importante que não seja uma ária, mas um arioso. Assim, mesmo que não tenhamos criado a imagem daquilo que realmente é – isto é, o que importa para o outro –, que alguma imagem, mesmo assim, exista. Quando não há nenhuma imagem, então fala-se de uma forma completamente diferente. Vocês sempre criam

Estenogramas

a imagem de uma ação conhecida, de um objeto etc., ou, às vezes, falam apenas as palavras? Vocês falam sempre através de imagens?

ASSISTENTE: Eu penso que não posso dizer uma palavra sequer sem imagens.

K.S.: Isso na vida, mas e em cena?

ASSISTENTE: Na vida, a gente escolhe as palavras, na cena, decoramos.

K.S.: Ou seja, em cena vocês falam as palavras pelas próprias palavras, mas em vida vocês falam para obter algum juízo, imagem. A fórmula dos motores da vida psíquica: imagem, juízo e vontade – isso é muito importante, é a base, o fundamento[82]. A mente divide-se agora em dois momentos: imagem – você cria uma imagem de algo, por exemplo uma árvore; e o juízo – essa árvore é bonita etc. Quando há imagem e juízo, então é gerada, por si só, a relação para com essa árvore; e isso já é a vontade-emoção. A vontade e a emoção estão unidas. Não é possível nomear um só momento, onde não haja vontade sem emoção e emoção sem vontade.

ASSISTENTE: Mas existem imagens falsas?

K.S.: São as imagens de ator. Aqui já é tudo normal. Se vocês trabalharem sobre o que estou falando, ou seja, se vocês passarem por tudo, quando a peça e o papel estiverem completamente percorridos, quando já tiverem dito tudo com suas próprias palavras, então lhes darei as palavras de Griboiêdov. Percebem como vocês devem entregar-se a isso? Já serão palavras que expressarão imagens. Mas há uma outra "palavra", encontrada muito raramente. Sobretudo entre a gente mais simples, mais que entre a *intelligentsia*. Eles entendem, sentem a palavra de alguma forma, mas na verdade suas palavras são imagens. St [As iniciais "St" são seguidas por um espaço em branco no estenograma original.] diz que que as consoantes e as vogais vêm da própria emoção[83], que nas próprias vogais já há algo: "a" é alegria, "o" é algo completamente diferente. Há um pouco de verdade aqui, mesmo assim isso não deve ser entendido tão literalmente, de forma tão alemã, como ele o faz.

---

82   Sobre essa concepção de Stanislávski, ver *O Trabalho do Ator Sobre Si Mesmo*, p. 371.

83   Mesmo caso anterior, dos espaços em branco. Aqui, o enunciado e a nacionalidade alemã permitem supor que se trata de Rudolf Steiner.

Agora, são muito raros oradores que sentem a língua e dominam a palavra. Lembro-me de Plevako. Na própria vida, ele já falava de um jeito particular. Era realmente música. Andríevski, Korabtchévski, Kotliarévski – todos eram verdadeiros oradores da palavra.

Antes de mais nada havia uma terrível calma, a frase não se reduzia. Plevako falava de forma que tudo nele exteriormente fervia, mas as palavras eram claras. Ele dava cada palavra de maneira saborosa. Eu não ouvi, mas posso imaginar, quando ele fala "mais e mais alto, as paredes do monastério..." Percebem como soa bonito – aliás, logo depois disso, ele roubou uma monja do monastério.

Mas há outros também. Há a palavra de Katchálov[84], mas isso não é amor às palavras, é amor à voz que pronuncia a palavra. Já não é a mesma coisa. Faz muito sentido para ele, que tem realmente uma ótima voz e magnetismo pessoal, mas imaginem que venha algum outro e comece a envaidecer-se de uma voz que não tem e da horrível maneira como pronuncia as palavras. Um ator provinciano, que talvez até tente "fazer como Katchálov", mas que não tem timbre. E que não percebe.

Temos feito ensaios muito interessantes no teatro de ópera. Gente como Pantchékhin, Detissov – já começam a entender o que é necessário. Uma coisa é dar o som à força, outra é fazê-lo através da sonoridade. Bitelev[85] recentemente cantou maravilhosamente a ária de *Don Pascuale*. Eles estão apenas começando a entender que é preciso cantar não apenas as vogais, mas também as consoantes.

Quando pedi que cantassem piano-pianíssimo, a voz não saía de jeito nenhum. E eu, com minha voz, tinha mais ressonância do que eles. Eram capazes de condensar qualquer nota no forte-fortíssimo, mas quando íamos para o piano-pianíssimo, não saía nada. Eles sequer emitiam sons no piano-paníssimo. Bem, agora já começam a cantar mais sonoramente os piano-paníssimos, e todos

---

84 Vassíli Katchálov (1875–1948), ator da primeira trupe do TAM, famoso por sua voz altissonante, substituiu Stanislávski no papel de Trigórin em *A Gaivota*, de Tchékhov (1901) e foi, entre muitos outros Pétia Trofímov na primeira montagem de *O Jardim das Cerejeiras* (1904).

85 Pantchékhin, Detíssov e Bítelev eram cantores do Teatro de Ópera K.S. Stanislávski, hoje Teatro Musical K.S. Stanislávski e V.I. Nemiróvitch-Dântchenko.

Estenogramas

os especialistas admitem que até isso já está melhor – cantar apenas através das consoantes.

Tentem vocês mesmos fazer isso. Tentem falar através das consoantes.

ASSISTENTE: "Para onde vou…"

K.S.: Sentem que começa uma linha? "Para onde vou" – o "n" deve soar e o "d" começar a ressoar[86].

O mais importante é que a voz esteja colocada. Quando eu fracassei no papel de Salieri[87], sentia que falava os versos de Púchkin de maneira tosca. Sentia que neles havia música, mas quando começava a falar, era como se Beethoven tocasse uma balalaika. E então na corrida pela "sonoridade" é que começa toda a afetação. Isso quando a pessoa não tem voz.

ASSISTENTE: Você disse que, ao ler versos, é preciso ligar uma espécie de motor que vai, como um diapasão, marcando o ritmo.

K.S.: Ligue o motor e fale. Você pode fazer as pausas que quiser, mas no ritmo desse motorzinho.

ASSISTENTE: Frequentemente fala-se que se perde a sensação do verso, a musicalidade. Ou seja, é necessário que o ritmo se mantenha?

K.S. (*declama alguns versos*): Tudo depende de como você entra depois das pausas. Quando você sabe bem o texto e a partitura, então você pode dar o monólogo, por exemplo, "Por que aqui, e a essa hora?", falando tudo muito bem. Percebem como é preciso dar a palavra "hora"?

(*À Assistente.*) Tente ler algo. Lembra que você tinha lido algo, da outra vez? Está saindo?

ASSISTENTE: Eu tentei encontrar.

K.S.: O que você tentou encontrar?

ASSISTENTE: Eu queria ver aquilo sobre o que falo.

K.S.: Se você começar a falar sem ter em conta o todo, em pedacinhos, não vai sair nada. Você deve distribuir, saber: "eis o que eu

---

86 Trata-se de uma adaptação. A frase em russo é *Kuda mnié detsia…* A palavra мне (*mnié*) tem um encontro consonantal entre o "м" (m) e o "н" (n), então, no original, Stanislávski diz que o "м" deve ressonar e emendar no "н".

87 Stanislávski fez o papel de Salieri, na peça *Mozart e Salieri*, de Púchkin, em 1917. A criação do papel, considerado por ele um de seus mais rotundos fracassos, está descrita em *Minha Vida na Arte*. (*Sobránie Sotchinéni v 9 Tomakh, t. 1*, p. 437.)

preciso"... Então estará bom... Em uma parte você deve condensar mais, em outra, digamos, dar uma ênfase maior. Saiba como chegar até o lugar da ênfase. Escolha para si um objeto, [e faça de forma] que ele veja tudo isso da mesma forma como você. Sem objeto não é possível falar nada. Por isso, eu nunca pude me apresentar em concertos. Porque lá não há objeto. Mostre, desenhe para mim algo, mas de forma que eu possa vê-lo. Leia algo.

ASSISTENTE: (*Lê um trecho de* Anna Karênina.)

K.S.: Foi bom. Agora, tente desenhar a mesma coisa, só que com outra visão. Anna quer realmente se envenenar, mas a morte lhe parece muito mais terrível. Ou seja, dê a mesma imagem, mas [pinte-a] com outras cores. Perceba que é como se toda a narrativa mudasse. Mostre-me uma pessoa desesperada, que decidiu agora beber todo o veneno do frasco, até a última gota! O que acontece: tudo escurece, ela vê algo, cai no chão e... entende! – Não! Ainda está viva, e como é bom viver! Tente me dar isso, só que em tintas mais fortes. Sem pensar sobre as palavras, tente me dar a imagem sombria e depois uma mais iluminada. Percebe como é fácil, aqui, cair num tom "de ator", ir para o sorrisinho etc.? Desenhe essa imagem para mim, da maneira como você a vê.

(*Assistente lê o excerto.*)

K.S.: Mais cores. (*lê*) Faça com que eu ouça tudo isso. Não se apresse. Quanto menos você se apressar, melhor.

Faça uma "pausa de astro"[88] ou [a imagem] não chegará ao multitudinário público. Quando você começa a falar através de imagens, não pense em "que, ou como". A pior coisa é quando começam a pensar em "como fazer".

(*Assistente continua o excerto.*)

---

88 Pausa de astro (em russo *gastrólnaia pauza*, literalmente "pausa de turnê") é, segundo Knebel, a pausa que o ator faz para que o público perceba o acontecimento. (Ver M. Knebel, *Análise-Ação.*) Hoje em dia, costuma chamar-se "pausa do TAM" (*mkhatovskaia pauza*).

K.S.: Você precisa dar uma segurada. Não pode apressar porque há coisas que levam tempo para chegar, levam tempo na recepção. O que significa sentar-se no ritmo! O que significa pensar no ritmo!

Esmeralda[89] vai para a morte. Uma marcha solene. Ela vai devagar, mas o que se passa dentro dela, ao ver a guilhotina!

Todo nervosismo que aflora e que age em sua alma é perceptível apenas nos olhos e nas pontinhas dos dedos. Eis onde o ritmo se acumula.

A música segue "tram, pam", mas por dentro é "ti-ti". Muito mais rápido! Por dentro o 32º [tempo do metrônomo] e, no andar, um tempo solene e vagaroso.

Busquem vocês mesmos, o que significa andar num tempo diferente. Por dentro, um ritmo, mas por fora mostram outro. Se vocês sentirem isso, se acostumarem com isso, então poderão arrastar a cena dramática que quiserem. O ritmo extrai de vocês a própria emoção e o estado de humor. Vocês sempre poderão segurar o público nesse estado de humor.

(*Assistente lê um excerto.*)

K.S.: Não comece enquanto não tiver começado a ver. Acompanhe o tempo todo se [o que você fala] está chegando até mim, ou não.

ASSISTENTE (*continua a ler*): "e no túmulo uma garota…"

K.S.: Isso é o mais importante, diga de uma forma que eu consiga me lembrar disso depois.

(*Assistente termina o excerto.*)

K.S.: Você já começou a desenhar a imagem, agora precisa planejar as cores. Você lê tudo de uma maneira monótona, precisa encontrar a perspectiva: em certas partes é apenas uma narrativa, mas em outras você sobe. É preciso sempre cima, baixo, baixo, cima. Não dá para ficar num só plano. Para isso, no entanto, é preciso mudar não a própria entonação, mas apenas as imagens. E então já será outro quadro.

---

89 O trecho em questão, ao que tudo indica, é de *O Corcunda de Notre-Dame*, de Victor Hugo.

ASSISTENTE: Seria bom se eu pudesse ler mais uma vez, daqui a algumas aulas.

K.S.: Bom, trabalhe. Você deve ver o plano. Você deve ter uma espécie de rascunho mental: chegou até uma certa altura, depois baixa.

Aos poucos, você começa a transmitir o que vê, mas o quadro em si ainda não foi juntado [numa coisa só]. Deve haver lógica nisso. O que ainda falta para você? Altura da voz. Você fica mais no texto, e são necessárias uma oitava e meia ou duas a mais. Se começar desse jeito e mantiver tudo assim, então não será bonito.

Se você mantiver essa intenção, então pode fazer essa perspectiva com o som, mas adicione a isso necessariamente uma boa pronúncia das consoantes.

Em geral, como vocês precisam colocar a voz! Eu passei por 25 escolas, e cada professor representava tudo. Eu também representava. E, então, quando eu tinha sessenta anos, nos Estados Unidos, finalmente consegui recolocar minha voz. É preciso buscar a ressonância aos poucos, de duas, três, quatro notas – enquanto não aparece uma nota, depois outra, uma terceira... e em largo e para o alto. É preciso exercitar isso por muito tempo, enquanto não conseguirem que a nota ressoe

Aula
(27 de abril de 1937)[90]

Presentes: K.S. Stanislávski; B.Z. Radomíslenski; V.A. Viakhíreva; L.P. Novítskaia; A.Ia. Zinkóvskaia; A.D. Skalóvskaia; Solntsev;

---

90 KS 21162. Este é o primeiro estenograma datado de 1937, depois de uma interrupção dos registros durante todo o ano de 1936, quando a saúde de Stanislávski piorou e ele não pôde acompanhar as aulas do Estúdio. A partir daqui, começam os trabalhos conduzidos por Stanislávski sobre material dramático específico.

Rojniatóvski; Balakin; Rubtsova; Bátiuchkova; Malkovski; Z.S. Sokolova; Kuznetsóv; Orlova; Mischenko; Zalkhoda; Gochmann.

(*K.S. começa perguntando como está o trabalho com* Hamlet.)

VIAKHÍREVA: Estou fazendo o que você pediu. Os alunos estão traçando agora a linha da ação e narrando-a para mim, para abri-la.

NOVÍTSKAIA: Hoje a aula é sobre *Romeu e Julieta*. Tenho dois elencos. Um pode ver a apresentação do outro ou não?

K.S.: Não, melhor um dos elencos sair, para que façam do seu próprio jeito, a partir de nossa decomposição [do material]. Mas vamos analisar as questões gerais na presença de todos. (*Para Novítskaia.*) Você chegou a mexer no material? Conte-me o que você fez, como diretora e pedagoga?

NOVÍTSKAIA: Assim como na aula anterior, dividi *Romeu e Julieta* em pedaços.

K.S.: Pedaços grandes ou pequenos?

NOVÍTSKAIA: Primeiro em pedaços grandes, depois, menores.

K.S.: Isso, bom. Eu gostaria que você se apropriasse do método em si. Para que fragmentar em pedaços grandes?

NOVÍTSKAIA: Para traçar a ação transversal.

K.S.: Exatamente. Se pegarmos um frango e o cortarmos em pedaços muito pequenos será impossível entender, apenas por um dos pedaços, que é um frango[91]. Se, no entanto, pegarmos pedaços maiores: a asa, a coxa, a cabeça – fica imediatamente claro de que se trata. Me diga: por onde você começou o trabalho?

NOVÍTSKAIA: Não peguei da briga na frente da casa dos Montéquio e dos Capuleto, porque Romeu não aparece lá.

K.S.: Sim, pode pular isso. Me diga os pedaços [em que você dividiu] a peça.

(*Novítskaia enumera os pedaços.*)

---

91 O mesmo exemplo do frango está, de forma ficcionalizada, em *O Trabalho do Ator Sobre Si Mesmo I* (*Sobránie Sotchinéni v 9 Tomakh, t.* 2, p. 203).

k.s.: Ou seja, você divide o primeiro pedaço em duas partes: o encontro no baile e o encontro no jardim?

novítskaia: Não, ainda há um pedaço isolado [antes]: Romeu ama Rosalina.

k.s.: Vamos pelos pedaços. "Romeu ama Rosalina" é o primeiro pedaço. É um pedaço muito importante. Ele ama Rosalina de um jeito e Julieta de outro, completamente diferente. Perceba que Romeu e Julieta são pessoas destinadas uma à outra, como Peleás e Melisanda. Siga a linha de Julieta. Busque, nos pedaços, o desenvolvimento do amor [dela].

novítskaia: O encontro com Julieta no baile. O desenvolvimento do amor dela é muito rápido. Eles se conheceram e imediatamente apaixonaram-se um pelo outro.

segundo: O encontro no jardim. Em seguida...

k.s.: Em seguida já vem a luta contra os obstáculos. Vamos dividi-la em pedaços.

novítskaia: A morte de Romeu e o envenenamento devem ser colocados num pedaço à parte?

k.s.: Sim, é um pedaço separado, mas nós o juntamos com o segundo. Podemos dizer assim: como resultado da luta contra os obstáculos – a morte de Romeu e Julieta.

novítskaia: O acordo com o padre para o casamento, a luta contra Teobaldo. O exílio – isso é um pedaço separado?

k.s.: Vamos agora seguir pelos pedaços grandes. Depois pode ser que separemos o exílio, mas agora digamos assim: como resultado do assassinato de Teobaldo, Romeu é exilado.

novítskaia: Julieta é entregue em casamento. Ela pede ajuda para o padre. Ele dá o unguento. A chegada de Romeu ao mausoléu.

k.s.: Agora, você tem a peça toda na palma da mão. O que é preciso ressaltar aqui? Vê que o encontro de Romeu e Julieta no baile é algo espontâneo, especial? E aqui o ator deve fazer uma pausa, para experienciar esse encontro. Trata-se de algo que levará, já na primeira noite, ao amor ardente e aos beijos. Mas não é possível experienciar, se o fazem, como uma das alunas me disse: "Quando

Estenogramas

eu uso o sistema, sinto algo apertar-se dentro de mim, esfriar e ir para o fundo, e eu não consigo fazer nada!" Bem, isso significa que ela está querendo representar o resultado. É preciso fazer de forma muito mais simples. Não se pode espremer as emoções. Encontrem as ações que os levarão às emoções, e executem-nas.

ROJNIATÓVSKI: Eu entendo isso, se for possível agir a partir de si. Mas aqui, por exemplo, na estrutura da peça: Romeu vê Julieta no baile, fica olhando para ela, e só. Não faz mais nada.

K.S.: Mas será que não agimos internamente também? Perceba que, para nós, o mais importante são as ações interiores, que dão os impulsos às ações físicas. Todo ator sem técnica vai imediatamente partir para a representação de um amor ardente. Mas será que o amor é uma ação só? São mil ações! Se vocês não fizerem essas mil ações de maneira lógica, nada vai funcionar, mesmo. Para sentir a verdade do amor é preciso dividi-lo em ações orgânicas e apenas depois de executá-las a emoção correta pode aparecer.

ROJNIATÓVSKI: Isso eu entendo, quando se trata do seguinte caso: atores que se amam há muito tempo e sobre a base desses sentimentos podem [mostrar] apenas o resultado.

K.S.: Volte para trás, atue todo o prelúdio, e você vai criar o mesmo fundamento que eles têm.

RUBTSOVA: Você disse para dividirmos o amor em elementos e ações. Como entender isso?

K.S.: Para dividir o amor em elementos é [necessária] uma psicologia muito sutil. Sem conhecê-la é impossível fazê-lo. Sim, eu penso que a psicologia está cuidando de resolver isso. Nós, atores, não podemos chegar aí por caminhos científicos. Para isso, temos uma palavra mágica: "se eu me apaixonasse, o que faria"? Imagine que em cena você encontra um ator, por quem não pode se apaixonar à primeira vista. Então, precisará apanhar essa emoção em suas memórias emocionais. Imagine que você viu num baile um jovem lindo, e algo começa a fazer ser coração disparar, algo acontece. Você quer saber o que se passa! Pode ser que você queira buscar a resposta à sua volta. Você quererá saber na direção de quem, para que lado tendem seus fluidos etc. Quando buscamos a emoção interna, não sobra sequer um cantinho da alma inexplorado e, mais ainda, buscamos fisgar as aparições físicas dessas emoções que podem ser vistas. Se vocês me disserem que querem fazer *Hamlet* ou *Romeu e Julieta*, eu não deixo! Mas deixo atravessarem as linhas físicas, sim. Eu não deixo que vocês atuem com as mãos e as pernas[92], mas deixo que experienciem o vivo. Propus de trabalharmos com clássicos porque em cada obra genial a lógica e a coerência são ideais. Vocês crescerão como atores e psicólogos, se entenderem e souberem lidar com Hamlet.

ROJNIATÓVSKI: Como resultado das ações devemos chegar no texto, mas a linguagem é tão empolada, que é muito difícil torná-lo nosso.

K.S.: Como resultado das ações nós chegamos às emoções, e não ao texto. O texto é o resultado. Parem de pensar sobre o resultado. Se você fizer um Romeu com braços de pau, é o mesmo que forçar um surdo-mudo a expressar seu amor com palavras, ou fazer com que alguém toque a nona de Beethoven numa rabeca. Vocês precisam desenvolver ao máximo os meios de sua expressividade. Se já entenderam que é impossível representar as emoções, e que é preciso dividi-las em ações e executá-las, [entendam também] que isso não é fácil. Imaginem que vocês nunca amaram da forma como Julieta ama. Vocês podem ler romances, tirar deles alguma coisinha – "o que eu faria nesse caso?". Depois vocês conversam com alguém sobre o amor, e pegam algo de suas próprias memórias emocionais. Antes não era o ator, mas o diretor quem suava para interpretar as emoções, enquanto o ator dizia apenas "entendo" ou "não entendo". O diretor suava em bicas e o ator, como resultado de tudo que o diretor falava, ia acumulando clichês. Eu não estou impondo nada para vocês: o importante não são as minhas memórias emocionais, mas as suas próprias[93].

---

92 Novítskaia afirma que durante um longo tempo Stanislávski insistia que *études* fossem feitos "sentados nas próprias mãos", ou seja, sem grandes movimentações, para impedir que se cristalizassem clichês logo nas primeiras etapas de exploração do material. (Ver *Uróki vdokhnovénia*).

93 Knebel atribui também a essa "passividade do ator" a mudança na prática dos ensaios. (Ver M. Knebel, *Análise-Ação*.)

Estenogramas

ROJNIATÓVSKI: Você diz que é preciso pegar as memórias emocionais de nossas próprias vidas, mas Motchálov[94], por exemplo, que tinha um grande temperamento em cena, não tinha experienciado nada daquilo na vida. Ou Kean[95], como outro exemplo.

K.S.: Tanto Kean como Motchálov experienciaram muita coisa, coisas de suas tragédias pessoais, e transmitiam-nas em seus papéis. Ou às vezes experienciavam em suas imaginações criadoras.

RUBTSOVA: Mas como fazer, quando em cena é preciso lembrar-se de algo? Por exemplo, eu faço a ama, e preciso me lembrar da infância de Julieta. Ao lembrar-me, eu involuntariamente falo pensamentos, mas não tenho quaisquer ações físicas. Como eu devo agir, para que o parceiro possa acompanhar o caminho de minhas memórias?

K.S.: Vamos falar sobre os pensamentos logo mais, assim que vocês entenderem as ações físicas, e faremos com eles a mesma análise que estamos fazendo agora com as ações. Também vamos estabelecer a lógica dos pensamentos. Agora, no entanto, vamos lembrar de sua vida, de algo que tenha se passado alguma vez com você.

(Rubtsova conta sobre uma de suas traquinagens infantis.)

K.S.: Viu, agora que estava em suas próprias memórias, você nos contou apenas suas ações. Em sua narrativa havia quatro grandes ações: 1. Você foi; 2. Você pegou o vaso com flores; 3. Você o escondeu; 4. Você admitiu. Quando uma pessoa começa a falar sobre suas emoções, fala sobre suas ações. Da ação nascem as emoções, é possível começar por uma ação real ou imaginária, tanto faz. Mas se essas ações são justificadas, se são análogas às ações de Julieta em suas memórias, então esse material já é útil.

RUBTSOVA: Agora, eu contei para vocês minhas memórias, mas aqui, como ama, devo lembrar-me não de minha própria infância, mas da de Julieta. Eu faço a ama.

---

94 Pável Motchálov (1800–1848) foi um dos maiores atores russos da época do romantismo.
95 Edmund Kean (1787–1833), também um dos mais famosos atores românticos ingleses.

K.S.: Então que a imaginação não seja sobre si. No entanto, se você puder encontrar algo análogo em sua vida, então, mesmo assim, esse material pode servir para você. Nos clássicos estão postas todas as experiências humanas do vivo, podemos encontrá-las sempre, análogas às nossas memórias emocionais. Por isso, resolvi começar o trabalho com a linha da ação física em obras clássicas. Repito, mais uma vez: não toquem diretamente a emoção, já que vocês não podem dominá-la e não poderão fixá-la. Nunca, em hipótese nenhuma, em quaisquer circunstâncias, forcem a emoção a nada. A emoção deve ser fisgada e a isca para isso é a ação física.

IAMPÓLSKI: Você diz que a emoção deve vir como resultado da ação física, mas e se a emoção, para mim tiver vindo sozinha, de uma vez só?

K.S.: Então virá também, com ela, a ação. Nesse caso, no entanto, você deve possuir uma boa técnica, para não atrapalhar essa emoção. Hoje eu atuei, e foi muito bom, mas amanhã, de repente, pode ser que não. Onde está o erro? Está, no dia seguinte, em pensar fazer exatamente igual a ontem. Daí eu começo a violentar a emoção. Disso não sai nada: a emoção não se submete à violência. Mas como, então, fixar a emoção encontrada? Para isso, é preciso encontrar uma isca, é preciso lembrar detalhadamente de tudo o que aconteceu no dia [em que funcionou]. O melhor é começar de agora e ir para trás. Aconteceu isso comigo, no papel de Satin, na peça *Ralé*[96]. Não me saía o monólogo "o que é o ser humano". Haviam me falado, antes, que esse monólogo era importante e que eu deveria entregá-lo ao público com todo o seu significado. Eu me sentia como uma égua que não consegue arrastar um peso do lugar. E eis que uma vez, no espetáculo, eu encontrei o que era necessário no monólogo, e era preciso fixar a emoção encontrada. Assim, comecei a relembrar e repassar os acontecimentos e ações daquele dia. Lembrei que eu havia

---

96 Stanislávski estreou no papel de Satin, na peça *Ralé*, de Maksim Górki, em 1904. O próprio Stanislávski descreve o trabalho sobre a peça em *Minha Vida na Arte*, e em *O Trabalho do Ator Sobre Si Mesmo*, coloca o caso da crítica nas palavras de Torstov mais especificamente em Memória Emocional, *Sobránie Sotchinéni v 9 Tomakh*, t. 2, p. 303.

Estenogramas

perdido minhas chaves, tinha recebido uma crítica desagradável, lido uma resenha desagradável, onde elogiava-se as partes ruins do papel e criticava-se as boas. Tudo isso me levou a um péssimo estado de humor. A caminho do teatro, repassei toda a peça através das ações lógicas, e isso levou-me à emoção real. Não devemos fazer como as crianças, que tendo plantado uma semente, a cada hora a desenterram para ver se começou a brotar. Uma flor não brotará jamais assim. É preciso plantar a flor e regá-la, para que as raízes se fortaleçam, e não tentar mostrar, logo de cara, uma flor pronta.

IAMPÓLSKI: Eu ouvi dizer que você, em alguns papéis, encontrou a caracterização externa e apenas depois o conteúdo interno do papel, ou seja, foi de fora para dentro.

K.S.: Sim, às vezes acontece de encontrarmos a caracterização externa, e ela ajuda. Por exemplo, quando tive de fazer Krutítski, em *Cada Sábio Tem um Tanto De Burro*[97], de Aleksándr Ostróvski, fiquei durante muito tempo atormentado pelo papel. Uma vez fui num leilão de terras e vi ali uma casinha, velha, toda empoeirada. E dessa casinha, eu achei a maquiagem e, da maquiagem – a figura [cênica]. Quando isso acontece, agradeçam e alegrem-se, pois se trata de um presente do subconsciente. Não tentem entrar nesse território. Vamos voltar para a peça (*a Novítskaia*): Nós dividimos toda a peça em pedaços grandes e obtivemos um resumo. Depois, dividimos os pedaços grandes em menores e agora vamos passar pelas ações. Agiremos toda a fábula da peça, e quando tivermos agido logicamente, então, nessa hora, sentiremos. Vocês executaram todas as ações reais e mentais, todas essas ações foram definidas. Quando as tiverem executado, é como se um fio tivesse sido tecido. Essa é a ação transversal interna. Fortalecendo essa ação, poderao sentar-se nela como num barco e chegarão irremediavelmente à supertarefa. Esse é o jeito normal de trabalhar. Claro, partindo daqui vocês não farão o papel imediatamente, vocês não se transformarão em Romeu ou Julieta, mas começarão a desejar, a pensar sobre isso, a buscar.

---

97 *Na Vsiakogo Muidretsa Dovolno Prostoti*. A peça de Ostróvski estreou no TAM em 1916.

Com essa busca acabam acordando as memórias emocionais, que se fortalecem e crescem. Dividam seus papéis em algumas partes e comecem por alguma delas. Por exemplo: está claro que Romeu ama Rosalina. O que você, Romeu, faria para encontrar-se com essa menina? Como você começaria a agir para encontrar-se com ela? Me espanta isso ser tão difícil para vocês.

ROJNIATÓVSKI: Para mim, é fácil encontrar "o que eu faria", mas Shakespeare tem suas circunstâncias propostas e ações, que eu, nesse caso, não faria na vida e mediante as quais eu não agiria.

K.S.: Não há Shakespeare, não há Romeu, há você. Temos dois fatos: uma menina que você não ama muito e uma por quem você se apaixona imediatamente.

ROJHNIATÓVSKI: Eu não compartilharia minhas emoções e sentimentos com ninguém.

K.S.: Provavelmente você falaria, sim, sobre Rosalina, mas sobre a emoção mais profunda, com Julieta, pode ser que não falasse, mesmo. Numa obra genial há tudo o que há em você. Nela, pode ser que haja ainda mais, já que é genial, e com certeza contém algum esquema simples de amor. Vamos decidir: Romeu está apaixonado por Rosalina ou não?

ROJNIATÓVSKI: Ele não a ama de verdade, quer só brincar com ela.

K.S.: Então sente-se na cadeira de Shakespeare e me explique: para que ele precisaria de um homem tão vulgar, que não se apaixona, mas… brinca? E então, o que é isso, amor ou não? Vamos pegar o exemplo de Tatiana[98]. Será que Tatiana estava apaixonada por Onéguin quando escreveu-lhe a carta? E o que se passava com ela antes, quando saía para o jardim com um romance debaixo dos braços, e tudo lhe parecia extraordinário, diferente do cotidiano? De onde vem isso? Será que ela estava apaixonada? Se estivesse

---

98 Trata-se do romance *Evguêni Onéguin*, de Aleksándr Púchkin, considerado um dos grandes marcos da literatura russa do século XIX. No romance, a heroína Tatiana é uma nobre que vive no campo e possui um ideal de amor baseado nos romances franceses que lê, isolada da "alta sociedade". Onéguin, vindo de Petersburgo, passa a ser, num primeiro momento, a projeção de seu amor ideal.

Estenogramas

apaixonada, então... por quem? Por que ela sofre junto com os heróis dos romances que lê? Ela sonha com um ideal: para ela, chegou o tempo de amar. Então aparece Onéguin e aí está – o homem enviado por Apolo! Também para Romeu, o amor a Rosalina é o começo da paixão por Julieta. Ele não ama a própria Rosalina, mas seu ideal. Para um amor assim, serve qualquer rostinho bonito. (*A Novítskaia.*) Vamos voltar ao seu primeiro pedaço. O que há nele, para você?

NOVÍTSKAIA: Nele, Benvólio tenta descobrir o que aconteceu com Romeu, por que ele está tão triste.

K.S.: Quem faz o amigo de Romeu [ou seja, Benvólio]?

NOVÍTSKAIA: Kuznetsóv e Gochmann.

K.S.: Gochmann, fale!

GOCHMANN: Creio que primeiro eu vejo como Romeu vem caminhando. Eu penso em como abordá-lo mais delicadamente, para conseguir perguntar sobre o motivo de seu rosto amargurado, já que hoje de manhã eu o vi e ele estava completamente diferente.

K.S.: Você está apenas me falando as circunstâncias propostas. Claro que é possível dizer as circunstâncias propostas tão bem que as emoções venham por si mesmas, mas elas podem não vir também. Esse é um caminho muito delicado. Antigamente, quando íamos ensaiar, tentávamos criar a situação correspondente e, às vezes, até colávamos narizes com a ideia de sentir melhor a personagem. Agora, já não o fazemos mais, porque isso pode ou não trazer as emoções. É um caminho muito incorreto. Não existe um caminho mais acessível? É o caminho da ação física. O importante é que você precisa, aqui, absorver. Que ação é essa, é física ou espiritual? É uma e a outra. Vamos combinar: para escapar de quaisquer "desentendimentos", vamos chamar tudo de ação física. A psicologia é uma coisa arredia e frágil; podemos imperceptivelmente começar a representar as emoções. Em todo caso, há a ação física, imaginária ou real. Assim, você diz que é preciso absorver Romeu. O que você fará para isso? (*Gochmann diz.*) Você está falando de quem, de quem não vê?

GOCHMANN: Estou vendo Sólntsev [o intérprete de Romeu].

K.S.: Então aja com ele, mas a partir de si mesmo. O que mais você fará? Você não vai perguntar-lhe direto, certo?

Gochmann: Não.

K.S.: Então me explique, o que você vai fazer com ele?

GOCHMANN: Eu vou pegá-lo pelos ombros, fazê-lo sentar-se...

K.S.: Não me diga que você vai sentá-lo, pegá-lo pelos ombros etc., mas diga o que você vai fazer para fazê-lo falar. Você está preparando as condições para que ele se expresse. E depois, o que você vai fazer?

GOCHMANN: Começo a falar sobre algum tema.

K.S.: Para que você precisa disso? Veja, mais uma vez, aqui você está preparando o terreno para começar a conversa necessária. Isso é a mesma coisa, está relacionado à mesma coisa. Me diga, por favor, quando você se encontra com alguém, o que você faz em primeiro lugar?

ALUNOS: Começo a me interessar pela pessoa, chamar a sua atenção...

K.S.: Sim, adaptar-se, atrair a atenção. Faça isso, então. Não deixe esse momento passar. Isso é um processo grande. Se você olhar para o seu papel, vai encontrar tudo isso nele. Não é só uma fala!

MÍSCHENKO: K.S., antes de agir, penso que é preciso esclarecer minha atitude para com o outro. Agimos de forma diferente se amamos ou se odiamos o outro.

K.S.: Tudo isso está certo, mas você passou para as circunstâncias propostas, e eu estou lhes dizendo que, por enquanto, preciso apenas das ações. (*A Gochmann.*) Ou seja, você precisa chamar a atenção dele.

ORLOVA: Mas veja que eu posso chamar a atenção de jeitos diferentes, dependendo se a pessoa é minha amiga ou não.

K.S.: Mas eu estou lhes dizendo que essa pessoa não é amiga ou inimiga, é apenas uma pessoa de quem você tem que chamar a atenção, e com quem deve conversar.

MÍSCHENKO: Mas como não levar em conta as circunstâncias propostas? Eu sei, por exemplo, que vai haver um baile, que antes eu nunca estive num baile, e que isso causa em mim um determinado estado de humor, e com esse estado de humor eu vou até minha mãe e desse estado de humor vão depender minhas ações.

Estenogramas

K.S.: Você está me falando sobre as emoções, mas nós não vamos falar sobre elas antes do próximo ano.

MÍSCHENKO: Mas como, K.S., como deixar de considerar minha atitude para com a outra pessoa? Vou falar sobre *O Jardim das Cerejeiras*. Eu faço Ánia, e me foi dada a missão de trazer minha mãe de volta para casa, do estrangeiro. Se eu não souber como me relaciono com minha mãe, o que ela passou no estrangeiro etc., não é verdade que vou me comportar da maneira errada?

K.S.: Tudo o que você está falando está certo, mas você está avançando muito. Na etapa atual, eu não preciso disso. Quando vocês fazem ações sem objetos, por exemplo, tiram o paletó, vocês necessariamente precisam desabotoá-lo e tirar os braços das mangas. Todas essas ações, mediante quaisquer circunstâncias propostas, são necessárias. Ou seja, existem ações físicas que são orgânicas, independentemente das circunstâncias propostas. Agora nós precisamos da linha das ações orgânicas. Vamos voltar. (*A Benvólio*) Precisamos chamar a atenção para si.

RUBTSOVA: Mas é possível chamar a atenção para si de maneiras diferentes!

K.S.: Você já está me falando o "como", e ainda é cedo para isso. É como se você já tivesse feito a peça, quando ainda não fez nada. E se você deixa escapar alguma das ações, então teremos a distorção. Eu preciso estabelecer a comunicação, ou seja, chamar a atenção, e não preciso de mais nada de vocês. Não há Romeu, não há Julieta. É preciso apenas que vocês levem em conta o que é preciso fazer para estabelecer a comunicação. O mais elementar é o que sempre se esquece em cena. Enquanto isso não for feito, é proibido falar sobre as emoções. O que é preciso para estabelecer a comunicação? É necessário entrar na alma do parceiro com os tentáculos que brotam de seus olhos, e ele deve fazer o mesmo – irradiação. A primeira coisa de que precisam, para isso, é um parceiro. Vocês viram olhos assim muitas vezes? Eu posso nomear poucos: Salvini, Duse. Estou chamando a atenção para coisas que parecem óbvias, mas de que sempre nos esquecemos em cena. Transfiro tudo isso para a cena. Vocês entram em cena, diante de um público multitudinário. Veem seu parceiro muito claramente. Tateiam com os olhos sua alma e estabelecem com ele a comunicação. Eis aí um momento de "verdade", e isso já é muita coisa. Eu estou lhes falando da linha psicológica mais elementar. Essa linha deve ser conhecida de todos vocês. Agora, estamos seguindo por essa linha orgânica sem quebrá-la. (*A Gochmann.*) O que você precisa fazer para que Romeu comece a falar com você?

GOCHMANN: Eu vou criar para ele uma situação acolhedora. Depois, passo às palavras.

K.S.: Não falemos sobre as palavras, vamos falar sobre as ações psicotécnicas e orgânicas. É preciso predispor, arrumar, e depois disso partir para o fazer.

GOCHMANN: Quando eu estiver completamente certo de que ele se abrirá, eu começo a fazer perguntas inocentes para ele, para não incomodá-lo.

K.S.: Isso está relacionado à preparação. Com o que mais você age sobre ele? Eu quero esgotar todas as formas de preparação. Todos, façam e vão falando o que forem pensando. Enfim, você descobre como está Romeu neste momento. O que é preciso fazer?

ORLOVA: Preciso fazer com que entenda que isso me preocupa.

K.S.: Muito bem, você quer que ele veja sua bondade? Para predispô-lo são necessárias muitas ações, e para isso é preciso um período longo. Antes você disse que aqui há muitas frases empoladas; bem, foram postas aqui para comunicar o seu estado de humor ao parceiro. O que você fará em seguida?

GOCHMANN: Romeu já está pronto para se abrir.

K.S.: Depois verá que há muito mais ações para prepará-lo para essa "abertura". Você as extrairá de sua vida, de sua memória emocional. O que você quer dele? Você apenas quer que ele diga o que se passa, que abra a alma contigo. Você atrai os sentimentos dele para fora. Essa é uma ação muito difícil, e ela precisa de mais dispositivos de adaptação. Se você se dirigir diretamente à emoção, então ela virá deformada, e eu preciso que seja verdadeira. Apenas depois falaremos em detalhe sobre como vamos alimentar as emoções. (*Dirige-se a Gochmann.*) Vamos seguir.

Gochmann: Eu quero entender Romeu, colocar-me em seu lugar.

K.S.: E como você vai entender isso?

GOCHMANN: Vou ouvi-lo.

MÍSCHENKO: Ouvi-lo é pouco, é preciso ajudá-lo!

K.S.: Isso já é a continuação da atração, ela ainda não terminou. Veja, Romeu começa a falar; o que você vai fazer, enquanto isso? Você gostaria de ver tudo com os olhos dele, você o escuta de forma especial, fica captando tudo o que puder para entendê-lo, já que seus movimentos, cada mudança de entonação tem para você um significado enorme. Você deve captar tudo o que acontece ali. O que significa escutar? Significa entregar para ele sua atitude, seu interesse.

GOCHMANN: Eu quero que ele veja o que eu vejo.

K.S.: Certo.

GOCHMANN: Às vezes falamos sobre coisas que não podemos ver.

K.S.: Vocês conseguem ver coisas como um cano de água, uma tampa de panela?

TODOS: Podemos.

K.S.: E a justiça, a emancipação?

TODOS: Podemos, mas não imediatamente.

K.S.: Assim como fizemos esse trabalho, continuem, sigam a linha física orgânica e não falem sobre as emoções.

MÍSCHENKO: Mas quando Gochmann estava narrando, havia emoções?

K.S.: E para que eu fiz tudo isso? Tudo para as emoções. Mas jamais falem sobre as emoções, ou então vocês vão representá-las, e nao agır.

MÍSCHENKO: Eu não vou representar as emoções, vou dividi-las em ações.

K.S.: Então, para a próxima aula, divida a emoção "amor" em ações.

(*Stanislávski passa ao trabalho sobre a peça* Intriga e Amor, *de Schiller.*)

SKALÓVSKAIA: Eles precisam ler a peça, ou apenas contá-la já basta?

K.S.: Você viu como foi difícil hoje manter os alunos na simples linha da natureza orgânica? Eles já pensam com as circunstâncias propostas do autor, já estão aprisionados nelas. Ou seja, não precisam ler; conte a eles apenas a fábula, e mesmo assim muito reduzida, apenas os momentos fundamentais. Por exemplo, "Fulano se encontra com Beltrano" –, e só. Tente conduzi-los através da linha orgânica.

SKALÓVSKAIA: Precisamos narrar a linha das ações físicas de cada um individualmente ou junto com o parceiro?

K.S.: Nós acabamos de falar sobre as ações orgânicas psicofísicas. Elas existem para todos os seres vivos: o ser humano, os cachorros, todos, exceto para o ator. Não se encontra a vida viva no teatro. Antes de mais nada, vocês devem seguir pela linha da ação orgânica psicofísica, mas além disso sem pular para as circunstâncias propostas. Como seguir essa linha – já mostrei com o exemplo do amigo de Romeu, Gochmann-Benvólio. (*A Chúr, que está sentado displicentemente.*) Por que você está sentado assim? O que é isso? Por que não fica de pé, quando eu falo com você? Eu não quero dizer, com isso, que eu sou alguma espécie de "vossa excelência". Mas de sua parte seria minimamente educado levantar-se quando eu lhe dirijo a palavra. Será que isso o ofende? É preciso ser sóbrio, isso sempre lhe será útil. E se você tiver que fazer, por exemplo, um mordomo, e não possuir essa educação tão elementar? No ano passado fomos mais devagar do que queríamos, e nesse eu vejo que vocês perderam a compostura. A educação deve ser automática em vocês, subconsciente. Tentem também não sentar cruzando as pernas.

ROSSBERG: K.S., como eu posso narrar a linha da ação física, quando, por exemplo, na cena há três pessoas: Miller (eu), minha esposa e chega Wurm (Chúr)? Eu posso imaginar as minhas ações, as de Miller, mas depois disso, sem comunicação, fica difícil.

K.S.: Faça tudo o que diz respeito à ação orgânica, e esqueça-se de todas as circunstâncias propostas.

SKALÓVSKAIA: Eu gostaria muito, se você pudesse fazer com eles a mesma coisa que fez com Gochmann.

Estenogramas

K.S.: Conduza a aula você, eu vou corrigindo.

SKALÓVSKAIA (*a Chúr*): Leia as suas ações. Nós dividimos em fatos: o primeiro é a chegada de Wurm.

SCHÚR: Eu vou para a casa de meus conhecidos com meus afazeres e acabo numa confusão. Quero atrair para mim a atenção.

K.S.: Livre-se das circunstâncias propostas, vamos deixar apenas os fatos. Um homem entra numa sala. O que ele faz ao entrar? Antes de mais nada, a pessoa que entra avalia o que está acontecendo aqui, nessa sala. Por enquanto, apenas isso é necessário. A pessoa entra e lança os tentáculos para dentro do parceiro. Além disso, quem entra necessariamente se orienta. Você deve entrar não como Wurm, mas como Chúr. Se você não entrar como Chúr, mas como Wurm, vai começar a representar um espertalhão imediatamente e deixará passar as exigências humanas da orientação, já que você nunca esteve em circunstâncias parecidas, elas continuam intocadas. Precisamos das ações orgânicas. Depois de ter se orientado, comece a fazer o que tem de fazer.

SCHÚR: Eu preciso saber se uma certa pessoa vem aqui.

K.S.: Ou seja, você precisa orientar-se não apenas no que acontece aqui e agora, mas no que aconteceu antes. Prepare-se e aos outros para o que vai começar a falar. O que você fará para isso?

SCHÚR: Eu falo sobre outra coisa.

K.S.: Você queria mostrar que chegou com outras intenções, enganar, distrair?

SCHÚR.: Depois disso, eu faço a pergunta que preciso, imediatamente, de supetão.

K.S.: Para quê? Para causar um escândalo? (*Para Skalóvskaia.*) Você precisa dividir em pedaços grandes, da forma como dividiu toda a peça.

SKALÓVSKAIA: Eles não leram a peça.

K.S.: Eles não devem ler a peça, mas devem conhecer a fábula.

(*Skalóvskaia divide em pedaços.*)

к.s.: Na peça, há momentos de amor e de obstáculos, que acabam envenenando e destruindo esse amor. Se você disser-lhes isso, então a orientação [que devem seguir] na peça toda será óbvia. Isso é suficiente para começar a fazer. Diga a eles quem são na peça: este é o músico, esta é a esposa do músico, este é o secretário, e este – um oficial importante. O mais importante é a linha da ação orgânica, e antes de passar adiante, vocês devem obtê-la. Se vocês mentirem num lugarzinho sequer, vão parar de acreditar em si mesmos e, em seguida, todas as circunstâncias propostas naufragarão nessa mentira. Por exemplo, um ator entra em cena e agilmente mostra como ele espia, mas sem espiar. Ou seja: ele não agiu, e, mesmo que em seguida ele comece a falar de maneira crível, o público já não vai acreditar, pois ficará com a primeira mentira, e continuará relacionando-se com ele [com o ator] com desconfiança.

(*Chúr continua a narrar.*)

к.s.: O que significa "convencer", na linha orgânica? O que significa "convencer", "explicar"? Qual é o processo que se passa com a pessoa que explica algo? Para convencer são necessárias visões, é preciso que não apenas você, mas o parceiro também veja aquilo que você vê. Não se pode narrar "genericamente", não se pode convencer "genericamente". É preciso saber para que você convence.

(*Rossberg narra sua linha.*)

к.s.: De tudo o que você narrou, escolha aquilo que são ações físicas orgânicas. Vem até você uma pessoa, você a tateia e sonda para saber para que ele veio. O que significa sondar, o que significa olhar? Significa enviar os tentáculos [dos olhos] para dentro do parceiro. Você o segue, quer entender do que ele precisa. Além disso, você acompanha a sua esposa, com medo de que ela fale demais.

(*Lê Davidenko, que faz a esposa de Miller.*)

Estenogramas

K.S.: O que é isso, ela é boa?

DAVIDENKO: Eu não sei, não li a peça.

K.S.: Você também está encontrando com Wurm. As circunstâncias propostas são as mesmas, mas as suas ações podem ser outras. Miller é mais desconfiado, você é mais bem-humorada, gosta de se exibir. Disso é que se compõe a caracterização de sua alma.

SKALÓVSKAIA: Bom, então devemos levar em consideração não apenas as circunstâncias propostas, mas também a caracterização? Como fazer nesse caso?

K.S.: Para isso, faça um pouco diferente: ela se encontra com um homem agradável, então será menos cuidadosa, vai sondar menos, e mais rapidamente abrirá a alma. Vamos voltar agora para a linha orgânica. Bem, vamos continuar como anotamos.

(*Davidenko continua.*)

Aula (25 de Maio de 1937)[99]

Presentes: K.S. Stanislávski; Z.S. Sokolova; M.O. Knebel; L.K. Redega; I.S. Tchernétskaia; V.M. Smorôdinov; V.M. Solovióva; A.G. Kipervar; A.D. Skalóvskaia; V.I. Rakhmáninov; V.P. Viakhíreva; L.P. Novítskaia; V.G. Bátiuchkova; A. Zinkóvski; A.V. Bogolépova e toda a seção de arte dramática.

(*Aula sobre a linha física de* Romeu e Julieta. *Começa com a terceira cena do primeiro ato. Zakhóda, Rubtsova, Orlóva.*)

K.S.: O fundamental é [entender] a linha que se segue. Vocês devem ir pelo processo orgânico mais simples. Devem sentir o processo orgânico de maneira que não consigam mais passar sem

99 KS 21166.

ele. Sem o processo orgânico sua atenção se direcionará para o público, quando é preciso que seja para o parceiro. O que você está fazendo?

ORLOVA: Estou procurando Julieta.

K.S.: Lembre-se de que, do momento em que receberam o papel, não há mais nenhuma Julieta. Temos Kátia Zakhóda e Mascha Míschenko [as alunas que faziam o papel de Julieta]. Percebe como são duas pessoas diferentes e que você, portanto, deve adaptar-se a elas de maneira diferente.

ORLOVA: É o que eu estou fazendo.

(*K.S. conduz Orlova ao entendimento de que é preciso falar para o objeto, e somente para o objeto.*)

K.S.: Isso, mas agora não houve o processo orgânico. Por onde anda sua atenção?

ORLOVA: Pelo espaço.

K.S.: Será que você precisa mesmo olhar para o público?

ORLOVA: É que mesmo assim, eu sinto que você está aqui.

K.S.: E quando não for eu sozinho, mas umas mil pessoas? Vai ser mais difícil. Lembre-se do que é preciso fazer quando você entra em cena, nem que seja para ler. Comece, entre no círculo.

ORLOVA: Estou concentrando minha atenção.

K.S.: E para que precisa concentrar a atenção?

ORLOVA: Para poder falar aos olhos do outro [do parceiro].

K.S.: Sim, mas para que você não pegue um objeto no público, te colocamos um parceiro em cima do palco. Para que sua atenção esteja deste lado da ribalta, e não daquele. Para que você aprenda a sempre ver a vida em cena, para que lhe seja difícil, quase impossível, como é para mim, por exemplo, transferir a atenção para a plateia, você deve desenvolver esse hábito. O primeiro passo para isso são a linha das ações físicas e o processo orgânico, que fazem com que você se comunique com o objeto. Todos entendem isso?

ALUNOS: Sim.

K.S.: Vocês entendem esse processo de tatear a alma do parceiro com os tentáculos dos seus olhos? Vejam, trata-se do simples processo orgânico da comunicação. (*K.S. dá o exemplo dos animais marinhos e do cachorro.*)

(*Novítskaia segue a aula.*)

K.S. (*a Rubtsova*): Onde você está agora? Você é a ama de Julieta, mas está aqui, na casa de Stanislávski. Você está aqui, com a sala cheia. Pode ser que fale sussurrando, mas é preciso partir das circunstâncias propostas dadas. Hoje, *aqui*. Vocês entendem por que eu quero que vocês se utilizem desta sala? Não preciso que inventem um outro mundo. Isso é muito difícil. Percebam: estou agora e aqui, nesta sala. A fantasia deve ser flexível (resiliente). Vocês devem ser capazes de justificar quaisquer circunstâncias propostas. Não precisamos de um mundo duplo. Explique o que poderia acontecer se você se encontrasse hoje, aqui, e procurasse Kátia Zakhóda. Imagine que vocês duas moram aqui. Você a procura por todos os aposentos. É completamente possível que você entre aqui e se veja no meio de uma aula, ao buscar Zakhóda. Sua mão está tensa. Já é uma mentira te atrapalhando, vê? Quando um ator começa a atuar, lembrem-se de que aparece 95% a mais de tensão. Faça tudo mais simples e fácil. Para ver onde está Julieta, você não precisa enrugar a testa, ou virar todo o corpo, mas apenas ver com os seus olhos.

(*Rubtsova procura.*)

K.S.: Qualquer movimento deve ser conduzido à verdade, à verossimilhança última. Quando há verdade, aparece a fé, e quando há fé e verdade, então aparece o "eu sou" e, aí, começa o trabalho da natureza e do subconsciente.

(*A aula continua.*)

K.S.: Você a encontrou. Antes de falar com ela, você precisa se comunicar. Isso é uma coisa que sempre passa batido para a maioria dos atores. Não deixe passar nada. Eu estou lhe tirando a ação. Estou sentando-a nas próprias mãos para poder tecer a teia das suas emoções. Mesmo se nesse trabalho você tiver ações mais rudes, não deixe que elas quebrem essa teia. Por enquanto, ainda é muito difícil, mas depois verão que não há nada mais fácil. Se encontrar ações físicas mais rudes, como sentar-se, colocar uma cadeira, abrir uma porta etc., pode realizá-las. Aqui, entretanto, é preciso olhar com cuidado, para agir como ser humano, e não como atriz. Assim que você se perceber agindo como atriz, sente-se de novo nas mãos. O clichê é terrivelmente confortável. Eu comecei quase todos os meus papéis do clichê. Na maioria das vezes, foi assim. Eu fazia a peça no cem por cento e ficava muito feliz comigo mesmo. Depois do espetáculo, então, eu esperava no camarim os parabéns e as pessoas entusiasmadas. Esperava, esperava, mas ninguém se entusiasmava. Então eu começava a perguntar, a importunar a todos até que, no fim das contas, alguém era sincero: "veja, hoje você fez tudo nos clichês mais vulgares de ator". Percebam até onde são corrosivos os clichês... Até mesmo uma pessoa que passou muitos anos em cena tem dificuldade de reconhecê-los em si. Por que você fica tanto tempo parada, pensando? Veja que a coisa é muito mais simples, e você fica aí pensando, como uma sábia. Precisa pensar tanto assim para chamar o porteiro? Não tem pensamento racional aqui. Está na hora de colocar a intuição em suas ações. Percebe que se precisar pensar tanto para levantar a perna e decidir se vai para a direita ou para a esquerda... Se precisar pensar tanto quando precisa ir a algum lugar, vai acabar se confundindo tanto que acabará tropeçando e quebrando uma das pernas. Mesmo que você precise descobrir onde está agora o porteiro que precisa chamar, o fará já se levantando, em movimento, sem qualquer tensão.

(*K.S. consegue que Rubstova busque de verdade, sem "a maisinhos".*)

K.S.: Ao procurar uma pessoa você cria uma imagem mental de onde ela pode estar, mas para começar a se comunicar, deve primeiro atrair sua atenção. Não se pode imaginar de antemão o que ela está fazendo e como está. É preciso partir do objeto vivo. Uma mentira pode ajudar a encontrar a verdade, mas não há verdade na mentira. Vá até à verdade. Você pode fazer a mesma coisa umas vinte, trinta vezes, para fixar essa verdade, mas não faça a verdade com uma mentirinha, porque nesses casos essas repetições não ajudarão. Você precisa apenas imaginar o que faria para encontrar Julieta. Pronto, você a viu; conexão dos olhos, primeiro momento de verdade, entendeu como está, mais um momento de verdade, e assim por diante. Componha três momentos de verdade e já será arte. Ao contrário, a composição de três momentos de mentira já será artifício. Você chega numa estação central, por onde passam muitas ferrovias. Uma leva à Crimeia, outra a Moscou. Basta que erre alguns passos e você vai para o lado contrário de onde queria. Aqui também. Você pode cair simplesmente, cair inteira no artifício, de maneira que nem perceba, ou pode pacientemente chegar à arte. Pois eu peço que aja de forma simples e sincera, não porque você procura Julieta, mas porque hoje, realmente, é preciso encontrar a Kátia Zakhóda.

(*Orlova procura.*)

K.S.: Teria sido muito bom, mas teve um "a maisinho". (*Aos alunos.*) O que teve a mais?

ALUNOS: Muita gesticulação, anda sem sentido, e ela inclinou-se para a frente de forma não natural.

K.S.: (*a Orlova*) Você concorda com isso?

ORLOVA: Sim.

(*K.S. faz com que Orlova faça mais uma vez e chama a atenção para que ela tente corrigir suas insuficiências.*)

K.S.: Foi bom agora ter corrigido a andada, mas você trocou a tarefa: já não se importava em procurar Julieta, mas em corrigir o andar. Imagine que no momento mais trágico de seu papel, você fique se preocupando com a maneira como anda, em como estão sua cabeça, braços etc. Uma vez, num ensaio, uma atriz que tinha de cortar alguém em cena estava preocupada em como segurar a faca, como posicionar o corpo etc. No final das contas, a atenção dela estava tão concentrada nisso, que ela esqueceu que tinha de cortar alguém. Lembrem-se que vocês devem corrigir todas as insuficiências de seus aparatos físicos nestes dois anos que ainda têm de trabalho no Estúdio. Vocês não deverão pensar mais nos braços, nem em como andam. Que clássicos vocês conseguirão fazer, se tiverem o aparato físico insuficientemente treinado? Devemos conseguir que sua Julieta não seja uma *matrióchka*[100]. Se for assim, a sua linha interior pode ser maravilhosa, mas você não poderá levá-la para a cena. Se isso acontecer, vai ser um peso tão grande a recair sobre você que dificilmente o suportará.

ROZANOVA: Mas é difícil fazer isso sem as palavras.

K.S.: Não precisam de palavras agora. Claro, é entendível que você queira palavras. Vocês vieram aqui ser atores e devemos pensar em como satisfazer esse desejo perfeitamente normal. Mas não façam de si atores. Vocês precisam ainda exercitar-se e exercitar-se, nestes anos. Como estamos com a década da dicção? Se deixarem isso passar agora, nunca mais terão tempo para voltar a isso. Vocês não terão mais tempo de trabalhar sobre si mesmos. Lidem com isso de forma consciente. O que os atrapalha, agora?

(*Zavádskaia explica a preguiça da turma.*)

K.S.: Então. Por isso mesmo vocês devem se apoiar ainda mais, se vocês têm essa insuficiência tão grande, que é a preguiça. Já passou da metade do curso.

(*Novítskaia continua a aula.*)

---

100 *Matrióchka* é o nome de um tipo de boneca tradicional russa, que contém outras bonecas iguais, em tamanho reduzido, dentro de si.

k.s.: Você sente que há algo que você não sabe, você olha para ela e quer saber algo dela. Por que você não olha para os seus colegas aqui sentados? Pode ser que eles saibam. Imagine que eu chamei vocês aqui para dar-lhes uma bronca. Em primeiro lugar, é diferente eu falar com cada um olho no olho ou dar uma bronca coletiva, em todos. E, se você não souber qual a questão, pode ser que alguém saiba. Peguem sempre o hoje, e o aqui, enquanto seu trabalho estiver no estágio do processo orgânico. Se não incluir as pessoas que estão aqui sentadas em cena com você, será como carne podre no corpo.

(*Zakhóda dirige-se aos outros alunos, perguntando se não sabem por que foi chamada.*)

k.s.: Isso já é mentira. Você não perguntaria, na presença de sua mãe e da ama. A única coisa que você pode fazer é orientar-se pela expressão dos olhos deles, se sabem ou não. Será que não dá para entender pelo olhar deles? Vê que o organismo humano é uma coisa muito sutil. Não permitam a mentira no processo orgânico. Duas mentiras já são uma grande mentira.

(*Rubtsova e Orlova narram.*)

k.s. (*a Novítskaia*): Não é bom ela dizer que "vai para lá" e continuar sentada no mesmo lugar. Isso, mais uma vez, cria um outro mundo. Que elas saiam de cena mesmo.

(*Rubtsova começa a narrar, dando alguma ênfase estranha na entonação. Todos os alunos riem.*)

k.s.: Esse riso não pode ser permitido de maneira nenhuma. Não há nada de engraçado aqui. Há pessoas que fazem chacota de si mesmos por livre e espontânea vontade. Essas pessoas, se ridicularizando, causam o riso ao entrar em cena, não importa o que digam. Não devemos permitir esse fenômeno aqui.

NOVÍTSKAIA: Ela não está se ridicularizando, é uma caraterística natural dela.

K.S.: O ator deve ser como uma folha de papel em branco, na qual se pode desenhar qualquer imagem. É proibido que o ator tenha sua caracterização natural tão vívida que apareça a cada papel. Uma caracterização especialmente vívida deve ser neutralizada.

RUBTSOVA: O que fazer? Aqui tenho um trecho cheio de memórias [emocionais], mas não posso falar o texto.

K.S.: Você não precisa do texto. A fábula já foi contada, você pode falar o que pensa sobre o tema. Se verifica esse pensamento em si mesma, através de suas memórias emocionais, então fale-os. Mas se você nunca experienciou coisa semelhante, como vai se lembrar?

RUBTSOVA: Eu nunca amamentei na vida, nem fui ama.

K.S.: Mas se você tivesse filhos, os teria amamentado. Você pode delinear as [ações] físicas que faria, de maneira aproximada. Você pode me dar o tanto quanto tiver nas suas memórias visual e emocional. Falando de uma obra clássica, nela há tudo o que você experienciou, porque ali tudo é retirado da vida. Perceba que tudo o que Hamlet diz você também diz algumas vezes na vida, mas com suas próprias palavras. Todas as emoções que há ali lhes são conhecidas e, por isso, podemos encontrar em nosso arquivo memórias emocionais para qualquer coisa. Não tão fortes, claro, mas próprias, nossas. Não falem muito detalhadamente, senão entrarão no [terreno do] subconsciente. Hoje, ela está assim, então fale com ela assim. Se você fixar isso e falar com ela amanhã da mesma forma como hoje, cairá no clichê. E há uma quantidade enorme de clichês, e dos mais variados. Mas eu estou tirando vocês de seu sentir-a-si-mesmo de ator e trazendo-os para a vida humana. Um cientista estadunidense listou cerca de oitenta estados de humor fundamentais. Imaginem vocês a quantidade de combinações! Basta para toda uma vida! Se desde a criação do mundo não foram ainda gastas todas as combinações que podem ser feitas com apenas sete notas musicais...

Estenogramas

ROZANOVA: Como fazer com o fantasma?[101] Eu não consigo imaginar um fantasma. Um fantasma tem que ser terrível, pavoroso.

K.S.: Não posso dizer nada sobre isso. Você está me perguntando algo que diz respeito à sua própria vida subconsciente, e eu não posso ajudar com ela. A única coisa que você pode fazer é não entrar nesse campo [da vida subconsciente]. Só você pode chacoalhar, fazer cócegas, excitar, balançar esse campo, mas ninguém além de você pode entrar nele.

(K.S. esclarece que Rozanova vê, às vezes, em sua imaginação, a si mesma agindo. K.S. dá o exemplo de Cocquelin, fazendo o Tartufo.)

K.S.: Tente, no momento da criação, ver apenas o seu objeto e concentrar toda a sua atenção apenas sobre ele. Vocês ainda não têm definida a supertarefa da peça toda, mas têm a pequena supertarefa do pedaço. Realizando suas tarefas vocês passam de etapa em etapa por meio da ação transversal.

RUBTSOVA: Eu nunca estive em Verona, mas imaginei para mim uma cidade que eu nunca vi, mas penso que é Verona.

K.S.: Você poderia até viver mentalmente nessa cidade, se acreditar nela. Se a conhecer em detalhe: todas as casas, ruas, seu quarto, a venda onde faz compras, a igreja que frequenta. Dê vida a essa cidade e crie, para si, pessoas conhecidas. Não estranhe se, em uma das ruas de Verona aparecer uma mansão da Pretchístenka, ou a igreja na Nikístakaia[102], e se uma de suas conhecidas em Verona for uma vizinha de sua vida real.

ORLOVA: Mas eu não consigo imaginar, no lugar de Páris, um dos meus colegas. Nenhum dos alunos serve, penso.

K.S.: Por acaso, você pode imaginar que vai se casar com alguém que vista calças justas e ande por aí com uma espada dependurada?

---

101 Irina Rozanova fazia o papel de Hamlet, que Valentina Viakhíreva dirigia no Estúdio sob a condução de Stanislávski. Alguns estenogramas do trabalho sobre *Hamlet* foram traduzidos para o português em N. D'Agostini, *Stanislavski e o Método de Análise Ativa*.

102 Pretchístenka e Nikítskaia são ruas históricas no centro de Moscou.

Pouco importa o papel que jogam a nacionalidade e os figurinos, o que importa é que você acredite nisso.

ORLOVA: É muito difícil quando não nos dão a peça, mas apenas excertos curtos dela. E é difícil imaginar Romeu e Julieta em outro lugar que não um castelo.

K.S.: E para que você precisa imaginar aqui um castelo? Junte o abstrato com o real e imagine que tudo isso está aqui, nesse quarto. Um castelo medieval não combina com Tchékhov, mas se precisasse, o faríamos. Se pegamos a correta natureza das emoções, podemos fazê-las em qualquer situação, em qualquer cenário. Romeu e Julieta amam da mesma forma como nós amamos, e se vocês vivem uma certa emoção que pode ser experienciada apenas em um lugar, então não se trata de uma emoção real, mas de uma representada.

ORLOVA: Quanto mais eu levo em conta as circunstâncias propostas da peça, mas difícil para mim é lidar com esse quarto e com essas pessoas. Eu não falaria sobre o casamento dela na frente dessa quantidade de pessoas.

K.S.: Pode ser que a cena não tenha nada disso, mas imagine que você esteja falando sobre isso na igreja. Lá há uma quantidade parecida de pessoas, mas lá você se adaptaria, falaria mais baixo ou a levaria para o canto. Em cena, você deve viver em quaisquer situações e cenários. O que você está me dizendo agora sobre esses castelos... Você criou uma fantasia, viu a si mesma nessas circunstâncias propostas e agora fica copiando a si mesma. Isso não é arte.

ORLOVA: De acordo com as minhas circunstâncias, eu necessito que precisamente este quarto, com estas pessoas aqui, seja o quarto de Julieta. Eu ainda posso imaginar que são os convidados do baile, não Zavádskaia, minha colega, mas uma dama de Verona, e o mesmo para os outros. E você quer que eles sejam meus colegas de curso?

K.S.: Isso mesmo.

MIRSKOVA: Eu trabalho com Zinkóvski, não posso me esquecer nunca de que é Zinkóvski, e de que eu sou eu nas circunstâncias propostas.

Estenogramas

ZAVÁDSKAIA: Enquanto eu discuto as inter-relações com o parceiro, enquanto eu discuto as circunstâncias propostas e estabeleço o momento de comunicação, nessa hora preciso estar aqui. Mas chega uma hora em que preciso ir até a janela: que vazio, que neve etc., mas eu vejo diante de mim o supermercado da esquina e as portas que dão na rua Tverskaia[103].

K.S.: Você estará alucinando, se estiver vendo outra coisa. Você vive agora de uma certa emoção e deixe que, diante de si, esteja o supermercado. Para todos esses casos há o "se". Não alucinar, mas colocar "o que eu faria se" estivesse em tal clima, ou se fosse noite.

(*Mischenko dá o mesmo exemplo com* O Jardim das Cerejeiras, *diz que "Quando eu olho para essa janela, eu vejo o jardim das cerejeiras."*)

K.S.: Se é isso o que você realmente vê, então, por favor. Mas eu posso, por um pequeno galho que seja, imaginar todo o jardim das cerejeiras. No final das contas, para o seu sentir-a-si-mesmo interno não importa nem um pouco se é um supermercado ou não. Eu peço apenas uma coisa: não criem para si convenção nenhuma, todos esses "ses" de muitas etapas os puxam necessariamente para a *mise-en-scène*. Eu estou permitindo o "se" para vocês como uma concessão temporária. "Se não fosse o supermercado, mas o jardim das cerejeiras", e estou tentando tirar vocês do clichê. Me surpreende apenas uma coisa: nós lhes falamos da essência, e vocês teimam nos detalhes exteriores. Percebam: não há possibilidade alguma de fixar as emoções, mas sim de fixar as ações físicas. Nas ações há uma lógica e coerência rigorosas, e por isso eu levo vocês através dos pensamentos corretos e das ações físicas. Mas, para isso, para que não sejam as ações físicas pelas ações físicas, preciso conduzi-los pela linha orgânica da comunicação. Preciso que vocês transmitam para o parceiro suas visões e, quando o fizerem, então as ações físicas, as visões e a atenção de vocês acontecerão para ele, e isso é o mais importante.

---

103 A rua Tverskaia é a rua central de Moscou, perto da travessa Leóntievski, onde Stanislávski morava e mantinha o Estúdio de Ópera e Arte Dramática.

(*Os alunos fazem exercícios com música.*)

K.S.: Eis um dos momentos de seu *toilette* diário, liberar os músculos sob música. Toda a atenção na música. No *toilette*, devem entrar todos os exercícios que vocês fizeram no primeiro ano. Nunca entrem para fazer arte pela linha do mínimo esforço. Peguem grandes tarefas, pois elas os movem mais e forçam mais suas fantasias a trabalharem.

Conversa Com os Formandos da Faculdade de Direção do Gitis, Depois da Apresentação dos Atos I e II de As Três Irmãs[104]

K.S.: O que interessa para vocês?

ALUNO: Nos interessam suas últimas investigações no campo das ações físicas. Elas chegam até nós, às vezes, de um jeito um pouco deformado. Queríamos entendê-las da forma correta. Seria o que vimos hoje uma boa ilustração das buscas nesse campo? Gostaria de ouvir de você.

K.S.: Imagine que eu fale para um de meus atores: por favor, faça esse determinado pedaço do papel, hoje, da mesma maneira como o fez há três dias no ensaio, e essa outra parte aqui, da forma como o fez no ensaio da semana passada. Será que esse ator conseguirá cumprir uma exigência assim? Poderia ele fixar em sua alma uma partitura de ator desse modo? Claro que não, porque é impossível fixar as emoções.

Onde, então, buscar as jogadas internas que precisam ser fixadas? Como estabelecer de uma vez por todas a partitura do papel? Que

104 KS 21178.

fio deve ser tecido, por qual linha devemos seguir? O que é mais fácil de ser fixado?

ALUNO: Ir pela linha da verdade.

K.S.: Se você estiver sentindo a verdade, siga por essa linha, não sou contra.

SEGUNDO ESTUDANTE: Mas é possível seguir pelas ações físicas?

K.S.: Sim. É possível dar ordens e dominar a musculatura. Se tivéssemos que escolher com o que é mais fácil despertar e fixar as emoções, a primeira coisa a que chegaríamos é a ação. Em geral, nossa arte é a arte da ação. A palavra "ato" vem do latim *actus*, que significa "ação"; a palavra "drama" – de origem grega – também significa ação. Por fim, falamos primeiro *ato*, segundo *ato*, personagem *dramática*. Tudo isso mostra que a arte dramática é a arte da ação.

Enquanto se age em cena é muito interessante. Assim que se para de agir, torna-se entediante. Imaginem que entram em cena duas pessoas desconhecidas, sentam-se em diferentes cantos do palco e ficam lá, sentados. Isso é interessante? Apenas no momento em que algo acontecer, quando precisarem perguntar, fazer algo, quando tiverem de começar a conversar – é apenas nesse momento que a ação começa e desperta o nosso interesse com o que acontece em cena. Ou seja, *nossa arte é a arte da ação*.

É assim que começamos do que nos é mais acessível – a ação. Imaginem que vocês agem lógica e verdadeiramente durante todo o papel, que verificam todo o papel pela linha física, que executam todas as ações de modo magistral, exatamente como na vida. Cria-se a vida do corpo humano do papel, e vejam que isso já é metade da vida do papel. Parece brincadeira, mas é a metade de nossa existência!

Mas seria então possível executar a ação pela ação, fazer uma ação, outra, uma terceira sem justificá-las e sem preenchê-las com a sua emoção? Não. Será entediante e desagradável. Vocês sentirão imediatamente a necessidade de agir em função de algo, vão querer justificar suas ações. Onde é que vocês buscam, então, a justificativa de suas ações? Claro que em suas lembranças, emoções, circunstâncias de vida análogas às da vida do papel. Vocês então começarão a colocar, sob a ação de seu papel, as suas lembranças pessoais, tiradas da vida. Então essas ações se tornarão vivas. Se não fizerem isso, será tudo formal. É daí que vem a canastrice formal em lugar da experiência do vivo, ou apenas o formalismo.

Quando vocês criam uma linha de ações físicas bem justificadas e experienciadas internamente esse perigo não existe. Então paralelamente à linha das ações físicas começa a tecer-se a linha interna de suas emoções, que justificam essas ações. Será a linha interna de certos impulsos à ação. Vocês então passam da ação à emoção. Depois, tentem, quanto possível, exercitar essa linha. As ações físicas são válvulas para, no final das contas, agir sobre a emoção, causar a emoção correspondente àquela ação.

Se eu perguntasse a vocês: como se sentiriam mediante tais e tais circunstâncias? Poderiam me responder a essa pergunta? Poderiam definir suas emoções, seus estados?

Difícil. Não se pode tocar as emoções. Mas a pergunta: o que vocês fariam, como agir em tais e tais circunstâncias – isso vocês conseguiriam me responder.

Assim que vocês se colocarem nas circunstâncias propostas do papel aparecem os impulsos internos à ação e vocês já começam a excitar suas emoções. Ou seja, é preciso começar da ação, mas não pela própria ação, mas para excitar a emoção.

Não é só por isso que as ações são necessárias, mas também por outra coisa. Nos interessa não a ação em si, mas a lógica dessas ações. Se vocês agirem logicamente então a linha dos impulsos internos também será lógica. Se a vida de seu corpo humano for lógica, então a vida de seu espírito humano também será lógica. Com a ajuda das ações físicas simples, vocês podem conseguir a lógica das emoções do papel, ou seja, atuar o papel tanto interna quanto externamente.

Como conseguir a lógica das emoções por uma via científica? Não sei. Não sei mesmo se é possível fazer tal coisa e qual a ciência necessária para começar a abordar isso… Não sei. Mas por meio das ações físicas, chegamos a ela. Cria-se, dessa maneira, toda uma linha da lógica das emoções. A lógica, como os degraus de uma escada,

Estenogramas

os conduz ao objetivo que lhes está colocado: à supertarefa, ou seja, ao objetivo último, final de seu jogo.

Assim, vocês precisam da ação, antes de mais nada, porque ela desperta as suas lembranças emocionais e conduz à supertarefa. Não precisamos da ação por si mesma, mas para extrair dela a lógica das emoções do papel. Isso é o fundamental para nós.

Nós buscamos um caminho lógico de abordar o papel. Então não haverá o que fazem certos atores: pegam seu exemplar da peça, sentam-se e começam a ler até desmaiar, e depois começa a canastrice. (*Konstantin Serguêevitch mostra.*) Ficam tentando vivificar-se no papel com o texto. De onde vem isso? Do desamparo. De não conhecer um caminho consciente que leva à criação. O que significa sentir? Sente-se e sinta. Vejam que às vezes vemos diretores que se sentam com um bastão e gritam aos atores: "Sintam mais, por que não estão sentindo?" Ou, assim: "Mais forte, mais forte...". Não sejam diretores assim.

É preciso dar certos caminhos ao ator. Um dos caminhos é o caminho da ação. Há outro caminho: podem ir da emoção à ação, agindo antes sobre a emoção. Sentem-se à mesa, estudem, combinem e quando forem à cena, então deverão sentir isso, aquilo, e outro. Fiquem um mês dessa forma, sentados à mesa, trabalhem sobre o papel e quando a cabeça estiver estourando de ideias, então, pode ser que comecem a atuar. Isso não significa, é claro, que não haja momentos na carreira de um ator – como aconteceu comigo em um certo papel, quando saí do ensaio com Moskvín e estávamos já no papel. Eu saí andando como a personagem que faria e ele, com a andada da sua. Por alguma razão esse papel entrou na alma de uma vez – tudo era entendível logo de cara. Mas isso é apenas um acaso, e não se pode construir uma regra sobre isso.

Aquilo sobre o que trabalhamos agora será entendido com a condição de que a pessoa esteja preparada naquilo que chamamos de "sistema". É possível começar a sentir a verdade através da lógica das ações. E onde há verdade, há fé. Aqui entra ainda uma outra coisa importante, que chamamos de "aqui, hoje, agora". Vamos supor que eu esteja trabalhando sobre o papel de Hamlet. Por onde começar? É possível estudar, como fazíamos antes, época e os gostos da Idade Média, desenhar em nossas imaginações o velho e sombrio castelo de Elsinor, em suas galerias de pedra com intermináveis correntes de vento, e imaginar, nelas, enrolado numa capa, um pálido e esfarrapado príncipe vagarosamente caminhando pelos corredores...

Pode um quadro assim nos mover? Provavelmente, pode. Mas nós preferimos seguir um outro caminho. Eu, tendo recebido o papel, começo de que Hamlet sou eu (e não o príncipe errando pelas galerias de pedra). Quando tudo acontece? Agora (e não na Idade Média). Onde? Aqui, não em Elsinor, mais precisamente aqui, nesta sala, em Moscou. Não *num certo tempo, num certo lugar e alguém*, mas *eu, aqui, agora*. E "se" eu estivesse agora nas circunstâncias propostas dadas da peça, o que eu faria?

O "se" é uma palavra grandiosa. Os alunos deram-lhe o epíteto de "mágico". Dele é que começa qualquer criação.

Vejam que estamos aqui sentados, conversando. Derrubem uma das paredes e coloquem ali umas mil pessoas. Isso será arte? Criação? Ainda não. Mas imaginem que não estamos em Moscou, mas na Espanha. E nós conduzimos um ensaio conversando. Isso já é criação. Pois então se vocês estivessem na Espanha e eu perguntasse para vocês: para onde irão, saindo daqui (supondo que estão em Barcelona, por exemplo)? – "Eu vou para a praia". Começa a trabalhar a fantasia, e seguindo ela os outros elementos interiores. Isso já é criação. Vocês devem criar a vida em cena.

Aqui, hoje, agora. Não é o mesmo que ontem, no espetáculo de ontem. A maneira como se sentem hoje não é a maneira como se sentiram há três dias. *Nunca tentem atuar hoje da mesma maneira como atuaram ontem*, não tentem repetir a si mesmos. Que seja pior, mas será o melhor que tem para hoje. Hoje, vocês não conseguirão fazer como foi ontem, caso contrário, estarão apenas copiando. Então não será mais criação artística.

A linha das ações físicas, a linha da lógica interna das emoções cria para vocês, em cena, o estado que chamamos de "eu sou". Isso significa – "eu realmente existo aqui", eu realmente tenho o direito de estar aqui, de agir, eu estou não sob um tablado, mas nessa vida cênica. Quando vocês entrarem nesse estado, então encontrarão as nuances mais refinadas do papel, que não podemos dominar conscientemente. Isso é a criação subconsciente, quando vocês mesmos não sabem por que fizeram certa coisa. A criação subconsciente é nosso objetivo. Não dá par fazer melhor do que a própria natureza.

Por isso, quando a própria natureza entra na criação, e atrás dela o subconsciente – é isso que tentamos conseguir com todos os nossos meios.

O que mais os interessa?

ALUNO: Permita que, em nome dos estudantes do quinto ano do Instituto, nós agradeçamos por esse dia inesquecível que passamos junto com o senhor e com o seu maravilhoso estúdio.

K.S.: Gostaram de *As Três Irmãs*?

ALUNO: Muito.

K.S.: Isso é a preparação, o aquecimento. Aquecemos o espetáculo para que fosse possível não apenas fazê-lo, mas criar a vida em cena. Se agora começássemos a dar as *mises-en-scène* para os atores, e mesmo que fossem muito experientes etc., então tudo o que foi feito seria apagado em um minuto e começaria a canastrice. O que eles fazem agora vem de dentro. É preciso temer mais que tudo a canastrices e os truquezinhos. Nós preferimos ensaiar entre quatro paredes e quando começa o espetáculo, o ator não sabe qual das quatro paredes se abrirá para o público. Então os atores sempre buscarão a verdade na própria cena e durante o espetáculo. Vamos supor que vocês tenham ensaiado de forma que aqui há uma parede e da próxima vez é onde o público estará. Quando usamos as *mises--en-scène* mais de uma vez, é preciso mudar algo, para não deixar que os atores se acostumem com lugares definidos. Não podemos seguir a linha da *mise-en-scène* interior de forma que o ator fale *aqui*, bata *aqui*, ande da porta até a janela etc. Essa linha é sempre perigosa.

Assim a ação assenta-se sobre os músculos do corpo, assim como a palavra assenta-se sobre os músculos da língua. Agora trabalhamos com a ação física. Ainda estamos preparando a ação verbal, porque a ação verbal é muito difícil. É muito difícil para um ator em cena começar a agir com a palavra. Todas as tarefas que agora são executadas com ações físicas é preciso saber executá-las apenas com palavras.

Por isso, no próximo período de trabalho, precisaremos sentar os alunos nas cadeiras e atuar da mesma forma a peça toda, mas só com palavras. É preciso saber traduzir toda a linha de impulsos internos que foi trabalhada na ação verbal. Quando isso for feito, então já será possível moldar o espetáculo. O diretor deve, ao dar as circunstâncias propostas, conduzir o ator paulatinamente àquilo que é necessário para o seu papel.

KÉDROV: Nós mostramos para vocês o material, o "tecido", do qual, a partir de agora, faremos um "paletó", um "terno".

ALUNO: Nos impressionou muito ser tudo na essência da vida.

K.S.: Ainda não temos os militares em cena. Se tentarmos transformá-los em militares agora, é apenas sobre isso que pensarão: o figurino, a postura e as esporas. Então as figuras cênicas ainda estarão por fazer. Ainda não temos quaisquer figuras. Mas se começarmos a fazer as figuras agora, então os atores pensarão mais nas figuras, e a linha interior, tão frágil, desaparecerá.

Será que esse método é útil para quando vocês forem trabalhar no interior [do país]? Sim. Mas com uma condição: cada ator deve ser um mestre desse método. Geralmente nos falta a capacidade de observação, não observamos as nossas ações, não conhecemos a natureza de nossas ações. Se vocês conhecerem a natureza de suas ações, irão dominá-las.

Vejam que eu já terminei minha carreira de ator e diretor, mesmo assim eu trabalho as ações sem objetos todos os dias. Essas ações sem objetos são a mesma coisa do que o solfejo para o cantor, os exercícios para o violinista. As ações sem objetos são exercícios para o ator dramático, aquilo sobre o que construímos todo o método. Se me derem um ator que consegue realizar maravilhosamente bem ações físicas, eu direi a ele: atue o papel através das ações físicas. E se ele

Estenogramas

293

puder atravessar toda a sua linha por meio das ações físicas, então isso já será muito. Se ainda por cima o ator souber justificar a linha de ação, significa que já estará pronta a lógica da emoção do papel. Como é possível conseguir a lógica das emoções de outra forma? Há atores que fazem um papel por meses, anos, e não têm a lógica das emoções. Tem vezes que um ator já trabalha há trinta anos e não conhece a lógica das emoções.

Se vocês forem trabalhar do nosso modo com pessoas que não conhecem o sistema como um todo, não conhecem os exercícios de ações físicas, então nada funcionará. Deixem que, antes, os atores se exercitem com as ações sem objetos. Nós prestamos muita atenção nessas ações físicas. Antes, nós separávamos o papel em pedaços. Recebiam o papel e dividiam: aqui é um pedaço, marquem; aqui, outro. O que é isso? É uma análise que vem da cabeça, com muito pouco coração. Mas quando eu lhes digo: "o que vocês fariam nessas circunstâncias", então vocês imediatamente começam a análise do papel a partir de seus impulsos internos. A divisão em pedaços é um enorme trabalho do cérebro. Para causar a ação rapidamente na natureza criativa orgânica do ator, foi que passamos à ação.

Conversa Com os Pedagogos Sobre o Método de Trabalho do Estúdio (22 de Maio de 1938)[105]

(*O começo da exposição não foi estenografado...*)
K.S.: Eu tive então a oportunidade de ter uma conversa muito interessante com alguns atores de Leningrado, com Kortcháguina-

---

105 KS 21179.

-Aleksandróvskaia[106], e outros, e todos me disseram que sabe lá deus o que se tem feito, pois nada tem uma base sólida e que alguém precisa ser responsável por criar essa base para as coisas, agora. Talvez o livro faça algo nesse sentido, cumpra seu papel, para começar – para ter-se de onde partir. Logo sairá o livro, já me pediram uma reunião urgente com a redação da editora[107]. Talvez dê uma direcionada nas mentes, nesse sentido. Se nada der certo, não vai sobrar mais nada mesmo.

O que estou lhes dizendo é que o Estúdio [de Ópera e Arte Dramática] tem um papel gigantesco nisso tudo. Não se trata apenas de um Estúdio, de uma instituição qualquer, uma instituição de ensino... É uma verdadeira oficina que nos diz que é preciso inventar algo para que, se nos perdermos, tenhamos um caminho definido. Perguntem a qualquer um agora... Lá está o Teatro de Arte. Como ele tem sido dirigido? Quem pode dizer algo, sobre isso? Por que fizeram essa escolha, por que montam agora *Dostigáev*?[108] Qual é a tendência artística de fundo aqui? Percebam que não se pode aprender nada com *Dostigáev*. Para fazer essa peça são necessários bons atores, que tenham uma técnica gigantesca, para fazer essa bobagem – não no sentido do conteúdo interno, mas bobagem no sentido de tratar-se apenas de um amontoado de cenas. Mas para fazer desse amontoado de material alguma obra de arte, são necessários mestres de uma técnica enorme, e vejam que atuam lá apenas atores jovens. Para onde isso pode levar a peça? Ou seja: ninguém entende o que faz.

Pedagogicamente, como foram os exames dos alunos? O que eles mostraram?Algo sério no que diz respeito à pedagogia?

---

106 Ekaterina Kortcháguina-Aleksandróvskaia (1874–1951), atriz russa e soviética de São Petersburgo. Trabalhou no teatro de Vera Komissarjévskaia e depois, no Aleksandrínski (Teatro Púchkin, entre 1919 e 1991).

107 *O Trabalho do Ator Sobre Si Mesmo* seria publicado pela primeira vez em setembro daquele ano, um mês depois da morte de Stanislávski. Ver I. Vinográdskaia, *Stanislávski: Létopis*, p. 455.

108 *Dostigáev i Drugie* (Dostigáev e os Outros) é uma peça de Maksim Górki escrita em 1932 sobre a Revolução de 1917.

Estenogramas

ASSISTENTE[109]: Muito do que apresentaram foi bom. Pelo menos daquilo que já sabem fazer, muito do que apresentaram foi bom.

K.S.: Ou seja, da preparação do ator.

Entre as coisas apresentadas tinha coisas bem ruins, outras menos ruins e coisas boas. Mas mesmo assim... É impossível que tudo seja bom, logo de uma vez. Precisamos de um certo tempo de adaptação.

K.S.: Há certas leis da natureza orgânica...

– Mas como dominar essa técnica?

K.S.: Agora tudo já está perdido... A técnica, e todo o resto. Eu já não vejo mais fundamento nenhum.

Comecem diretamente pela crítica do método que eu proponho. Eu não o considero ideal, sem erros. Trata-se, certamente, de uma das etapas da busca... E o que esse método mostrou na prática? O que foi bom e o que foi ruim? O que pode estar errado ou ser difícil, nele? Essa questão foi esclarecida ou não? Talvez no próprio método haja certos erros? Se formos desenvolver esse método, é possível que estejamos apenas aprofundando esses erros?

Por exemplo: eu vejo que não fizemos nada com a palavra. A ação física é uma coisa, a ação verbal, outra. Nesse campo, não fizemos nada, e devo admitir que não possuímos conhecimentos definidos [nesse tereno]. Mas, ao mesmo tempo, vejo quão importante e ativa deve ser a palavra, aqui. Tenho muito claro para mim, assim, que essa parte ainda não foi desenvolvida. É preciso trabalhar sobre ela. Nós sequer sabemos entregar a eles o texto, quando decorar o papel...

ASSISTENTE[110]: O mais difícil já passou. O mais difícil era que, no final das contas, ninguém mais trabalhava com esse método além de nós, e os métodos de sua materialização prática tiveram de ser encontrados durante o próprio trabalho, e aqui, bem... Tivemos que fazer uma certa propaganda e conduzir uma certa luta contra o elenco do

---

109 Neste estenograma, salvo raras exceções, são nomeados os interlocutores de Stanislávski. Algumas versões posteriores, também no arquivo, trazem a correção de Kristi, que aponta alguns nomes, especialmente Kédrov. Como as verificações são muito tardias, resolvemos manter o originale indicar nas notas as correções de Kristi.

110 Aqui, por exemplo, Kristi anota que a fala é de Kédrov.

Estúdio, porque para eles há alguns modelos que podiam ser vistos nos teatros, modelos que eles mesmos consideravam perfeitos.

Enquanto isso, o que queríamos fazer era algo que não trazia um resultado convincente de maneira imediata. Era possível mostrar algo convincente, mas mesmo assim nem sempre. Ao final, conseguimos fazer com que parte do Estúdio seguisse esse caminho, e penso que tivemos sucesso porque na arte não é tão importante o que eu quero fazer, mas aquilo que me impede de fazê-lo corretamente. Vemos como num grupo de pessoas há uma erva daninha, pronta para crescer – trata-se da linha dos clichês, da linha da representação – e é preciso ceifar essas plantas prejudiciais, coisa que é muito difícil, é claro.

K.S.: Não houve progresso no Estúdio, nos últimos tempos?

KÉDROV: Acredito que houve, sim. Houve progresso pelo menos no fato de que [os alunos] começaram a entender o que queremos deles, e o que devem fazer para consegui-lo. Durante um tempo diziam que entendiam, mas vimos que, de fato, o que entendiam era outra coisa... diferente do que precisávamos que entendessem.

K.S.: Como explicar que gente inexperiente: jovens, meninos e meninas – tanto em *As Três Irmãs*, como em *Os Filhos de Vaniúchin*, onde não há nem *mises-en-scène* nem nada – sem a ajuda de diretores, onde os atores estão à mostra o tempo todo – e isso é o valioso nesse espetáculo – como explicar que, de repente chegam pessoas de fora, do Gitis e ficam extasiados com o que veem?[111] Não entendo. Entendo que talvez gostem da peça *Os Filhos de Vaniúchin*, mas por que gostariam de *As Três Irmãs*? Ou seja, entenderam...

ASSISTENTE[112]: A fidelidade da linha orgânica, o ator vivo em cena – que não destrói a vida viva em sua criação – que, ainda que não construa a figura necessária, não crie as circunstâncias propostas necessárias... O simples, mas o fato de que está vivo age de maneira muito forte. Claro, sempre haverá algo de errado, algo que não estará

---

111 Stanislávski refere-se à apresentação de 15 de maio do 1938.
112 Para Kristi: Kédrov.

vivo. Creio que entenderam que os próprios atores mantiveram-se vivos, na tentativa de criar algo que era arte, sim. Eu acredito assim, eles realmente escutaram e olharam para nossa alma.

Se duas pessoas sentam-se em cena nessa posição, mesmo que não seja com toda a profundidade da posição cênica necessária... isso já contagia. De certa forma, a linha dos clichês ficou em segundo plano em relação à linha das ações e, se alguém tentou alguma canastrice com algum clichê, mesmo assim estava amarrado pela ação. Em nenhum teatro se faz isso, de trocar a configuração da *mise-en-scène* logo antes da apresentação[113]. Seria um pânico generalizado. Nós fizemos isso pela primeira vez ano passado numa apresentação, quando eles criaram *mises-en-scène* completamente diferentes. Aqui também houve uma mudança. Ou seja, para eles isso não é tão importante, e em sua criação não existe o momento que chamamos de marcação da *mise-en-scène* etc.

Verdade, eles ainda não conseguem atuar com toda a expressividade da palavra, mas, de certa forma, podem já agir sobre o parceiro.

Claro, ainda não é um espetáculo, são apenas as raízes de um espetáculo futuro, agora é preciso cultivar o espetáculo. Cultivar. A terra foi preparada. É claro que aqui ainda não é tudo ideal, nem todos agem como é preciso, mas mesmo assim... Eu sinto que há movimento no entendimento dos alunos do Estúdio.

K.S.: Eles mesmo ficaram tão impressionados com esse sucesso... "Ah, é isso o que precisamos fazer, agora eu começo a acreditar". Talvez tenham pensado assim?

ASSISTENTE[114]: Eles não acreditavam na expressividade de apenas conversar e olhar de verdade. Pensavam "para que isso"? Mas julgavam que, se agissem teatralmente, ah, isso sim era o necessário. Mas eis que vemos duas pessoas sentadas em cena, comunicando-se através da recepção orgânica e um age sobre o outro de maneira simples, humana. Antes muitos deles acreditavam que precisavam fazer cenas... Perceba que, em essência, penso que é por isso que elogiam.

---

113 Ver o relato de Boris Levinson, supra p. 14-15.
114 Para Kristi trata-se de Kédrov.

Eu continuo interessado no que estão dizendo no Gitis... Lá, parece que continuam a falar sobre a apresentação.

K.S.: Eles entenderam.

KÉDROV: Não entenderam tudo, mas já entendem, digamos... o sentido em que é preciso seguir. Para o sul, e não para o sudeste, ou para o oeste.

K.S.: Na ópera, os atores mais velhos e experientes entendem melhor do que os atores mais jovens e se apropriam das coisas melhor do que eles. De maneira que, aqui também, podemos fazer um paralelo.

ASSISTENTE: Digo por experiência própria é possível conseguir que ajam de forma correta durante um certo tempo, mas, assim que começa a linha... Eles necessariamente a quebram. Isso sobre os atores antigos. Penso que para este ator é pior, porque ele tem seus clichês de atuação formados. Eles não conseguem fazer tudo agora, de imediato. Acaba a peça, e mesmo assim não fazem nada em função da linha correta.

K.S.: Para eles, é muito mais difícil do que para os jovens. Você tentou partir das ações físicas? (*dirigindo-se a Kristi/Gribov*[115])

ASSISTENTE[116]: Quero aprender a fazer isso.

K.S.: Você pegou algo do que viu aqui? Tentou fazer? Ajudou?

ASSISTENTE: Eu tento agir organicamente durante o meu trabalho. Quando eu faço organicamente, enquanto o meu "humano" está aqui e não começo a me mostrar, então sinto uma atração enorme por seguir no caminho certo, com verdade. Quando crio, para mim, aquilo que você chama de "visões", tudo torna-se fácil e livre, e atuo o papel da forma como o autor precisa. Às vezes, no entanto, quando eu paro, quebro, estaciono em algo e começo a buscar coisas que possam me direcionar de volta para o caminho certo. Caminhos...

---

115 Para Kristi/Gribov. Tudo leva a crer que se trata de Aleksêi Gribov (1902–1977), um ator do Teatro de Arte de Moscou, que não fazia parte do grupo de pedagogos do Estúdio. Por isso, logo abaixo, Stanislávski pergunta para ele se conseguiu reensaiar os antigos papéis através da linha das ações físicas.

116 Idem.

Estenogramas

Não digo que sejam, para mim, sempre os mesmos, pode ser que algum caminho não leve para essa estrada, mas ao final eu sempre acabo chegando àquilo que você diz.

K.S.: Essas ações físicas, como agem sobre você? Tentou ir pelo caminho correto nos papéis mais antigos?

ASSISTENTE: Tentei.

K.S.: E o que aconteceu?

ASSISTENTE: Para mim, é muito difícil manter-me nele do início ao fim de um ensaio corrido, e aqui eu sinto que está a maior dificuldade para mim. Em geral, a primeira vez que senti a linha das ações físicas foi na peça [em branco no estenograma], e foi um momento de virada.

K.S.: Isso me lembra o *Tsár Fiódor*[117]. Foi a mesma coisa.

ASSISTENTE[118]: Para mim, houve alguns momentos decisivos durante a apresentação [de *As Três Irmãs*][119]. Eu perguntei para um ator, muito experiente, e ele me disse que teve a impressão de que eu havia acabado de sentir o papel pela primeira vez. De que havíamos acabado de fazer pela primeira vez. Depois eu vim te perguntar e você me disse que é assim mesmo que deve ser, e quando você me mostrou alguns desses momentos, começou a ficar mais fácil, para mim. Eu já conseguia atuar a qualquer momento sem quebrar, porque eu sabia algo desse papel. Tudo o que eu pegava, vinha da linha das ações físicas. Agora, no trabalho com o *Tartufo*[120], já não sei mais fazer diferente. Faço o mesmo nos velhos papéis, também. Quando sigo a ação, então imediatamente a arte viva se descobre e é sentida. Em essência, a primeira vez que tentei fazer isso no sentido da linha

---

117 Stanislávski estreou a peça *Tsar Fiódor Ioannovitch*, de Aleksêi Tolstói, em 1889, na primeira temporada do TAM.

118 Para Kristi: Kédrov.

119 Kédrov era o pedagogo responsável pela montagem, e fazia também, em um dos elencos, o papel de Andrei.

120 No trabalho com *O Tartufo*, de Molière, que Stanislávski realizava em um grupo de estudos paralelo ao Estúdio, Kédrov, além de ser o diretor responsável, fazia o papel do Tartufo. Uma descrição detalhada deste processo está traduzida para o português em V. Toporkov, *Stanislávski Ensaia*.

300

e da abordagem foi no Karênin[121], o quanto era possível. Agora, considero que esse papel, para mim, aprofunda-se cada vez mais. Apenas graças a isso consegui uma certa calma... Não tenho, nesse papel, nenhuma *mise-en-scène* que considere importante demais.

K.S.: E "coisinhas"[122], tem?

ASSISTENTE[123]: Creio que não, também.

K.S.: Então você parou de fazer "coisinhas"? Nos últimos tempos no Teatro de Arte, sei que tinha uma linha de "coisinhas" muito bem definida.

ASSISTENTE[124]: Sou um pouco culpado por isso, admito.

K.S.: Você tinha começado a fixar algo... Parou, agora?

ASSISTENTE[125]: As coisinhas aparecem de repente, sem pensar. Esqueço da linha, e em seu lugar, mais uma vez começo a colocar as "coisinhas".

K.S.: Bem, se ela realmente aparece, então não é uma "coisinha".

ASSISTENTE[126]: Desde o ano passado, eu não trabalho mais com isso. Há um tempo entendi que a questão não está nas coisinhas, mas que às vezes elas aparecem de maneira orgânica, muito simples.

K.S.: Pode até haver mais "coisinhas" do que ação, mas uma vez que há uma ligação com o momento anterior da ação, isso é perdoável. Veja bem: é perdoável, e não louvável.

ASSISTENTE[127]: Se existem as raízes de onde brota a linha...

K.S.: Imaginem que estou aqui com vocês numa conversa séria e que, de repente, algo me faz soltar uma piada. De forma que isso existe na linha também. Às vezes, na vida, as "coisinhas" aparecem e ficam vivas, frescas.

---

121 Ele refere-se ao "filme-espetáculo" *Anna Karênina*, baseado no romance de Tolstói, que Nemiróvitch-Dântchenko dirigira no TAM em 1937. Kédrov fazia o papel de Karênin.

122 "Coisinhas" (*schtutchki*), era uma forma de Stanislávski referir-se aos "truquezinhos de ator", pequenos clichês de que o ator lança mão para "segurar" o público.

123 Para Kristi: Gribov/Kédrov (ver supra, nota 115).

124 Para Kristi: Gribov (?)

125 Ibidem.

126 Para Kristi: Gribov (?)

127 Para Kristi: Kédrov.

Estenogramas

ASSISTENTE[128]: Vejo momentos assim no passado. Quando havia o Estúdio Griboiêdov[129], eu fazia tudo por meio de "coisinhas". Colocava narizes postiços, tudo o quanto era possível. Mesmo Vassíli Ivánovitch [Lújski] vinha assistir às "coisinhas".

O ponto de virada na direção da abordagem interior foi, para mim, quando fiz o papel de [em branco no estenograma]. Ajuda muito quando consigo movimentar meus músculos verdadeiramente, quando movo os olhos de verdade, quando consigo dominar de fato os ouvidos, quando eles entram na afinação.

No trabalho prático do estúdio, o mais importante é aquilo a que devemos chegar – e que não impressiona imediatamente com efeitos exteriores. São coisas que não se pode colorir de uma só vez. É possível esboçar, mas colorir de uma vez, não. Para mim, é importante que eles olhem para as cores e entendam, que podem torná-las vivas, que podem ser vivificadas. Eles mesmos já têm dito isso. Agora recebemos elogios, talvez até com um pouco de exagero. Encontrei pelo caminho Butiúguin, que trabalha na [em branco] e ele disse que estavam todos extasiados, que todos haviam sido inesperadamente tocados. Um outro deles veio até mim e disse: "essa mão, vê, essa mão foi apertada pelo próprio Konstantin Serguêevitch [Stanislávski]".

Já fizeram uns oito espetáculos[130]. São diretores que foram para o interior e lá montam seus espetáculos.

K.S.: Talvez pelo fato de serem diretores tenham entendido e apreciado o que nem todos os atores iniciantes puderam apreciar.

ASSISTENTE[131]: Por que no cinema sempre se saem melhor os animais, depois as crianças e, pior de todos, os atores? Porque se há vida orgânica, então apenas ela pode dissolver a tela morta do cinema,

---

128 Idem.
129 O Estúdio Griboiêdov era um Estúdio conduzido por Vassíli Lújski na década de 1920. Foi o primeiro contato de Kédrov com a técnica do Teatro de Arte de Moscou. Lújski (1869–1931) havia estudado com Stanislávski desde a época da Sociedade dos amantes da Arte e da Literatura (até 1898) e depois passa ao primeiro elenco do TAM.
130 Os diretores que haviam sido convidados para a apresentação do dia 15 de maio.
131 Para Kristi: Kédrov.

se há um verdadeiro processo orgânico. Um gato está sentado e, se está vivo, nenhum ator conseguirá equiparar-se a ele.

K.S.: Quando estive nos Estados Unidos, uma atriz de cinema me disse que uma vez pediram que ela andasse de uma maneira específica, e ela tomou um cachorro por modelo. Isso foi antes, quando no cinema se andava de um jeito bem engraçado e peculiar. Todos andavam de maneira tão engraçada, menos ela e o cachorro. Ela andava como um ser humano. Qual a questão? A questão é que ela não ouvia e não cumpria todas as regras do cinema, mas apenas andava como o cachorro. De fato, o cachorro não tinha aquela andadinha também. Qual a questão aqui?

KÉDROV: Em cena, é possível notar como os atores andam de um modo bem peculiar, com pernas duras ou com tensão a mais, pulando.

ASSISTENTE[132]: Você diz que eram diretores e que por isso entenderam. Eu penso que mesmo os alunos ficaram impressionados de ver seus colegas se apresentando tão bem em *As Três Irmãs*. A mesma coisa aconteceu em *Os Filhos de Vaniúchin*. De modo que nossos alunos entenderam muito bem que há algo aqui, algo que antes não consideravam, que não entendiam. Eu tive a impressão de que eles estão estarrecidos com tudo o que viram. Isso tudo causou neles uma impressão enorme, pode ser a mesma que tiveram os que vieram do Gitis. Muitos deles não esperavam, e por isso ficaram muito bem impressionados.

PETROVA: Eu agora tenho sentido [entre os alunos] um prazer parecido com o que senti quando nosso estúdio foi criado. De repente, sinto um cheiro bom, um frescor. Eles não acreditavam mesmo que as coisas eram precisamente assim, e não de outro jeito. Eram céticos em relação a isso, queriam, mas não podiam acreditar e eis que agora estão todos impressionados. Agora acreditam em absoluto que é precisamente assim. Mas antes apenas não acreditavam no que era bom e, por delicadeza, vou dizer que

132 Para Kristi: Stanislávski.

Estenogramas

apenas "não entendiam"... Mas quando eles mesmos viram, então acreditaram e disseram "como isso é bom"...

KÉDROV: Um deles me disse: "como é possível que eu tenha sido elogiado, se não fiz nada"? Disse "será que *isso* é arte? Isso não é arte". Havia essas conversas, e depois disseram que "isso" era mais interessante – "Ah, agora sim".

ASSISTENTE: Arte, para eles, era "eu estou aqui e devo fazer algo". Isso era arte. Mas se estivessem apenas conversando com o parceiro e entregues – de olhos e ouvidos –, não consideravam arte.

FLIÁGUIN: Depois da apresentação, houve uma grande virada entre alunos. Eu gostei muito mais de *As Três Irmãs*.

PETROVA: Eu também fiquei muito mais impressionada com *As Três Irmãs* do que com *Os Filhos de Vaniúchin*. Por algum motivo, pensei que *Os Filhos de Vaniúchin* estivesse mais forte, mais acabado, e *As Três Irmãs* estava mais leve, a peça é mais direta.

FLIÁGUIN: É muito bom que essas apresentações tenham feito com que se unissem. Pode ser que não tenham entendido até o fim, ganhado consciência, mas alguma parte de vanguarda do estúdio indiscutivelmente entendeu e agora há essa atmosfera onde todos querem trabalhar, não querem largar o trabalho começado, querem continuar tudo, pegar o terceiro ato de *As Três Irmãs*. Isso é muito bom, mas por outro lado, penso que agora devemos unir esses dois coletivos, ou melhor ainda, três: os coletivos de *As Três Irmãs*, *Os Filhos de Vaniúchin* e *O Jardim das Cerejeiras*.

K.S.: É preciso fazer com que esses três espetáculos sejam nossos, do estúdio. Ou seja, vocês precisarão começar toda uma campanha, uma luta [pela finalização dos espetáculos].

O segundo elenco de *O Jardim das Cerejeiras* sofreu muito esse ano com coisas diferentes: alguns saíram, outros ficaram doentes... Inimizade ou não, há duas trupes diferentes em *O Jardim das Cerejeiras*.

FLIÁGUIN: Não há inimizade.

ASSISTENTE: Não é inimizade, é competição artística, criativa.

K.S.: Vou falar até onde cheguei. Corrijam-me, agora, se eu errar em algo. Vou explicar para vocês a abordagem de que o ator deve se utilizar para criar o papel.

Se a peça é desconhecida, não falem nada sobre ela, melhor que não saibam que estão preparando uma peça, que estão preparando um espetáculo. O trabalho da direção é encontrar uma série de études que levem à linha das ações físicas da peça. Vocês fazem toda uma série de études.

O que significa ações físicas, que ações são essas? Vamos dizer que vocês têm, por exemplo, um étude chamado "A Recepção", onde alguns dos atores chegam de uma viagem de trem e outros vão recebê-los na estação. Toda a criação começa com: "SE ESSA SALA NÃO FOSSE UMA SALA, MAS A PLATAFORMA DE UMA ESTAÇÃO DE TREM." Ali onde estão os retratos são os trilhos; os móveis ali na parede – são as bancas de jornal. Em uma palavra, façam como a criatividade das crianças: "COMO SE FOSSE, MAS NÃO É." Removam o que atrapalha, fiquem com o que ajuda.

Se eu – fulano de tal – hoje, aqui, agora, nessas tais circunstâncias propostas devo fazer assim, devo receber estas pessoas, então O QUE EU FARIA HOJE AQUI, AGORA? Eis o que eu faria: chegando à estação, preciso saber em que plataforma estacionará o trem que espero. Anoto o número da plataforma; em seguida, chamo um carregador e combino com ele uma caixinha; depois preciso localizar as outras pessoas que também vieram para a recepção; é preciso espalhar todos ao longo da plataforma, à saída dos vagões; o trem, no entanto, está atrasado. Isso significa que é preciso matar o tempo, e para matar o tempo tendo ao meu lado uma pessoa muito impaciente – um dos meus amigos que também veio ao encontro –, eu vou até a banca, compro para ele uma revista humorística, e para mim mesmo um jornal. Avistamos uma fumaça, aproxima-se um trem, mas o alerta mostra-se em vão, é apenas um trem suburbano; mais uma vez, é preciso matar o tempo. Depois vem o gerente da estação, e depois dele um monte de gente começa a chegar e se reunir. Vemos nossos amigos, mas o carregador saiu; depois o encontro, beijos, abraços, e assim por diante; todos saem

Estenogramas

do vagão, e vemos que os carregadores já levaram tudo, sobrando apenas duas malas.

Comecem a lembrar-se de tudo isso e anotem. Como resultado, terão toda uma cena, toda uma lista de ações físicas. Essa lista, da qual vocês devem se lembrar pelas primeiras memórias emocionais e pelas lembranças dos espectadores, fixem. Peguem essa lista e executem-na em cena.

Quando começarem a executá-la em cena, verão que de repente é preciso fazer uma correção – por exemplo, o número da plataforma. O que significa "verificar o número da plataforma", neste caso? Que é preciso ir até o gabinete do gerente da estação e perguntar. E essas simples palavras – "perguntar em que plataforma chegará o trem" – já também se decompõe em toda uma série de ações físicas.

O que significa "ir comprar o jornal"? Significa que é preciso ir até o quiosque. No quiosque, há uma variedade enorme de coisas entre as quais se pode escolher; compro um livro a mais; pelo caminho coloco umas moedas numa máquina e compro dois chocolates para os que vieram esperar comigo. E esse simples fato também se decompõe em muitos fatos e dessa pequena lista vocês já tem uma lista grande, que juntas criam o episódio "A Recepção". A própria negação se divide em muitos episódios. Também há a chegada em casa. O que isso significa? Passar com os recém-chegados por todos os aposentos, olhar todos, trocar de roupa, e, no final das contas... "estamos em casa"; bebe-se chá; depois de beber o chá e antes de dormir – matar um pouco mais de tempo e – cama. Todos esses episódios fragmentam-se em grandes ações, e as grandes ações em pequenas.

O que há de novo aqui? Muito. Quando falávamos, antes, "dividam o papel em pedaços", vocês começavam a dividir daqui até aqui; ponto e vírgula; ponto; e depois, no pedaço escolhido, [dividiam] os pensamentos – sobre o que fala o pensamento, a ideia. Isso é a tarefa.

Onde acontece esse trabalho? Na mente. Trata-se de um trabalho analítico. A mente joga um papel enorme [nesse trabalho], mais do que a emoção.

O que estou dizendo agora é: se vocês, de fato, estivessem recebendo-os, o que fariam? Podem dizer analiticamente que "eu iria…". Não. Se vocês já veem mentalmente essa estação de trem, já estão agindo mentalmente.

De onde veio isso? Do consciente? Não, não. Veio através do caminho mais difícil do subconsciente. Por "subconsciente", quero dizer tudo: os reflexos, o instinto etc. Eu tenho muito medo de entrar nessas nuances científicas, pois aqui a mente é com rapidez substituída pela razão. Chamem isso tudo de natureza orgânica e subconsciente e não precisamos de mais nada.

Ao invés de dividir o papel em pedaços e tarefas, vocês começam a dividir em ações porque isso atrai o subconsciente, enquanto lá [no método anterior] atrai a racionalidade.

Dessa forma, ficamos com as ações. Vocês precisam então atuar essa série de tarefas passando por todos os episódios – primeiro, por meio das ações maiores, de fazer as ações maiores através das tarefas pequenas. É preciso ser um mestre nesse trabalho. Ele é tão importante, longo e sério, que diz respeito ao ator durante toda a vida, enquanto ele fizer sua arte. É a mesma coisa que o solfejo para o vocalista, os vocalizes. Sem os vocalizes, sem exercícios, os violinistas não podem tocar numa orquestra; sem exercícios os bailarinos não podem dançar um balé sequer. Sem esses momentos, sem esses exercícios, sem esses études contínuos – que se expressam nas ações sem objetos – sem o trabalho sobre as ações sem objetos não pode haver um ator-mestre. É preciso ser precisamente um mestre das ações físicas.

Nós observamos muito mal na vida. Na vida, não trabalhamos nada sobre nossas próprias ações, não as estudamos. O simples fato de vocês executarem essas ações em cena já é o estudo dessas ações, da natureza dessas ações. Quando começam a abrir uma porta, o que significa "abrir uma porta"? Significa que é preciso atravessar o batente, empurrar a porta, olhar se a porta não emperrou, sair. O que é a comunicação? Entra um cachorro. O que ele faz? Talvez já lhes tenham falado isso… Um cachorro entra num recinto, o que

Estenogramas

ele faz? Orienta-se, escolhe um objeto, aproxima-se dele, começa a atrair a atenção para si – late, ou coloca as patas nos joelhos do dono; enfim, assim que consegue a atenção, começa a olhar, olha nos olhos do objeto, estuda – como ele é e como deve se comportar: ou começa abanar o rabo e latir, ou, se o dono estiver bravo, a se esfregar perto dele. Depois disso, começa a comunicação.

Tanto os animais como os insetos submetem-se a certas regras da comunicação, e apenas os atores insistem em não fazê-lo. Não têm qualquer regra para a comunicação: entram e as portas abrem-se sozinhas; não há atração da atenção, porque toda a sua atenção está no público, não há momento de comunicação, e não há também escolha do objeto. Que objeto é esse, o ator sequer se dá ao luxo de saber. Bem, o que há aqui? O ator repete a fala umas mil vezes. E assim todos os momentos de comunicação, todas as ações físicas dissipam-se. Trata-se de uma grande mentira. Como vocês desejam que, entrando em cena com essa mentira extrema, os mais sutis centros do subconsciente comecem a agir?

O subconsciente começa a falar quando tudo está em ordem, quando tudo vai bem, e se não está em ordem, então começam o clichê e o *can-can* em que usualmente o ator cai.

Vocês devem saber as tarefas de cor? Não. As aprendemos porque temos de estudar essas ações físicas ao agir. Por meio da repetição, vocês podem estudá-las mais e mais a fundo, e aprender a lógica e a coerência de suas partes componentes. As partes componentes em si não são tão importantes assim, mas sim a lógica e a coerência, porque da lógica e da coerência não se pode escapar jamais. Ela nos leva para onde é preciso como os degraus de uma escada e, com essa coerência nas ações lógicas vocês chegam à supertarefa. Por isso, a "decoreba" de tarefas, a "sabichonice" e a filosofia não estão corretos. A tarefa está ligada à própria estrutura, à própria fábula da peça, é para lá que ela leva, está construída de forma que os leve para lá. É preciso não ficar esbanjando "sabichonices", mas apenas seguir a linha.

Então, vocês encontram essa linha e começam, por um certo tempo, a acostumar-se à lógica e à coerência. Logo, logo aparece, aí, um momento muito perigoso. Muito rapidamente nossos corpos pegam os clichês. Todas essas ações físicas podem transformar-se rapidamente em clichê. Assim, logo vem o momento em que é preciso abandonar essa linha [das ações físicas].

Eu consegui mais ou menos chegar a um ponto onde posso fazer relativamente quaisquer tarefas sem erros e de uma vez, mas porque as coloquei entre meus exercícios. Mestre é aquele que podemos chamar e pedir: "por favor, me traga para a próxima semana esse ato aqui em ações físicas". Os atores vão trabalhar, pensar nessas tarefas físicas e me trarão prontas as ações físicas da peça.

Vejam que se trata da vida do corpo humano, e que é a metade de sua vida em cena, no papel. Para um mestre, esse caminho é mais ou menos rápido. Para um mestre não há outro caminho. Não é como o que leva o ator provinciano a sair do rumo, mas um caminho preciso e coerente que leva aonde é preciso.

Uma vez que estou agindo logicamente, poderia eu SENTIR NÃO LOGICAMENTE? VEJAM QUE, NO MOMENTO EM QUE COMEÇAM A AGIR, VOCÊS IMEDIATAMENTE VÃO QUERER JUSTIFICAR AS AÇÕES.

Tentem realizar uma série de ações sem justificá-las. Não será possível, pois sentirão a necessidade de justificar a sequência, a coerência.

De onde vocês tiram as circunstâncias propostas? Aqui há um momento importantíssimo. Se conhecem a peça, então sem quaisquer concessões dirijam-se a ela, não há nada a fazer. De onde pegarão? De si mesmos, de suas memórias emocionais. As ações são suas, a sensação é sua, a lógica e a coerência são suas, as circunstâncias propostas são suas, mas a própria ação – é do papel. Aí está já a fusão.

Depois, digamos que consideramos as circunstâncias propostas boas, mas que podem não funcionar. Tentem vocês mesmos. Peguem essa peça [linha de ações físicas conseguidas com os études], olhem para essa linha e depois olhem para a linha que está escrita em *O Jardim das Cerejeiras*. Não é a mesma coisa. As circunstâncias propostas não são as mesmas, mas são muito próximas, aparentadas, e não pode ser de outra forma, porque elas nascem da mesma

Estenogramas

matéria: da lógica e da coerência, e essa lógica e essa coerência é o que as faz necessárias a ambas.

Se vão encontrar alguém, precisam perguntar-se onde? Sim. É verdade que, às vezes, quem pergunta é a outra pessoa, mas vejam que é uma singularidade, enquanto a linha continua a mesma em todas as circunstâncias.

Tanto faz se é noite, verão, inverno, em outro país... Vocês vão receber alguém num aeroporto – é a mesma coisa que fazê-lo numa estação de trem, a mesma coisa. Em todas as circunstâncias essa linha de tarefas físicas permanece a mesma.

Vejam, então justificamos isso com nossas próprias emoções. Ou seja, paralelamente à linha das tarefas, já se desenrola em vocês uma outra linha que justifica essas ações. Ou seja, essas emoções não podem ser ilógicas, se as ações forem lógicas. Assim, ao lado da lógica e da coerência da linha da ação, nasce a coerência lógica da linha que as justifica com as emoções. Parece ironia falar sobre a lógica e a coerência das emoções? Como as buscamos? Conversei com psicólogos sobre isso, mas eles não conhecem regra nenhuma para essa lógica. Mas nós a encontramos: "O QUE EU FARIA SE..." Assim, eu transfiro tudo para o plano da experiência pessoal, onde o material é infinito. No entanto, peguem o material da vida cênica de um ator usual. Eu contei todos os meus clichês. Uns cem, ao todo. O que temos aí? Clichês de ator, trabalhados por toda uma vida, ou do material infinito de suas sensações da própria vida etc.?

Seria possível dizer qual dos dois é mais valioso, mais caro à cena? Com esse "SE EU FOSSE TAL PESSOA, O QUE EU FARIA...". – com isso eu os transporto para o plano do verdadeiro material vivo e mobilizador.

Não podemos esquecer que aquelas ações físicas que estão mais ligadas aos músculos muito rapidamente acostumam-se com os clichês. Ou seja, não se pode fazer mal uso dessa linha de ações físicas. Vocês começam a colocar as ações físicas em movimento para que elas despertem a linha das ações internas, justificadoras. Assim que sentirem essa justificativa, larguem as ações. Dessa forma, vão controlar a linha de suas ações, ou a linha de seus impulsos.

A linha dos impulsos internos – essa é a linha condutora do papel.

Mas se eu propusesse que vocês atuassem essa cena da mesma forma como o fizeram três dias atrás, e essa outra como fizeram no dia quinze ou doze? Vocês seriam capazes de fixar uma partitura, assim? Como atuar como antes? E disso, o que farão? Tentarão repetir? Não se pode fixar nas emoções. Por isso, pegamos o princípio das ações físicas. Porque através delas é sempre fácil construir a linha dos impulsos internos. Dessa forma, vamos de fora para dentro para depois ir pelo caminho contrário, de dentro para fora.

O ator deve pensar apenas sobre essa linha exterior, porque assim que começar a pensar na emoção, imediatamente começará a representar a emoção, e essas três coisas são os sinais mais claros do artifício: a canastrice da ação, a representação das personagens e a representação das paixões.

Assim que o ator começa a fazer isso, podem estar certos de que se trata de artifício. Assim que começam a agir, vocês despertam em si a emoção verdadeira, e isso é a arte verdadeira.

Estou fazendo um papel. Vamos dizer, Fámussov: "Qual a ocasião? Moltchálin, irmão"[133] Qual a minha ação? Minha ação é esclarecer. Para isso, preciso escutar. O que significa escutar? Entender e apropriar-me do que há diante de meus olhos, daquilo que ele fala, comparar e tirar uma conclusão. Aqui não tenho nada para representar.

"Você, Moltchálin…? Por que está aqui? E a essa hora? E Sofia… Olá, Sofia, por que levantou tão cedo, hã? Para fazer o quê? E como foi que Deus juntou vocês dois num mesmo quarto?"

Primeiro é preciso escutá-la, depois a ele, e não preciso fazer mais nada, aqui. Ou então ficar dando voltas, aqui. Mas aqui é preciso apenas vir e olhar para ele, escutar, censurá-lo e só. Através das ações físicas vocês transmitiram toda a linha das ações psíquicas. Vocês serão capazes de fazer isso, se forem rigidamente lógicos, se forem pela linha de ação.

---

133 Fala de Fámussov no primeiro ato de *O Mal de Pensar*.

Estenogramas

Eu olho para eles – *ahá*, senti, entendi ela, como está. Posso dizer? Posso. Posso censurar? Posso. Posso censurá-la? Posso. Isso ainda é pouco, então tome mais. É apenas isso o necessário, o que eu "posso fazer". Se vocês fizerem isso em todos os ensaios, não cairão nos clichês.

De forma que os ensaios, quando se prepara essa linha, são ensaios de "*ahá*, isso eu posso dizer, isso, aquilo, aquilo mais, estou comprando [o que ele está me dizendo]". E mais nada.

Assim, vocês atravessam mais ou menos toda a linha de impulsos por toda a peça. Feito isso, querendo ou não, vocês já vivem o papel, porque subindo de degrau em degrau não têm mais para onde ir, a não ser para onde os leva a linha interna da obra. Dessa forma, vocês a atravessam pelas ações físicas.

Vocês veem então que em alguns lugares já começam a passar para a linha dos impulsos internos. Ao lado dela, vão sentir... Com essa linha é muito fácil também distinguir o que é a representação de personagens, ou de emoções, ou a canastrice das ações.

O que fazer nesse momento crítico? É preciso voltar à ação. Vamos supor que eu esteja fazendo Lady Macbeth – limpando a mancha de sangue. Os atores vêm e pensam que em momentos como esse é preciso fazer algo, que é preciso usar todos os nervos. Nada disso. É preciso limpar a mancha que não sai, e já que ela não sai, ficará claro para todos quem cometeu todos aqueles assassinatos. Ao entender que se a mancha realmente não sair, você morre, então o que você deverá fazer para limpar essa mancha? Quando chegar esfregar as próprias mãos uma na outra, isso será o ponto culminante da peça, ela vai entender e assim o fará.

Quando vocês fizerem a peça assim – umas dez vezes, sem mudar de peça, sem cair no clichê, podem então fixar essa linha. O problema das ações físicas estará concluído. A linha física do papel estará construída.

Vamos agora passar à ação verbal. Isso já é mais complexo. O que é a ação verbal, por que ela é ação, em que consistem a palavra e a ação? A tarefa de uma pessoa que fala à outra é convencer o outro: sua tarefa consiste em que a pessoa com quem me comunico olhe para aquilo que desejo através de meus próprios olhos. Isso é o importante, a cada espetáculo fazer a pessoa ver com os meus olhos, da maneira como eu vejo. Se esse objetivo interior [em branco no estenograma].

Por que são agora necessárias as visões e a palavra em todo o papel? Isso é muito bem expressado pelas últimas pesquisas em psicologia. Antes falava-se que os motores da vida psíquica eram a mente, a vontade e a emoção. Hoje em dia se diz que são – a imagem, o juízo e a vontade-emoção. IMAGEM, JUÍZO E VONTADE-EMOÇÃO – não é possível separá-los[134].

Diga-me uma palavra qualquer.

ALUNO: Bondinho.

K.S.: Por que "bondinho", de onde tirou isso?

ALUNO: Porque eu ouvi o barulho de um bondinho passando na rua.

K.S.: Veio do campo do subconsciente. Existe um campo. Desse campo, de repente, como uma estrela cadente, cai uma ideia, que você começa a explicar. Você vê esse bonde? Você tem a imagem dele e então começa a pensar que tem um monte de gente amontoada dentro dele, que é difícil descer no ponto... Depois dessa imagem, vem a vontade-emoção: "quero entrar no bonde e sinto alegria ou tristeza de que não vou conseguir". Quando você tiver a imagem e fizer o juízo, então você começa a querer agir. Nesse caso, digamos: ir ou não ir. Nesse momento, quando você executar a ação, quando você começar a andar, correr e fazer algo fisicamente, então mais uma vez, por um minuto, volta-se ao campo do subconsciente. A ação está muito, muito ligada ao subconsciente. Nós começamos a agir de modo mecânico, automaticamente, de maneira motora, como quiser, mas tudo isso junto em nosso léxico é muito elementar, coisas que não nos permitem alcançar a sutileza da psicologia, da ciência. Trata-se da natureza orgânica.

---

134 Stanislávski disserta sobre esses conceitos, que chama de "motores da vida psíquica" no primeiro volume de *O Trabalho do Ator Sobre Si Mesmo*, capítulo XII.

Estenogramas

Quando falamos uma palavra, temos uma determinada visão, uma imagem. No papel, veja bem, antes de mais nada temos as imagens. Falamos as ideias e – deem-me imagens – é preciso começar daí, fixá--las. Ou seja, em nossa língua o texto, a ação verbal deve ser fixada com imagens, e falado através das imagens da ideia, as palavras.

Se vocês criarem as imagens e transmitirem seus juízos sobre essas imagens, então imediatamente acordarão o terceiro [elemento] do triunvirato – a vontade-emoção. Assim, aí está o caminho ao subconsciente e à emoção através das visões, através do filme do papel[135]. Vocês criam um filme do papel, vêm ao teatro, assistem-no e falam sobre ele de forma que possam senti-lo AQUI, HOJE, AGORA.

O que é preciso fazer para traduzir o papel em juízos e num filme de visões, e falar da forma como vocês hoje o sentem? Essa parte do método ainda foi pouco trabalhada porque ainda não temos balizas precisas, definidas, nesse campo.

Maria Petrovna [Lílina] fez o seguinte[136]: passou todo o papel através das ações físicas sem quaisquer *mises-en-scène*. As *mises--en-scène* que apareceram, embora talvez não estivessem de todo corretas, foram aceitas da maneira com que possibilitassem melhor o que o ator sentisse na hora.

A linha física deu mais ou menos certo, e, no que diz respeito ao texto, ela atravessou-os pelo papel com suas próprias palavras. Quando já haviam passado por tudo, depois que haviam sentido a peça, Maria Petrovna impressionou-se com a sede com que os alunos absorviam certas frases isoladas do texto e pediam permissão para anotá-las. Essas frases entraram para o texto [da encenação], essas

---

135 "Filme do papel" (*kinolenta roli*) – Knebel também atribui a Stanislávski o conceito de entender a sequência das visões do papel como um "filme", ver M. Knebel, *Análise-Ação*, p. 69.

136 Lílina dirigia, com os alunos do Estúdio e sob a supervisão de Stanislávski, *O Jardim das Cerejeiras*. As aulas, ao que parece, não foram estenografadas, mas como dissemos anteriormente, alguns documentos sobre esse trabalho (principalmente as etapas percorridas nessa versão do "novo método") foram publicadas por Kristi e Prokófiev no terceiro volume das *Sobránie Sotchinéni v 9 Tomakh* e analisadas por M. Ignátieva, Stanislavski's Best Student Directs, *Stanislávski Studies*, v. 4.

frases do autor entraram duras para o texto verbal [falado em cena]. Da segunda vez, mais frases que se queriam anotar e, dessa forma, apropriou-se de todo o papel.

Os alunos não têm consciência de que fazer isso é prejudicial, e por isso, claro, liam o texto escondido. Quem sabe, tendo entendido isso, não o façam mais?

De qualquer maneira, ficamos com certos "oásis", palavras que não eram as do autor e que depois, quando permitiram que pegassem o texto, rapidamente foram decoradas.

Maria Petrovna fez ainda uma experiência a mais: ensinou os alunos a agirem fisicamente através das ideias que lhes eram ditas pelo diretor ou pelo autor, apenas "aqui ele fala isso, ali aquilo, depois o contradizem…". O aluno, sem falar as palavras, as pronuncia internamente, ao lado das ações físicas, e aparecem já os impulsos à ação verbal.

Além disso, houve um outro experimento – "a tataração", e com isso atuaram muito bem. Sem falar a palavra, mas sabendo a linha da ação verbal, começo a falar assim: "ta-ta-ta-ta".

Como resultado, vimos uma entonação maravilhosa.

Mas isso tudo ainda são buscas, não é nada definitivo, mas, como penso, há uma certa lógica nesse campo das ações físicas. Existe alguma fundamentação. Não se pode dizer isso sobre a ação verbal, ainda. É preciso de certa forma facilitar a entrada na ação verbal.

Quando isso for feito, o ator deve entender que ele age em cena ou através da ação física, ou da ação verbal, ou ao mesmo tempo, mas que não permita nada além disso.

Penso que é tudo o que tinha para dizer.

KÉDROV: Você disse "de fora para dentro". Creio que entendi isso.

K.S.: Pode acontecer de, em alguns momentos isolados do papel, já haver uma linha de impulsos internos bem forte. Na carreira de um ator, pode haver um papel inteiro, e para outros, às vezes mais, às vezes menos.

KÉDROV: Ações físicas e psíquicas são inseparáveis.

K.S.: Estou lhes dizendo que são físicas ou psíquicas? Ou precisamos dizer apenas físicas? Com o que você fala? Com a língua, ou seja: físicas. Com o que você olha? Com os olhos. É preciso que eles sequer pensem na psicologia, porque assim que dissermos isso, então, "tchau-tchau"...

KÉDROV: Eu controlo minhas ações fisicamente.

ASSISTENTE: Eu não entendo, você diz – ou ações físicas, ou verbais.

K.S.: Lopátin[137] diz que são físicas ou verbais.

ASSISTENTE: Verbais, e agem.

K.S.: Em que sentido?

ASSISTENTE: De que se quer atrair, interessar.

K.S.: Quando eu digo físicas, digo... Tentem conduzir uma linha divisória, de onde termina o físico e começa o psicológico. Ou vocês começarão a falar cientificamente, dedicando a isso toda a vida de vocês, ou...

ASSISTENTE: Eu não entendo, como podem ser ou psíquicas ou físicas?

K.S.: É preciso ver [branco no estenograma][138]. Ele permite algumas ações em ajuda à palavra, mas mesmo assim a maior parte diz respeito a para quem ele fala. Ou, então, eu posso descrever um pensamento para vocês. Subo numa cátedra e vou falar sobre a filosofia do pensamento. Isso é ação verbal?

ASSISTENTE: É verbal, mas mesmo assim é uma ação psicofísica.

K.S.: É claro que se falamos um pensamento, não é só física, mas mesmo assim é possível discordar disso, também. Estou falando sobre esse pensamento em vida, sobre todo o real, sobre o ativo. Ou seja, isso também é ação. É assim que, ATRAVÉS DA PALAVRA, VOCÊS DESPERTAM O ATIVO. De forma que não separem o físico do psíquico. (*Mostra.*) O que é isso? Suponhamos que eu esteja lendo

---

137 Provavelmente Stanislávski refere-se a Lev Lopátin (1855–1920), filósofo e psicólogo russo, professor da Universidade de Moscou e redator da revista *Voprosi Filosofii i Psikhologii* (Questões de Filosofia e Psicologia).

138 A julgar pela continuação do texto, supomos que Stanislávski mencione o nome de algum ator, diretor ou pensador então proscrito.

um protocolo. Não há aqui psique nenhuma. Eu apenas demonstro: "chegou Ivan Ivánovitch Ivanov". O que há aqui de psíquico?

ASSISTENTE: Para que você fala "Ivan Ivánovitch Ivanov"? Uma vez que fala, significa que há alguma ação, sim.

KÉDROV: Eu penso que agora não precisamos separar o verbal do físico.

K.S.: O campo do subconsciente é um dos campos do consciente; o subconsciente controla centros que o consciente não adentra. A criação deve ser subconsciente.

KÉDROV: Então, eu percebo que nos últimos tempos têm aparecido essas ações físicas, mas a ação verbal é algo completamente específico. Em essência, o ser humano age das duas formas.

K.S.: Por que isso é necessário? Porque ninguém dá atenção alguma à ação verbal.

Peguem, por exemplo, o Shakespeare que vamos fazer. Ali 3/4 é ação verbal de caráter particularmente romântico. Vejam o Salvini. Ele fica parado no grande palco, à frente do ponto, bem parado, como um saco de batatas. De forma que não podemos distinguir onde está Salvini, onde está o "eu", e a primeira coisa que ele começa a fazer é dar a fala de Otelo diante do Senado. Quando vocês lhe perguntarem de que forma consegue, aos oitenta anos, entrar num palco tão grande quase todo dia, ele vai dizer que "atuo apenas meia hora por noite, o resto do tempo, falo". Vejam: ele entra em cena para fazer papéis trágicos todos os dias em palcos imensos. Peguntem a Chaliápin – ele dirá a mesma coisa, que atua meia hora e o resto do tempo fala musicadamente.

KÉDROV: A ação verbal em nosso estúdio é a próxima etapa pela qual precisamos passar.

K.S.: Anotem o que lhes falarei, agora. Num futuro próximo, vocês terão de verificar tudo isso, [vão ter de verificar] o quanto disso vai funcionar.

O primeiro ano é o *sistema*, todo, dentro das possibilidades; é preciso conduzir os études mais elementares.

Para quê? O que é preciso? Circo – e uma certa preparação, inicial, pequena, para a fala. E as outras disciplinas, claro.

Estenogramas

No segundo ano – os études desenvolvem-se mais ainda em ações físicas. Em linhas gerais, a transição de todo o sistema em ações físicas.

No que diz respeito à palavra, se no início falávamos sobre as ideias, agora teremos a descrição de excertos teóricos, mas não ainda o diálogo. Descrições da natureza, de estados de humor etc. Ou seja, preparação para a fala, mas o mais importante são as ações físicas.

O terceiro ano já é das ações físicas, mesmo. Além disso, o ritmo deve estar por toda a parte. No terceiro ano, o ritmo já é artístico, conduzido por vários e diferenciados études rítmicos em preparação para [a fala em] verso, com o trabalho com o metrônomo. É preciso afogá-los em ritmo, para transpor, depois, toda a forma da poesia para o ritmo certo. No que for possível, que isso seja feito no terceiro ano. E o tempo todo études, études, études. Ensinem os atores a fazê-lo sempre. Com uns façam uns études, com outros, outros quando os primeiros estiverem ocupados. Esse trabalho sobre os études não deve parar nunca. Assim como com os pintores aqui.

Abandonem o tipo leitura declamada em que uma senhorita entra num vestido azul, e diz: "Estrela, estrela, porque queimas…" e apresentem-nos números de concerto, pequenas cenas de ópera.

KÉDROV: Música… Não no sentido do conteúdo rítmico, mas de acompanhamento?

K.S.: É preciso encontrar um compositor. Eles fizeram algo com Schumann[139]. Convidem alguém para compor a música. De onde pegar? Seria errado do ponto de vista musical, isso [pegar música pronta] ensina errado a entender a música.

Z.S. SOKOLOVA: Dá para escolher. Rebikov tem algo.

K.S.: Por que não fazer encenações de *Evguêni Onéguin* ou do *Príncipe Igor*?[140] Não vamos pegar do balé…

KÉDROV: Seria interessante.

---

139 Stanislávski refere-se à seção de ópera do Estúdio.
140 Refere-se às óperas *Evguêni Onéguin*, de Tchaikóvski, e o *Príncipe Ígor*, de Aleksándr Borodin.

FLIÁGUIN: É, mas estando nos domínios na obra musical, de novo, teremos que encomendar [a composição].

K.S.: Se vocês pegam Tolstói e colocam seu próprio texto para fazer a ligação, por que não pegar um Verdi e colocar algumas frases de ligação?

FLIÁGUIN: E se pegarmos études sem palavras?

K.S.: Agora trabalhamos com *Hamlet*. Não significa que pegamos todo o *Hamlet*: aparece o fantasma, ele vai até o fantasma e entende o que se passa com seu pai; cena com Polônio, com Ofélia. "Ser ou não ser"; o assassinato do tio; ele vai até o encontro com o pai, antes de descobrir o que acontece do outro lado da vida, o que ele descobre, como ele se sente no mundo dos vivos. O que sobra, ainda? O último ato? Deve ser apenas o resultado de tudo isso. Se quiserem fazer *A Noiva Sem Dote*[141], e que lá haja tudo – é diferente. De forma que não é necessário pegar cenas das obras, mas fazer pequenas encenações [da linha toda], porque não dá para tirá-las da peça.

KÉDROV: Aqui precisamos, o tempo todo, buscar caminhos ininterruptos e tentar de uma forma, depois de outra.

K.S.: Essa é a tarefa do Estúdio [de Ópera e Arte Dramática].

Nós agora temos um papel de muita responsabilidade. Pessoas do Gitis vêm nos ver. De forma que haverá um momento, quando virão nos apresentar certos problemas em busca de soluções[142].

ASSISTENTE: Já nos apresentaram: devemos estar acima de todos.

K.S.: É claro que eles têm o direito de cobrar-nos isso, uma vez que dão tamanhos subsídios aos alunos.

KÉDROV: Já estamos no topo, mas toda a questão é que precisamos também estar no topo no sentido pedagógico etc.

K.S.: Devemos estar num topo a que os outros devem [buscar] se igualar... Mas o que acontecerá se cairmos desse topo, para o nível de um teatro medíocre? Então toda a arte cairá junto. Agora todos os teatros são puxados pelo Teatro de Arte, e por isso é importante

---

141 *Bespridannitsia* (*A Noiva Sem Dote*), de Ostróvski.

142 Stanislávski refere-se à "competição socialista" que havia sido declarada entre o Gitis e o Estúdio de Ópera e Arte Dramática. (Ver nota 6, supra p. 15.)

Estenogramas

que o Teatro de Arte mantenha-se no topo[143]. É preciso apoiá-lo de todas as formas. Todo teatro deve aspirar estar no topo. Se não houver isso, trata-se, antes de mais nada, de um teatro industrial.

KÉDROV: Precisamos pensar em como organizar o trabalho para que possamos fazer uma abertura [do processo]. É preciso finalizar as peças de Tchékhov. A primeira parte já foi, agora precisamos da ação verbal. De certa forma, precisamos desenvolver tudo à perfeição.

K.S.: É preciso passar para o trabalho verbal. Quando eles entenderem isso, então começarão a falar.

O que há agora é uma disformidade. É muito bonitinho, mas mesmo assim não significa que eles dominam a *mise-en-scène*.

KÉDROV: No caso, tivemos um posicionamento muito desconfortável dos móveis de cena, não da forma como foi ensaiado.

K.S.: Deixe que eles mesmos mudem.

KÉDROV: Eles me mostraram o plano. Tem coisas muito interessantes, mas mesmo assim fiquei impressionado com o baixo nível de cultura, tanto no sentido da ortografia, quanto no sentido da capacidade de expressar ideias. Eles falam o que pensam da forma que lhes é mais fácil, com alguma frase genérica, que não se esforçam para fazer entender até o final. Por exemplo, um deles escreveu: "eu estava muito nervoso no começo, depois parei de ficar nervoso". Em essência, isso é não falar nada. Quase todos são assim. Penso que vale a pena você ler; pensando pedagogicamente é preciso que você olhe tudo o que eles escreveram.

K.S.: Depois da primeira apresentação de *O Jardim das Cerejeiras* eles escreveram suas impressões e juraram que iam manter diários. É preciso que eles façam a mesma coisa depois da segunda apresentação.

---

143 Era um sonho antigo de Stanislávski que o Teatro de Arte se tornasse um teatro modelo. No entanto, aqui, ele tem em mente a polêmica do ano anterior, em resultado da qual o diretor que havia indicado para o teatro de arte, Mikhail Arkádiev, havia sido deposto, preso e fuzilado. Para o primeiro projeto de tornar o Teatro de Arte um teatro modelo, ver D. Moschkovich, Stanislávski: Um Iluminista no Coração de Outubro, *Rus*, n. 7. Para o caso Arkádiev, ver A. Maksimenkov, *Sumbúr Vmesto Múziki*, p. 130-131.

PETROVA: Eles têm cadernos e anotações que levam consigo o tempo todo, para todo lado.

KÉDROV: Vejam que é um enorme trabalho sobre si mesmo, a capacidade de analisar o que fiz, e isso precisa ser fortalecido no Estúdio. É muito bom que você veja e escreva sobre, porque será de grande fundamento. Pode ser que não consiga ler todos, mas o mais importante é criar no Estúdio a necessidade e a responsabilidade sobre isso.

FLIÁGUIN: Precisamos nos reunir mais uma vez. Talvez depois da apresentação de *O Jardim das Cerejeiras*?

K.S.: É preciso esclarecer: talvez haja alunos dos quais devemos nos despedir, mesmo, ou algum outro transferir para a pós-graduação etc.

Apêndice

Aula Com o Grupo de Assistentes (13 de Outubro de 1937)[1]

Notas Sobre o Primeiro Ano. Ação

Os alunos chegam à escola com o desejo natural de entrar em cena, de atuar, e é preciso oferecer-lhes esta possibilidade. Chega um jovem e vocês perguntam o que ele já fez de teatro. Ele responde: brinquei de circo, de balé, fiz algumas cenas que eu mesmo escrevi. Muito bem, então, vá e faça isso de novo. Sua tarefa é introduzir-lhes os elementos do sistema como se estivessem corrigindo esses *études*. Essa é a tarefa do primeiro ano: passar pelo Sistema no trabalho com os *études* que os alunos trouxerem consigo. Dessa forma, teremos toda uma série de *études*. E o exame deve ser composto precisamente desses sobre o circo, o mimodrama, o balé, mas já compostos com as bases do Sistema.

Notas Para o Segundo Ano

No segundo ano os alunos fazem o mesmo circo, o mesmo balé, mas já devem trabalhar com a supertarefa e a ação transversal. Com o alargamento e aprofundamento das circunstâncias propostas, aprofunda-se também a supertarefa. Ao mesmo tempo, vocês continuam

---

1 KS 21170.

a corrigir o antigo e, com base nos elementos já apropriados, fazem novos études. É desejável que aqui se demonstre a total capacidade de fantasiar. Se não virem movimentação [da parte dos alunos], deem-lhes alguns empurrõezinhos. Continuamos repetindo os études antigos e, neles, fixamos as palavras, compondo toda uma peça, falada com as palavras dos próprios alunos. Os études de ópera, no segundo ano, devem ser acompanhados de música. Nesse mesmo ano, entra em vigor o tempo-ritmo. Teremos, assim, ao lado dos études com as palavras fixas, outros, novos, recém-criados com base no Sistema, que são constantemente repetidos e aprofundados. Para isso, para que se possa falar bem as palavras fixadas, é preciso saber falar. Assim, chamamos a atenção à fala, à leitura de prosa, como uma ajuda aos études. Não se pode esquecer que os alunos se encontram em trabalho criativo, e não numa escola. Por isso, o programa de todas as outras disciplinas não deve ser estabelecido de maneira escolástica: a dança pela dança, mas de forma que eles saibam para que trabalham. Dessa forma, todo o programa se constrói ao redor dos études. Para as palavras, são necessárias as leis da fala, a dicção; para o movimento são necessários o ritmo, a plasticidade...

Notas Para o Terceiro Ano

No terceiro ano, pergunta-se ao aluno o que ele gostaria de atuar. Os alunos respondem: *Hamlet, O Jardim das Cerejeiras, A Noiva Sem Dote*. No terceiro ano, os alunos devem trabalhar não com seu próprio material, mas com uma concepção alheia, com ideias alheias, e aprender a serem criadores, e não imitadores.

No terceiro ano, trazemos-lhes temas e pensamentos alheios. Façam études sobre linhas de peças. Isso os ensinará a serem independentes, isto é, meio atores, meio autores. Aqui, é preciso saber contagiar-se pela concepção do autor.

Por exemplo: vocês querem fazer Shakespeare, façam um étude sobre *Hamlet*, sobre a linha com o pai:

Hamlet está sentado, sozinho. Fala sobre tudo o que aconteceu nos últimos tempos. Quer entender (monólogo). Vem Horácio, diz que viu o fantasma. Hamlet deseja ver e encontrar-se com o fantasma no pátio. Descobre que existe vida após a morte. Pede aos companheiros que não falem sobre o que viram. Eles saem, Hamlet sobra em cena. Em seguida, ele diz o monólogo "ser ou não ser" etc. Para a finalização desse étude podemos inventar um fim, mas de forma que ele realmente termine.

Da mesma forma, é possível fazer *A Noiva Sem Dote*. Por exemplo: Uma certa taberna cigana. Parátov se diverte. De repente chegam ali Ogudálov e Larissa. Conhecem-se. (Nisso o cinema é muito valioso, porque consegue mostrar o que veio antes, e o que virá depois.) Dessa forma vocês podem extrair toda a linha de Larissa, de *A Noiva Sem Dote*.

O Jardim das Cerejeiras – Paris. Uma situação péssima. Mulheres de índole duvidosa meio bêbadas, uma estante com livros. É nisso que chega Ánia. Encontro de Ánia com a mãe. O trem, as duas viajam. As preocupações de Ánia com a mãe. Avistam lugares queridos etc. A chegada na estação e o encontro com os entes queridos. São três études.

Tendo a linha de Hamlet, se forem capazes, podem fazer uma segunda linha – a linha da mãe.

Hamlet na sala do trono. Ele olha para a mãe. Ela no trono, alegre, feliz. Hamlet fica sozinho. Ele quer entender o que aconteceu. Em seguida, no quarto da mãe, ele tenta inquiri-la. E assim por diante, para as outras coisas.

Isso tudo deve ser feito através de études, e no final das contas o professor dá as palavras [do autor].

Isso será o exame do terceiro ano.

Dessa forma, depois do terceiro ano, vocês terão os études antigos, aprofundados e completos, com palavras próprias já fixadas, novos études, completos e aprofundados feitos sob a base do Sistema. Por fim, terão études sobre material alheio, com ideias alheias e mesmo palavras alheias. (Études sobre Hamlet etc.) O mesmo pode ser feito com episódios e études operísticos.

Aula
(13 de Outubro de 1937)

Notas Sobre o Quarto Ano

O programa do quarto ano claramente origina-se do trabalho do ano anterior. Dos études *Hamlet, O Jardim das Cerejeiras* e *Noiva Sem Dote*, vocês fazem um espetáculo. Desenvolvem os études antigos em peças; vocês já têm as linhas internas fortalecidas, têm a supertarefa, podem convidar um dramaturgo e criar junto com ele.

Os études que tiverem mais sucesso devem ser transformados em espetáculos: por exemplo, vejam *Mozart e Salieri*.

Suponhamos um segundo ato, depois de Mozart ter rasgado a pintura. O apartamento de Salieri. Mozart está em frangalhos, largou a arte, mas vem visitar Salieri. É impedido de entrar no ateliê, pedem que espere na sala de visitas. Ele vê os quadros de Salieri pendurados nas paredes. Em cada um deles ele vê traços de seu próprio estilo, o mesmo estilo que Salieri criticara tanto. Depois de algum tempo, entra Salieri com uma outra pessoa, que o elogia. Salieri é muito gentil com Mozart, dá-lhe algum dinheiro, mas não deixa que entre no ateliê: Mozart fica nervoso e decide entrar no ateliê, custe o que custar.

Terceiro Ato.

Noite. Ateliê de Salieri. Mozart entra. Ele examina sedento os quadros, estudos e vê que não têm apenas o seu estilo, mas também seus temas. Por fim, ele chega a um quadro que está encoberto. Ele o descobre e vê que é o seu quadro, que havia sido precisamente reproduzido a partir daquele que destruíra. Vê reproduzidos não apenas o tema, o estilo, mas também as cores. Está estarrecido, e seus olhos se abrem para os atos de Salieri em sua juventude, para sua vida tormentosa. Quer destruir a obra, mas, como grande artista, não consegue levantar-lhe a mão. Trata-se de um rebento seu, reproduzido de forma mais ou menos talentosa. Ele prefere suicidar-se.

Depois do quarto ano vocês terminam com um repertório próprio. Terão as suas próprias peças. As peças que vêm dos espetáculos feitos a partir dos études, por exemplo *Hamlet*, e ainda uma massa de outros trabalhados a partir de *O Jardim das Cerejeiras* e *A Noiva Sem Dote*.

Bibliografia

De Konstantin Stanislávski

Sobránie Sotchinéni v 9 Tomakh (Obras Escolhidas em 9 Tomos), t. 9. Moskvá: Iskússtvo, 1999.

Rejissiórke Ekzempliári K.S. Stanislavskogo, t. 6: Piésa v. Shakespeare'a "Otello" (Exemplares de Direção. Tomo 6. Otelo). Moskvá: Iskússtvo, 1994.

Sobránie Sotchinéni v 9 Tomakh, t. 4. Moskvá: Iskússtvo, 1991.

Sobránie Sotchinéni v 9 Tomakh, t. 3. Moskvá: Iskússtvo, 1990.

Sobránie Sotchinéni v 9 Tomakh, t. 2. Moskvá: Iskússtvo, 1989.

Sobránie Sotchinéni v 9 Tomakh, t. 1. Moskvá: Iskússtvo, 1988.

Iz Zápisnikh Kníjek (Dos Cadernos de Notas 1912–1938). Moskvá: Iskússtvo, 1986.

Sobránie Sotchinéni v 8 Tomakh, t. 4 (Obras Escolhidas em 8 Tomos.), t. 4. Moskvá: Iskússtvo, 1957.

Sobránie Sotchinéni v 8 Tomakh, t. 3. Moskvá: Iskússtvo, 1955.

Sobránie Sotchinéni v 8 Tomakh, t. 1. Moskvá: Iskússtvo, 1954.

Statí, Besédi, Písma, Rétchi (Artigos, Conversas, Cartas, Discursos). Moskvá: Iskússtvo, 1953.

Sobre Stanislávski, o "Sistema" e Outros:

ANTÁROVA, Concórdia E. *Bessedi K.S. Stanislavskovo v Studii Bolchovo Teatra v 1918–1922* (Conversas de K.S. Stanislávski no Estúdio do Teatro Bolshói, 1918–1922). Moskvá: VTO, 1947.

D'AGOSTINI, Nair. *Stanislávski e o Método de Análise Ativa: A Criação do Diretor e do Ator.* São Paulo: Perspectiva, 2018.

DEKADA *Teatra* (Década Teatral), 20 out. 1935.

FILCHTÍNSKI, Veniamin. *Otkrítaia Pedagógica* (Pedagogia Aberta). Sankt-Peterburg: Gati, 2006.

FITZPATRICK, Sheila. *Everyday Stalinism: Ordinary Life in Extraordinary Times.* London: Oxford University Press, 1999.

_____. Cultural Revolution in Russia: 1928–1932. *Journal of Contemporary History.* London, v. 9, n. 1, 1979.

GÁLITCH, Aleksándr. *Generálnaia Repetítsia* (Ensaio Geral). Moskvá: Soviétski Pissátel, 1981.

GORTCHAKÓV, Nikolai. *Rejissiórskie Uróki Stanislavskogo* (Lições de Direção de Stanislávski). Moskvá: Iskússtvo, 1950.

GRATCHEVA, Larissa. *Psikhotékhnika Aktióra v Protsesse Obutchénia v Teatrálnoi Chkóle: Teoria i Práktika* (A Psicotécnica do Ator no Processo de Educação da Escola Teatral: Teoria e Prática). Tese de Doutorado em Artes Cênicas, Academia Estatal de Arte Cênica de São Petersburgo, 2005.

GUINSBURG, Jacó. *Stanislávski, Meierhold & Cia.* São Paulo: Perspectiva, 2001.

HOUGHTON, Charles Norris. *The Moscow Rehearsals: An Account of Methods of Production in the Soviet Theatre.* New York: Harcourt, Brace and Company, 1936.

IGNÁTIEVA, Maria. Stanislavski's Best Student Directs. *Stanislávski Studies.* London, v. 4, April 2016. Disponível em: <https://doi.org/>. Acesso em: 15 jul. 2020.

KÉDROV, Mikhail. *Statí, Besêdi, Rétchi, Zamétki* (Artigos, Conversas, Discursos, Anotações). Moskvá: VTO, 1978.

KNEBEL, Maria. *Análise-Ação: Práticas das Ideias Teatrais de Stanislávski.* Tradução de Marina Tenório e Diego Moschkovich. São Paulo: Editora 34, 2016.

_____. *Poezia Pedagógiki* (Poesia da Pedagogia). Moskvá: VTO, 1976.

_____. *Vsiá Jizn* (Toda a Vida). Moskvá: Iskússtvo, 1967.

KOROGÓDSKI, Zinóvii. *Natchálo* (Começo). Sankt-Peterburg: Liubávitch, 2016.

KRISTI, Grigóri. *Vospitánie Aktióra Chkóli Stanislavskogo* (Formação do Ator na Escola de Stanislávski). Moskvá: Iskússtvo, 1978.

KRISTI, Grigóri; PROKÓFIEV, Vladímir. Prefácio. In: STANISLÁVSKI, Konstantin. *Sobránie Sotchinéni, t. 4.* Moskvá: Iskússtvo, 1957. 8t.

KUDRIASCHÓV, Oleg. *Dvijênie k Avtoru* (Movimento Para o Autor). Moskvá: Gitis, 2010.

MAKSIMENKOV, Aleksándr. *Sumbúr Vmesto Múziki: Stálinskaia Kulturnaia Revolútsia 1936 – 1938 gg* (Barulho em Lugar de Música: A Revolução Cultural Stalinista de 1936–1938). Moskvá: Iuridítcheskaia kniga, 1997.

MOSCHKOVICH, Diego. Stanislávski: Um Iluminista no Coração de Outubro. *RUS*, São Paulo, FFLCH-USP, v. 7, n. 8, 2017. Disponível em: <https://doi.org/>. Acesso em: 17 jul. 2020.

NECKEL, Inaja. *Atitude Extrema e Salto: A Prática Laboratorial de K. Stanislávski no Estúdio de Ópera Bolshói*. Tese (Doutorado em Artes Cênicas), UFMG, Belo Horizonte, 2011.

NOVÍTSKAIA, Lídia. *Uróki Vdokhnovénia: Sistema K.S. Stanislavskogo v Deistvii* (Lições de Inspiração: O Sistema de K.S. Stanislávski em Ação). Moskvá: VTO, 1984.

NOVÍTSKI, Pável. *Sovremennie Teatral'nie Sistemi* (Sistemas Teatrais Contemporâneos). Moskvá: [S.n.], 1933.

PROKÓFIEV, Vladímir. Poslédni Repetítsii K.S. Stanislavskogo (Os Últimos Ensaios de K.S. Stanislávski). *Teátr*, Moskvá, n. 1, 1948.

SCHINO, Mirella. *Alchemists of the Stage: Theatre Laboratories in Europe*. Holstebro: Routledge Ícarus, 2009. (Edição bras.: *Alquimistas do Palco: Os Laboratórios Teatrais na Europa*. Tradução de Anita K. Guimarães e Maria Clara Cescato. São Paulo: Perspectiva, 2012.)

SHUBA, Simone. *Stanislávski em Processo: "Um Mês no Campo"– Turguêniev*. São Paulo: Perspectiva, 2016.

SOKOLOVA, Zinaída. *Nasha Jízn v Nikólskom* (Nossa Vida em Nikólskoe). Moskvá: [S.n.], 2004.

SOLOVIÓVA, Irina. *Vétvi i Kórni* (Ramos e Raízes). Moskvá: MKHAT, 1998.

TCHERKÁSSKI, Serguei. *Stanislávski e o Yoga*. São Paulo: É Realizações, 2019.

_____. *Masterstvó Aktióra: Stanislavski, Boleslavski, Strasberg* (A Arte do Ator: Stanislávski, Boleslavsky, Strasberg). Sankt-Peterburg: RGISI, 2016.

_____. *Problema Rejissiórko-Pedagogitcheskoi Preemstvennosti: Formirovanie Rejissiórskoi Chkóli M.V. Sulímova* (O Problema da Herança Diretor-Pedagogo: Formação da Escola de Direção de M.V. Sulímov). Tese (Doutorado em Artes Cênicas), Academia Estatal de Arte Cênica de São Petersburgo, 2003.

TCHÉKHOV, Mikhail. *Literatúrnoe Naslédie, t. 1* (Herança Literária). Moskvá: Iskússtvo, 1995.

TISSI, Tieza. *As Três Irmãs, de Tchékhov, Por Stanislávski*. São Paulo: Perspectiva, 2018.

TOPORKOV, Vassíli. *Stanislávski Ensaia: Memórias*. Tradução de Diego F.G. Moschkovich. São Paulo: É Realizações, 2016.

TOVSTONÓGOV, Gueórgui. *Zérkalo Stséni, t. 1* (Espelho de Cena). Leningrad: Iskússtvo, 1984.

VÁSSINA, Elena; CAVALIERE, Arlete (orgs.). *Teatro Russo: Literatura e Espetáculo*. São Paulo: Ateliê, 2011.

VÁSSINA, Elena; LABAKI, Aimar. *Stanislávski: Vida, Obra e Sistema*. Rio de Janeiro: Funarte, 2015.

VINOGRÁDSKAIA, Irina. *Stanislávski: Létopis, v. 4* (Stanislávski: Anais). Moskvá: MKHAT, 2003.

_____. *Stanislávski Repetíruet: Zapisi i Stenogrammi Repetitsii* (Stanislávski em Ensaio: Anotações e Estenogramas de Ensaios). Moskvá: MKHAT, 2000.

WALICKI, Andrzej. *A History of Russian Thought: From the Elightenment to Marxism.* Stanford: Stanford University Press, 1979.

ZALTRON, Michelle Almeida. *Stanislávski e o Trabalho do Ator Sobre Si Mesmo.* São Paulo: Perspectiva, 2021.

ZON, Boris. *Vstrétchi s K.S. Stanislávskim* (Encontros Com K.S. Stanislávski). Moskvá: [S.n.], 1955.

Agradecimentos

Aos meus mestres de diferentes períodos: Lu Carion, Elena Tchórnaia, Roberta Carreri e Anatóli Vassíliev.

À minha querida orientadora, a profa. Elena Vássina, pelo apoio e pela fé incondicionais em meu trabalho, mesmo nas horas mais desesperadas.

À Fundação de Amparo à Pesquisa do Estado de São Paulo (Fapesp), pelo fomento à pesquisa no Brasil e na Rússia, através da Bolsa de Estágio e Pesquisa no Exterior, sem a qual este trabalho certamente seria menos interessante.

Ao Instituto Estatal de Estudos da Arte (Gosudarstvennii Institut Iskusstvoznaniia), de Moscou e em especial ao prof. Dr. Vadim Scherbakov, por terem acolhido ali minha pesquisa.

Às trabalhadoras e trabalhadores dos Arquivos do Museu do Teatro de Arte de Moscou, em especial Marfa Búbnova, Ekaterina Schingarióva, Maria Smoktunóvskaia, Ludmila Medóchina e Evguéni Koniukhóv, por aguentarem minhas insistência e sempre estarem prontos a carregar caixas e mais caixas de documentos.

Ao saudoso Programa de Pós-Graduação em Literatura e Cultura Russa da FFLCH/USP, do qual este trabalho é um dos últimos remanescentes.

Ao meu querido amigo Maksim Aleksánder, pela salvação em Moscou.

Ao meu querido amigo Vicente Mahfuz, pela salvação em Petersburgo.

Ao querido amigo Rodrigo Lage e ao Eduardo de São Thiago Martins, pela salvação em São Paulo.

Ao prof. dr. Serguei Tcherlásski, que me apresentou o Sistema de Stanislávski, e à nossa turma de 2007 de sua Masterskaia na Academia Estatal de Artes Cênicas de São Petersburgo, onde estudei. Em especial, à Vassilissa Aleksêeva, Evguénia Natánova e Mariko Irie. Também à Elizaveta Kuzminá, Anna Kalábina, Danila Kalábin, Konstantin Fisenko, Evguéni Sérzin, Fillip Moguilnítski, Maria Shulgá e todos os outros.

À minha avó Zulmira, que, quando nos encontramos pela última vez, me disse "dance".

À minha mãe, por tudo.

Este livro foi impresso na cidade de Cotia,
nas oficinas da Meta Brasil, para a Editora Perspectiva.